Conoce todo
sobre
Reversing

Ingeniería Inversa

Teoría y aplicación

Conoce todo sobre Reversing

Ingeniería Inversa

Teoría y aplicación

Rubén Garrote García

La ley prohíbe
fotocopiar este libro

Conoce todo sobre Reversing. Ingeniería Inversa. Teoría y aplicación
© Rubén Garrote García
© De la edición: Ra-Ma 2017
© De la edición: ABG Colecciones 2020

Editado por:
RA-MA Editorial
Madrid, España

Colección American Book Group - Informática y Computación
ISBN No. 978-168-165-846-9
Biblioteca del Congreso de los Estados Unidos de América: Número de control 2019935046
www.americanbookgroup.com/publishing.php

Maquetación: Antonio García Tomé
Diseño de portada: Antonio García Tomé

Tere, gracias por tu comprensión y apoyo
sin los que sin duda este libro
no hubiera podido escribirse.
Y para vosotros, Marc y Helena,
que espero algún día podáis aprender
y disfrutar de esta lectura ;D

¡Os quiero!

ÍNDICE

SOBRE EL AUTOR

 Con más de 15 años de experiencia, actualmente trabaja como Security Architect en el *Pool* de Hacking Ético de Deloitte – CyberSOC.

Ingeniero Técnico de Sistemas, Master en Dirección y Gestión de Tecnologías de la Información y varias certificaciones de fabricantes como: Cisco, Kaspersky, StoneSoft, VMware.

A lo largo de su carrera ha llevado a cabo Test de intrusión y Auditorías de seguridad informática para las principales empresas del país con presencia nacional e internacional. En entornos bancarios: SWIFT, Cajeros Automáticos (ATM), Brokers privados; Así como aseguradoras, empresas de telecomunicaciones (ISP), medios de comunicación, fuerzas y cuerpos de seguridad del estado.

Ponente en las conferencias más importantes de seguridad a nivel nacional:

- «RootedCON» en 2017. «*TLOTA: The Lord Of The ATMs*»
- «Navaja Negra» en 2012. «*All your appliances are belong to us*»

Escritor de artículos de ingeniería inversa, desarrollo de exploits y análisis de vulnerabilidades en su blog personal:

- *http://boken00.blogspot.com.es/*

Administrador, junto con Ricardo Narvaja, del grupo de Exploits de CrackSLatinos:

- *http://clsexploits.info*

Descubrimiento y divulgación responsable de fallos de seguridad en software de servidor web «CVE-2006-1681» y en dispositivo de seguridad perimetral «CVE-2013-6830 y CVE-2013-6031», así como fallos en webs de empresas de diferentes niveles de riesgo, notificadas responsablemente a los mismos.

INTRODUCCIÓN

Existe muchísima documentación sobre lenguajes ensamblador de todas y cada una de las arquitecturas del mercado. En todas ellas se detalla la función de cada una de las instrucciones así como su forma de uso. Por otro lado, también existen muchos libros sobre lenguajes de programación de más alto nivel como C/C++, dónde se explican todas las estructuras de control, variables y tipos de datos, funciones, clases y demás funcionalidades de la programación. Además de esto existen disciplinas y material bibliográfico para saber transformar el código de lenguajes de alto nivel, a código ensamblador (compiladores). ¿Es el código compilado reversible? ¿Con que nivel de certeza? ¿Es literal el código obtenido al inicial? Todas estas preguntas y el proceso de invertir el código compilado, es de lo que se trata el presente libro, también conocido como Ingeniería Inversa.

La utilidad de un proceso así es variado y se explica y discute en profundidad, incluyendo sus aspectos legales en el primer capítulo. No obstante hay que recalcar que de manera casi general, se puede decir que la Ingeniería inversa se lleva a cabo para obtener conocimiento en detalles y concreto sobre el funcionamiento de un software en cuestión. La motivación que lleva a su obtención o el uso que se haga del mismo, es algo tan variado como cada uno de los casos que se abordan.

El objetivo de este material no es solo hacer un repaso sobre teoría de compiladores, funcionamiento interno de los depuradores, desensambladores, formato de ficheros binarios y el análisis en profundidad sobre las estructuras de control, tipos de datos y demás. El objetivo principal del libro es dotar al lector de las herramientas necesarias para poder llevar a cabo labores de ingeniería inversa por sus propios medios y comprendiendo en cada momento lo que sucede, sin toparse con barreras técnicas a las que no pueda enfrentarse.

El último capítulo, expone tres casos prácticos, dónde el lector podrá poner en práctica lo aprendido enfrentándose a situaciones reales y para las que el autor lleva a cabo su resolución con todo detalle, tanto en lo técnico como en el razonamiento utilizado para llegar al final del problema. Es sin duda este enfoque, el que hace de este libro una guía perfecta para el correcto aprendizaje de esta complicada pero interesante disciplina.

El material de este libro forma parte del Master de CiberSeguridad de Deloitte, impartido por CyberSOC Academy. El autor, forma parte del grupo de Hacking Ético de Deloitte y lleva a cabo test de intrusión a empresas nacionales e internacionales.

1

INTRODUCCIÓN A LA INGENIERÍA INVERSA

Introducción

En esta unidad didáctica definiremos el concepto de la ingeniería inversa, en concreto en el mundo de la informática y las telecomunicaciones. Para ello veremos conceptos relacionados con la ingeniería del *software*, y se explicará, a través de su historia y otras circunstancias, la motivación por la que es necesario realizar este tipo de acciones sobre un *software*. Por último, se expondrán las limitaciones técnicas de esta disciplina, así como las limitaciones legales que se imponen sobre ellas.

Objetivos

Cuando el alumno haya concluido la unidad didáctica, será capaz de comprender el porqué de la ingeniería inversa, en qué condiciones es posible llevarla a cabo y será capaz de realizar este tipo de acciones desde la legalidad actual.

1.1 DEFINICIONES

Definición

La ingeniería inversa, conocida en el mundo anglosajón simplemente como *reversing*:

reverse (rɪ'vɜːs 🔊)

▶ Definitions

verb *(mainly transitive)*

1. to turn or set in an opposite direction, order, or position

Definición "reversing"

Se refiere a dar la vuelta al proceso de elaboración de un producto final. En este caso que nos ocupa, se viene a referir a un *software* compilado del cual se carece de cualquier tipo de código fuente, esquemas de diseño, pseudocódigo, especificaciones o cualquier tipo de información referente al funcionamiento interno del *software*.

En castellano nos referimos a ello como ingeniería inversa, refiriéndonos al proceso inverso de ingeniería. Según se extrae de la Real Academia Española:

ingeniería.

1. f. Estudio y aplicación, por especialistas, de las diversas ramas de la tecnología.

Definición "reversing"

Definición "ingeniería"

La ingeniería es el conjunto de conocimientos y técnicas, científicas aplicadas al desarrollo, implementación, mantenimiento y perfeccionamiento de estructuras (tanto físicas como teóricas) para la resolución de problemas que afectan la actividad cotidiana de la sociedad.

En este contexto, nos referimos en concreto a la *ingeniería del software*, cuya definición puede verse descrita en la Wikipedia:

"Ingeniería de software es la aplicación de un enfoque sistemático, disciplinado y cuantificable al desarrollo, operación y mantenimiento de software, y el estudio de estos enfoques, es decir, la aplicación de la ingeniería al software. Integra matemáticas, ciencias de la computación y prácticas cuyos orígenes se encuentran en la ingeniería."

La ingeniería del *software* lleva un proceso de diseño, desarrollo e implementación de soluciones que conlleva un tiempo y esfuerzo considerable. El *software* final es el resultado de todo ese conocimiento e investigación sobre la mejor solución al problema para el que está pensado.

Como ejemplo, se puede ver el *modelo unificado de desarrollo de software*, que es un proceso genérico y puede ser utilizado para una gran cantidad de tipos de sistemas de *software*, para diferentes áreas de aplicación, diferentes tipos de organizaciones, diferentes niveles de competencia y diferentes tamaños de proyectos.

Provee un enfoque disciplinado en la asignación de tareas y responsabilidades dentro de una organización de desarrollo. Su meta es asegurar la producción de *software* de muy alta calidad que satisfaga las necesidades de los usuarios finales, dentro de un calendario y presupuesto predecible.

El siguiente diagrama extraído, muestra de manera gráfica el proceso de elaboración de un *software* concreto que responda a unas necesidades, presupuesto y tiempo concreto.

Modelo Unified Process

En él se puede ver cómo tras su liberación, el proceso es circular y continuo, de tal forma que es posible seguir agregando funcionalidades al *software*, siguiendo el mismo esquema. De esta forma, y mientras este proceso continuo no se paralice, es posible continuar agregando funcionalidades y mejorar el *software* final.

Sin embargo, todo ese conocimiento y resultados de investigación, no son directamente extraíbles del *software* final. Simplemente es una caja negra que recibe unas entradas y devuelve unas salidas óptimas para resolver el problema propuesto, pero no extrapolable a otros casos. Es necesario volver a introducir esos datos para poder conseguir el resultado basado en el conocimiento del *software* en cuestión.

Si se pretende extraer todo ese conocimiento y lógica de funcionamiento, es necesario analizarlo desde dentro.

Historia

La ingeniería inversa como tal no nació en el mundo de la ingeniería del *software*. Desde que se han fabricado aparatos o dispositivos mecánicos, el interés por conocer su funcionamiento interno y detallado ha motivado a otros individuos lo suficiente como para llevar a cabo procesos de ingeniería inversa para comprender el funcionamiento.

Un caso similar, aunque no exactamente aplicable, es el de la decodificación de escritos antiguos, donde el punto de partida era un texto ya escrito con un significado desconocido, y mediante el análisis, la comparación y deducción, se lleva a cabo el descifrado y comprensión del texto así como su contenido.

Antiguos pero más relacionados son los casos de herramientas o las primeras máquinas utilizadas en agricultura, que fueron analizadas por otros individuos que nunca las habían visto y que no conocían de su existencia, y de esta forma pudieron no solo hacer uso de ellas, sino incluso mejorarlas.

Otro ejemplo muy conocido de ingeniería inversa, fue el aplicado a la máquina Enigma, utilizada en la Segunda Guerra Mundial para cifrar los mensajes alemanes:

En los Estados Unidos de América se llevó a cabo un proceso de ingeniería inversa sobre las máquinas Enigma que pudieron requisar o encontrar. Se dice que gracias a que se pudo analizar la máquina, todos los detalles de implementación y fabricación, y finalmente el algoritmo de cifrado de la misma, se pudo finalizar la guerra dos años antes de lo esperado.

Enigma

En ambientes bélicos y militares de cualquier época, ha sido importante recuperar utensilios y armamento del enemigo para poder analizarlos y tener mayor conocimiento, no solo práctico sobre herramientas y armas, sino a cerca del nivel de sofisticación del enemigo.

En épocas más avanzadas donde las armas conllevan información valiosa. En el ejemplo de Enigma, el aparato lleva consigo el algoritmo de cifrado y descifrado utilizado para cifrar los mensajes. Esto significa que el enemigo no solo podría reproducir una máquina similar para cifrar también sus mensajes, sino que son capaces de descifrar los de sus enemigos sin que estos lo sepan, ya que pensarían que el cifrado es seguro y que aunque las máquinas sean "destripadas" no sería posible obtener el algoritmo de cifrado. Esto les creó una falsa sensación de seguridad a los alemanes, que finalmente acabaron padeciendo.

Actualmente, los dispositivos militares tales como armas, dispositivos de comunicaciones, dispositivos de transporte o exploración, contienen mucha información valiosa para sus enemigos. Códigos y frecuencias para las comunicaciones, geolocalizaciones, y el dispositivo en sí que suele ser tecnológicamente superior a otros similares de uso civil. Si toda esta información es sometida a tareas de ingeniería inversa y criptoanálisis, es posible disponer de información muy valiosa que pueda aventajar al enemigo en una operación en concreto, batallas o incluso guerras.

Un caso relativamente reciente sucedió en diciembre de 2011, cuando Irán capturó un dron *RQ -170 Sentinel* estadounidense, tras estrellarse por un fallo mecánico, y estos consiguieron decodificar todas las memorias y sistemas informáticos del vehículo aéreo. Pudiendo así fabricar otro modelo de vehículo no tripulado basado en este, con algunas mejoras al respecto. Se puede consultar la noticia original en el siguiente enlace:

✓ *http://english.farsnews.com/newstext.aspx?nn=13920631000264*

Estos casos de espionaje han creado la necesidad de fabricar dispositivos y microchips que puedan ser autodestruidos de manera remota o basado en cuenta atrás. Para ello DARPA (*Defense Advanced Research Projects Agency*) otorga casi cuatro millones de dólares a IBM para fabricar microchips de bajo coste autodestruibles:

✓ *https://www.fbo.gov/index?s=opportunity&mode=form&id=880ecdf17 0660730fe0fb8745f5c2bec&tab=core&tabmode=list&=*

El interés en este tipo de dispositivos se anuncia públicamente en el sitio oficial de DARPA en 2013, que se puede consultar en el siguiente enlace:

✓ *http://www.darpa.mil/NewsEvents/Releases/2013/01/28.aspx*

1.2 MOTIVACIÓN

Evidentemente la principal motivación de la ingeniería inversa es obtener el conocimiento suficiente sobre un producto final como para poder reproducir de manera total o parcial el objeto analizado de la manera más fiel posible. El objetivo con el que esto se pretende puede ser muy diverso.

En entornos militares es común llevar a cabo labores de ingeniería inversa para estudiar la tecnología del enemigo o fuerzas alternativas. Esto permite situarse al mismo nivel o incluso por delante, pudiendo prevenirse de dichas tecnologías, e incluso estar por delante mejorando la tecnología y/o detectando fallos en la misma para usarlo contra los propios desarrolladores de esa tecnología. Un caso conocido históricamente y comentado anteriormente, es el de la máquina Enigma utilizada en la Segunda Guerra Mundial para cifrar los mensajes de los alemanes, y cuyo algoritmo de cifrado fue roto mediante técnicas de criptoanálisis e ingeniería inversa por los Estados Unidos.

Sin embargo, para lo que nos ocupa, el caso de la ingeniería inversa aplicada al *software*, hay también variedad sobre los motivos que llevan a realizar este tipo de prácticas sobre un *software* concreto.

1.2.1 Descifrar algoritmos y/o especificaciones privadas

Uno de los usos más comunes y comentados anteriormente es el caso de descifrar un algoritmo criptográfico para interceptar mensajes privados y poder así obtener ventaja estratégica.

También hay gran interés en el mundo industrial para acceder a los detalles de implementación de algoritmos matemáticos, para la realización de cálculos complejos que conlleven una investigación importante. Este puede ser el caso de programas destinados al cálculo de estructuras físicas, bioingeniería, química, etc. Si es posible acceder al *software* capaz de realizar dichos cálculos, ese *software* es susceptible de ser analizado desde el punto de vista de la ingeniería inversa, para extraer el conocimiento implementado en forma de *software*. Esto ayuda a la competencia a conocer vías de investigación, o incluso ahorrar el tiempo necesario para llegar al estado de perfección de dicho *software* y poder comercializar otro producto similar o incluso mejorado en algunos aspectos.

Centrándonos en entornos informáticos de infraestructuras, podemos dirigir estas técnicas al descifrado de protocolos de comunicación y formatos de fichero. Un caso bien conocido sobre aplicación de ingeniería inversa a protocolos de comunicación se dio en el protocolo de archivos compartidos diseñado por Microsoft, antiguamente llamado SMB (*Server Message Block*) y actualmente renombrado a CIFS. Estas tareas realizadas de ingeniería inversa, tanto a nivel de análisis estático de código, como análisis dinámico, donde se analizaba el tráfico resultante, concluyeron con la implementación de un programa denominado SAMBA, desarrollado bajo licencia código abierto que permitía llevar a cabo todas las funcionalidades de SMB.

Respecto a los formatos de fichero, es especialmente conocido el caso del proyecto OpenOffice, que llevó a cabo tareas de ingeniería inversa para poder descifrar los formatos de fichero de la suite ofimática Microsoft Office. Estas investigaciones dieron lugar no solo a la aparición de una nueva suite ofimática compatible con la suite ofimática más importante del momento, sino que aportó un nuevo formato de ficheros abierto, que más tarde Microsoft adoptó en parte para el desarrollo de sus nuevas generaciones de formato de ficheros ofimáticos.

1.2.2 Agregar funcionalidades

Una vez que un *software* ha sido desarrollado completamente, se llevan a cabo las labores de mantenimiento y/o implementación de nuevas funcionalidades requeridas, tal y como se ha mostrado anteriormente en el ejemplo del *Modelo Unificado de Desarrollo de Software*. Estas labores de mantenimiento y desarrollo cubren las necesidades de un *software* desplegado en entornos de producción.

Los entornos informáticos son extremadamente dinámicos y los cambios se suceden con gran frecuencia. Esto conlleva cambios de sistemas operativos, *hardware*, políticas de uso, legislación, requerimientos de negocio, cambio en las costumbres del usuario, adaptación a nuevos procedimientos de trabajo, etc.

Cuando una empresa o grupo de usuarios individuales comienzan a utilizar un *software* determinado, es porque sus necesidades se alinean perfectamente a la línea de trabajo y desarrollo del producto. Esto hace que se deleguen las competencias de la empresa o usuarios hacia el *software* en cuestión dentro del ámbito para el que está diseñado. Esto va creando una fuerte dependencia de los usuarios hacia el producto.

Mientras el producto no varíe su enfoque y sepa adaptarse a los cambios e incluso adelantarse a ellos, no surge ningún problema y la convivencia es factible y beneficiosa. Sin embargo, es muy fácil y común que esta convivencia se rompa por algún motivo. Es posible que el producto no se desarrolle a la velocidad esperada/necesaria de los usuarios; que el producto no sepa hacia dónde avanzar y el desarrollo quede estancado en simples correcciones de errores; que un usuario en cuestión dominante imponga la evolución del producto conforme a sus necesidades y que no estén alineadas con el resto de usuarios; que por motivos de cuotas de mercado, el producto quiera ser generalista y así abarcar más usuarios, perdiendo las características concretas que lo hacían especial para sectores más pequeños de usuarios; falta de previsión en el dimensionamiento de los recursos y que puedan responder a tiempo y en forma con las necesidades que surjan del desarrollo normal del *software*; o simplemente que la empresa que desarrolla el *software*, decida abandonar el producto o directamente la empresa deba cerrar y el desarrollo del *software* se paralice definitivamente.

Uno solo de estos motivos es suficiente para que un usuario decida analizar en profundidad el *software* en cuestión para tratar de mejorar/ampliar el *software* en sí, adaptándolo a sus necesidades particulares o específicas a un grupo determinado de usuarios. Para llevar a cabo cualquier modificación es necesario realizar tareas de ingeniería inversa, y poder así retomar el desarrollo o enlazar con lo existente.

Lo que sucedió con Gnutella, es un ejemplo de lo comentado anteriormente. El actual protocolo de compartición de ficheros mediante una red descentralizada (Peer-to-peer, P2P), conocido como Gnutella y que recibe el nombre del primer cliente para esa red denominados con el mismo nombre, vivió un episodio relacionado con lo comentado hasta ahora.

El primer cliente de la red Gnutella y por el que la red adoptó ese nombre, fue desarrollado por Nullsoft a principios de 2000. Recientemente, ha sido adquirido por AOL. El 14 de marzo el programa se puso a disposición para su descarga en los servidores de Nullsoft. La noticia fue publicada anticipadamente en Internet y se produjeron miles de descargas del programa ese mismo día. El código fuente iba a ser liberado más tarde, bajo la Licencia Pública General de GNU (GPL), sin embargo los desarrolladores originales nunca tuvieron la oportunidad de lograr este propósito, ya que al día siguiente AOL detuvo la disponibilidad del programa debido a aspectos legales e impidió a Nullsoft seguir trabajando en el proyecto. Pero la expectación y la aceptación del cliente había sido tal que poco días después de su cancelación el protocolo había sido objeto de labores de ingeniería inversa, y los clones de código libre y de código abierto compatible con el original comenzaron a aparecer.

Esto es una muestra de cómo es posible continuar un proyecto dado por finalizado, o retirado del mercado por diversos aspectos, si se tiene el suficiente interés al respecto.

1.2.3 Validación y verificación del software

Algo que a menudo se sobreentiende acerca del *software* y que no siempre sucede, es que haga exactamente las acciones para las que se diseñó de manera formal. Es decir que el *software* sea correcto en toda su implementación. Si esto sucede el *software* se da por correcto y se dice que el *software* está validado. La validación del *software* es un proceso de control que asegura que el *software* cumple con su especificación y con los requerimientos y necesidades del usuario.

Para poder validar un *software* se llevan a cabo evaluaciones de todo el sistema o de alguno de sus módulos o componentes. Cuando se realizan estas evaluaciones se dice que se está llevando a cabo la verificación del *software*.

La ingeniería inversa se utiliza para comprobar que hace lo que debe, que se cumplan las especificaciones y que no haga cosas que no debe. En este caso van incluidos las puertas traseras (*backdoors*), vulnerabilidades, funcionalidades de pago ocultas, etc.

Un caso de puertas traseras, se dio en el famoso *software* de HP, donde se descubrió que se podía acceder a través de SSH utilizando la contraseña "HPSupport", en un *software* con un precio de más de 10.000€.

✔ *http://news.slashdot.org/story/13/07/11/2349201/hp-keeps-installing-secret-backdoors-in-enterprise-storage*

Con este tipo de casos se hace patente la necesidad de llevar a cabo labores de auditoría de *software* apoyándose en la ingeniería inversa por parte de cualquier usuario.

1.2.4 Detección de vulnerabilidades

Además de la detección de funcionalidades ocultas, contraseñas secretas u otros tipos de puertas traseras, es también importante poder detectar vulnerabilidades de *software* mediante las cuales se puede llegar a comprometer los sistemas afectados, y quedar bajo el control de cualquier atacante que lo explote satisfactoriamente.

Es habitual llevar a cabo auditorías de código fuente en los distintos *software*, sobre todo en los destinados a servidores o sistemas críticos. Sin embargo, debido a varios factores, puede suceder que un código fuente no sea vulnerable si se compila para una arquitectura, mientras que sí puede ser vulnerable en otra arquitectura. O que simplemente sobre código fuente no lo sea, pero tras llevar a cabo algún tipo de optimización de código, se introduzcan vulnerabilidades al dar por supuesto algún tipo de comprobación o al eliminar código considerado inactivo, pero que en la práctica sea imprescindible para evitar la explotación de una vulnerabilidad.

Gogul Balakrishnan, en su tesis doctoral:

✔ *http://research.cs.wisc.edu/wpis/papers/balakrishnan_thesis.pdf*

Introdujo el término *WYSINWYX (What You See Is Not What You eXecute)* como resultado de las vulnerabilidades introducidas por los compiladores que no pueden ser detectadas en el código fuente. Tómese la siguiente porción de código en C a modo de ejemplo para explicar el concepto:

```
struct tun_struct *tun = __tun_get(tfile);
struct sock *sk = tun->sk; // initialize sk with tun->sk
...
if (!tun)
  return POLLERR;  // if tun is NULL return error
```

En el código fuente no se aprecia ninguna vulnerabilidad, sin embargo al compilar dicho código fuente, el compilador aplica una optimización de eliminación de código redundante, donde se elimina el bloque *if*, ya que si *tun* nunca debe ser NULL, comprobar si *tun* es NULL sería redundante y lo elimina. Sin embargo, si sucede un error en __*tun_get(tfle)* y se retorna NULL, dicha eliminación permite continuar la ejecución con *tun* apuntando a NULL, lo que permite un ataque de *"NULL reference pointer"*.

1.2.5 Análisis de malware

Uno de los usos comerciales más utilizados (y cada vez más), es el uso de ingeniería inversa para el análisis de *malware*. Cada día aparecen millones de muestras únicas en Internet. Muchas de estas muestras son mutaciones o variaciones de estructuras de *malware* comunes. Analizar en profundidad el *malware* es importante para conocer, no solo qué acciones está llevando a cabo, sino para poder detectar a las potenciales víctimas, por ejemplo clientes de un determinado banco, así como la infraestructura utilizada, centros de control de máquinas infectadas, y de esta manera poder neutralizar la amenaza.

Por este motivo, un *malware* no suele resultar sencillo de comprender, no suele llevar símbolos de depuración, aunque algunos hay que sí, no es lo habitual. Tampoco suelen ser cómodos de analizar. Este tipo de *software* suele implementar técnicas que dificultan la utilización de herramientas de depuración o desensamblado automático, conocidos como *anti-debuggers,* que pretenden explotar defectos de las herramientas para provocar errores o situaciones erróneas y dar información incorrecta. O, directamente, detectar su propia ejecución en este tipo de entornos y realizar acciones no fraudulentas para hacerse pasar por un *software* normal en lugar de *malware*, y de esta forma no delatar la infraestructura con la que se comunica.

También suelen ir empaquetados, de tal forma que una vez se ejecutan, si consideran que el entorno es real y no un laboratorio de análisis o herramientas de depuración, ejecuta los procedimientos de autodescompresión, descifrando el código malicioso real y ejecutándolo una vez descifrado.

El sector del *malware* está continuamente en movimiento debido a lo rentable que resulta a los ciberdelincuentes, y es por esto que no vale solo con saber utilizar herramientas automatizadas, sino que es necesario tener una buena base y fundamentos en cuanto a construcción y reconstrucción de código para poder afrontar los distintos retos que se presentan.

1.3 LIMITACIONES

La ingeniería inversa es una disciplina cuyos resultados son altamente satisfactorios, y permiten "decompilar" exitosamente, ya sea de manera automática o manual, la mayoría de los binarios que se propongan. Es por esto que se han podido implementar clientes a protocolos de comunicaciones o analizadores de formatos de fichero de manera completa y eficaz, así como se puede conocer los detalles internos de cualquier *malware*.

Sin embargo, no es un camino de rosas. Una vez se lleva a cabo la compilación del código fuente, se pierde parte de la información importante para comprender el porqué de ciertas partes de código. Es el caso de los comentarios. El código fuente suele estar repleto de comentarios del programador, de forma que resulta útil para cualquiera que tenga que entender o modificar el código fuente, o para el mismo programador pasado un tiempo sin estar en contacto con ese código. Como se podrá ver más adelante en la **Ilustración 3** un código fuente con comentarios y nombres descriptivos para las variables, mientras que en la **Ilustración 4**, sin embargo, no queda ni rastro de ningún tipo de comentario del programador.

Respecto a los nombres de las variables y funciones, es posible mantener dicha información denominada "símbolos de depuración" que, como bien dice su nombre, son utilizados para tareas de depuración a nivel de código binario, incluso es posible almacenar la relación entre el código fuente y el código binario, pero el código fuente en sí no se almacena dentro del binario.

Los símbolos de depuración aportan gran ayuda a la hora de realizar tareas de ingeniería inversa, sin embargo, compilar un binario con símbolos de depuración implica un coste en espacio que normalmente no se suele querer asumir. La razón suele ser de tres a cinco veces más espacio para el código binario con símbolos frente al binario sin símbolos. Además, si el programa es de código cerrado, los desarrolladores no suelen querer aportar dicha información, y más aún siendo tan costoso en cuanto a espacio. Aunque se suele dar el caso de que los desarrolladores utilicen los símbolos para uso interno de depuración, y compilen finalmente una versión de liberación al público en la que se eliminen dichos símbolos.

Por otro lado, debido a la optimización de código, el número y tamaño de las variables puede verse ligeramente modificado, tal y como se verá en el siguiente capítulo. Estas optimizaciones de código modifican el código objeto para aumentar la eficiencia del mismo al ejecutarse. Estas modificaciones dificultan las tareas de reconstrucción de código al no poder invertir el proceso de generación de código fuente a código objeto tal cual. A modo de ejemplo, se procede a analizar el siguiente código fuente en C:

```c
int sum(int a, int b)
{
        int tmp;

        tmp = a + b;

        return tmp;
}
int main(void)
{
        int retval;

        retval = sum(100, 42);

        return 0;
}
```

Se lleva a cabo un proceso automático de decompilación con la famosa herramienta de decompilación Hex-Rays, un *plugin* para el famoso desensamblador IDA Pro:

```c
//----- (080483DC) --------------------------------------------------
int __cdecl sub_80483DC(int a1, int a2)
{
  return a1 + a2;
}
//----- (080483F2) --------------------------------------------------
int sub_80483F2()
{
  sub_80483DC(100, 42);
  return 0;
}
```

Como se puede observar, y a pesar de tratarse de un programa pequeño y sencillo, en su reconstrucción de código sí mantiene una estructura básica similar al original, pero desaparece totalmente la información sobre las variables. Es el caso de *tmp* y *retval*.

Las variables son etiquetas a porciones de memoria que el programador establece para poder acceder a dichas porciones de memoria de manera fácil y abstracta. Sin embargo, en el código binario el compilador puede acceder a una variable, simplemente desplazándose a través de otra variable anterior que utiliza como base, por lo que en lugar de dos variables, se ve uno, y operaciones aritméticas sobre su dirección para acceder a esta segunda. Es por ello que la reconstrucción de variables es un tema complejo y basado en el uso del código sobre las direcciones de memoria.

Otra limitación importante es la referente a la ofuscación y códigos automodificables. Este tipo de códigos son propios de *malware* o programas comerciales de pago, para los que no se quiere que se lleve a cabo ingeniería inversa con ánimo de vulnerar su sistema de protección por licencia de pago, y se utilice sin llevar a cabo el pago correspondiente de licencia. Lo que suele conocerse como "crackear" un *software*. En el caso del *malware* se realiza para evitar las detecciones automáticas por parte de los antivirus y *sandbox*, sistemas aislados donde se lanza el *malware* para ser infectados y analizar su comportamiento.

Este tipo de mecanismos, consta de varias partes, pero básicamente lo que hacen es ejecutar una primera rutina de descifrado del contenido real, almacenado en una zona del fichero binario, y una vez se ha acabado de descifrar dicho contenido, se le pasa el control al código real. Un ejemplo muy conocido y sencillo es el conocido compresor UPX.

1.4 ASPECTOS LEGALES

La ingeniería inversa provoca mucha controversia en cuanto a su legalidad. Si bien la realización de ingeniería inversa para la detección de vulnerabilidades, o para comprender como funciona un *software* y hacerlo compatible con otro, son motivaciones claramente positivas para el *software* analizado, hay otras acciones, como la obtención del código fuente para ofrecer un producto igual o similar por parte de otra empresa, que son las más perseguidas por la ley. Estas sin duda son las que claramente buscan copiar el *software* original incumpliendo las leyes de propiedad intelectual.

Aunque hay diversas leyes según los diferentes países, en gran medida todas aportan un mismo enfoque basado en la finalidad con la que se llevan a cabo estas técnicas. Si nos centramos en España, podemos ver que los aspectos legales están recogidos en:

✓ *http://noticias.juridicas.com/base_datos/Admin/rdleg1-1996.l1t7.html*

Respecto al análisis del *software* en cuestión, el **artículo 100.3** establece que:

Art. 100.3 LPI: "El usuario legítimo de la copia de un programa estará facultado para observar, estudiar o verificar su funcionamiento, sin autorización previa del titular, con el fin de determinar las ideas y principios implícitos en cualquier elemento del programa, siempre que lo haga durante cualquiera de las operaciones de carga, visualización, ejecución, transmisión o almacenamiento del programa que tiene derecho a hacer".

Lo que deja de manifiesto que un usuario legítimo, que haya adquirido la licencia de uso de manera legal, tiene permitido la realización de análisis del *software* para comprender su funcionamiento, donde se incluyen tareas de ingeniería inversa.

Respecto a las empresas que deseen llevar a cabo labores de ingeniería inversa, según los **artículos 100.5, 100.6** y **100.7**, estos podrán llevarlas a cabo si es indispensable para obtener información que permita la interoperabilidad con otro *software*. Y siempre y cuando se cumplan los siguientes requisitos:

- ▼ Que tales actos sean realizados por el usuario legítimo o por cualquier otra persona facultada para utilizar una copia del programa, o, en su nombre, por parte de una persona debidamente autorizada.

- ▼ Que la información necesaria para conseguir la interoperabilidad no haya sido puesta previamente y de manera fácil y rápida, a disposición de las personas a que se refiere el párrafo anterior.

- ▼ Que dichos actos se limiten a aquellas partes del programa original que resulten necesarias para conseguir la interoperabilidad.

- ▼ Que la información obtenida se utilice únicamente para conseguir la interoperabilidad del programa creado de forma independiente.

- ▼ Que la información obtenida solo se comunique a terceros cuando sea necesario para la interoperabilidad del programa creado de forma independiente.

- ▼ Que la información obtenida no se utilice para el desarrollo, producción o comercialización de un programa sustancialmente similar en su expresión, o para cualquier otro acto que infrinja los derechos de autor.

No obstante, antes de llevar a cabo tareas de ingeniería inversa con finalidades distintas a las aquí indicadas, se recomienda consultar con un experto en legislación relacionada con estos aspectos.

1.5 CUESTIONES RESUELTAS

1.5.1 Enunciados

1. ¿Es legal la realización de ingeniería inversa en España?:

   a. Si
   b. No
   c. Depende de la finalidad con la que se realiza

2. ¿Qué articulo del Real Decreto Legislativo 1/1996, de 12 de abril, establece que el usuario legítimo de una copia de un programa de ordenador puede analizar o estudiar su funcionamiento, aun sin contar con la autorización expresa del titular de dicho programa, siempre que lo haga durante la normal ejecución del mismo?:

   a. 100.7
   b. 100.6
   c. 100.5
   d. 100.4
   e. 100.3

3. ¿Qué artículo o artículos del Real Decreto Legislativo 1/1996, de 12 de abril, establece las condiciones con las que las empresas pueden llevar a cabo ingeniería inversa sobre un *software* concreto?:

   a. 100.7
   b. 100.6
   c. 100.5
   d. 100.4
   e. 100.3

4. ¿Son aplicables los artículos del Real Decreto Legislativo 1/1996, de 12 de abril, en otros países de la Unión Europea?:

   a. Si
   b. No
   c. Depende de la finalidad con la que se realiza

5. ¿Son aplicables los artículos del Real Decreto Legislativo 1/1996, de 12 de abril, en Estados Unidos?:

    a. Si
    b. No
    c. Depende de la finalidad con la que se realiza

6. ¿Es posible obtener el código fuente original partiendo de los ficheros binarios, tal y como lo escribió el desarrollador o desarrolladores?:

    a. Si
    b. No
    c. Depende de las opciones de compilación

7. ¿Cuál de las siguientes no es una motivación para llevar a cabo ingeniería inversa sobre un *software*?:

    a. Búsqueda de vulnerabilidades.
    b. Obtención de detalles de implementación para operar con otros *softwares*.
    c. Conocer el comportamiento de un *software* sospechoso de ser *malware*.
    d. Obtención de los comentarios del desarrollador para obtener información detallada.

8. ¿Es posible invertir el proceso de compilación de manera literal?:

    a. Si
    b. No
    c. Depende de las opciones del compilador

9. ¿Las labores de ingeniería inversa, son acciones perfectamente automatizables y con resultados 100% fiables?:

    a. Depende de las opciones del compilador
    b. Si
    c. No

10. ¿Es aplicable el concepto de ingeniería inversa exclusivamente al desarrollo de *software*?:

    a. No
    b. Si

1.5.2 Soluciones

1. c

2. e

3. a, b, c

4. b

5. b

6. b

7. d

8. b

9. c

10. a

2

COMPILADORES

Introducción

Esta unidad se centra de lleno en la disciplina de los compiladores. Qué son, cómo funcionan, las fases por las que pasa para llevar a cabo sus tareas y de qué manera es útil conocer estos detalles para invertir el proceso y convertir código fuente a partir del código objeto.

Objetivos

Cuando el alumno haya finalizado la unidad didáctica, será capaz de identificar y comprender el funcionamiento de cada una de las fases de un compilador. Será capaz de implementar analizadores de diferentes tipos para poder analizar cualquier lenguaje dese el punto de vista de un compilador. Además de experimentar por sí mismo el proceso de conversión de código fuente a código objeto.

2.1 TEORÍA DE COMPILADORES

"A grandes rasgos, un compilador es un programa que lee un programa escrito en un lenguaje, el lenguaje fuente, y lo traduce a un programa equivalente en otro lenguaje, el lenguaje objeto. Como parte importante de este proceso de traducción, el compilador informa a su usuario de la presencia de errores en el programa fuente"

Esta es la definición ofrecida por el libro de referencia en temas de compiladores. En su versión en castellano:

Aho, Alfred V.; Ravi Sethi, Jeffrey D. Ullman (2008). *Introducción a la Compilación. Compiladores: Principios, técnicas y prácticas.* México: Addison Wesley.

También conocido por *Dragon book* por su primera llamativa portada:

Y las siguientes en versiones actualizadas:

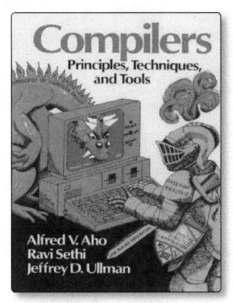

Ilustración 1. Red Dragon

Ilustración 2. Purple Dragon

Donde el dragón tiene escrito *"Complexity of Compiler Construction"* y el caballero con armadura empuña una lanza con el texto *"LALR parser generator"*.

La portada ya muestra la gran batalla llevada a cabo por los autores para lidiar con este campo de la ingeniería tan complejo. Muestra de ello son los inicios de los compiladores. En 1954 se empezó a desarrollar un lenguaje que permitía escribir fórmulas matemáticas de manera traducible por un ordenador; le llamaron FORTRAN (*FORmulae TRANslator*). Fue el primer lenguaje de alto nivel y se introdujo en 1957 para el uso de la computadora IBM modelo 704.

Surgió así por primera vez el concepto de un traductor como un programa que traducía un lenguaje a otro lenguaje. En el caso particular de que el lenguaje a traducir es un lenguaje de alto nivel y el lenguaje traducido de bajo nivel, se emplea el término compilador.

La tarea de realizar un compilador no fue fácil. El primer compilador de FORTRAN tardó 18 años en desarrollarse. Esto deja de manifiesto la cantidad de investigación que se necesitó realizar para poder llegar a un producto final como fue un compilador completo, por sencillo que fuera su lenguaje. Toda esta investigación aportó la gran parte de teoría, técnicas y herramientas utilizadas hoy día en los campos de lenguajes y autómatas.

Los compiladores permiten escribir código fuente en lenguajes de alto nivel, es decir, en lenguajes no dependientes de la arquitectura del ordenador en el que se ejecute, así como permitir que el lenguaje sea fácilmente interpretable por un ser humano, lejos de ser una lista de comandos secuenciales como venía siendo el lenguaje ensamblador u otros lenguajes de bajo nivel.

Los lenguajes de alto nivel han permitido un desarrollo exponencial de *software* que se adapta a las necesidades de los usuarios y funcionan sin prácticamente cambios en diferentes arquitecturas y tipos de ordenadores. Esta ventaja junto con otras ventajas, como la reutilización de código, y disciplinas como la ingeniería de *software*, nos han llevado a los complejos programas informáticos con entornos visuales de escritorio, así como efectos gráficos y videojuegos en 3D en tiempo real, el desarrollo de complejos sistemas de comunicaciones que llevaron a la creación y utilización en masa de Internet o la capacidad de llevar a cabo *software* con finalidades matemáticas, médicas u otros sectores, y nos permiten realizar grandes obras de ingeniería, bioingeniería, química o análisis y diagnósticos médicos, como muchas otras utilidades del *software*.

Las siguientes imágenes muestran las diferencias entre un lenguaje de alto nivel, código ensamblador y el fichero binario final directamente interpretable por el procesador del ordenador:

Programa fuente

```
#include <stdio.h>

int main(int argc, char *argv[])
{
  // Si no se introducen argumentos, se sale indicando el codigo de error.
  if (argc < 2)
    return 1;

  // Si se ha introducido algún argumento, se comprueba su valor.
  if (strcmp(argv[1], "Nombre") == 0)
    printf("Hola Nombre.\n");
  else
    printf("Hola, tu no eres Nombre.\n");

  return 0;
}
```

Ilustración 3. Código fuente en lenguaje C

Este código escrito en un lenguaje de alto nivel, en concreto C. Realiza una tarea muy sencilla: analizar el primer argumento introducido por el usuario por línea de comandos y mostrar un mensaje concreto según el caso, o salir con un mensaje de error si no hubiera argumento.

Como se puede observar en la imagen, este código de alto nivel, permite no solo la utilización de variables con nombre a la libre elección del programador, sino la utilización de comentarios sobre el código así como la indentación del texto. Estas características facilitan la lectura a las personas, aunque no tenga ninguna trascendencia respecto al código máquina a generar.

También se pueden observar la utilización de estructuras de código, como pueden ser las funciones, que ayudan a la reutilización de código y ayudan a la abstracción de código, pudiendo construir código centrándose en lo particular, para ir resolviendo problemas más generales, además de poder realizar invocaciones recursivas sin necesidad de llevar el control de manera explícita.

Estas facilidades y proximidad del código fuente al lenguaje natural, permiten al desarrollador centrarse en "el qué" debe hacer el *software* en lugar de en "el cómo" debe implementarlo para que funcione en esa máquina en arquitectura u ordenador en concreto.

Programa objeto

Una vez que el compilador ha desarrollado todas las etapas y conseguido generar un código objeto correcto y operativo, se convierte en un código objeto, por lo general código ensamblador. La siguiente imagen muestra el código ensamblador, que compone el programa objeto, derivado del código fuente, mostrado anteriormente en la **Ilustración 3**:

```
            .file   "hello.c"
            .intel_syntax noprefix
            .section          .rodata
.LC0:
            .string "Nombre"
.LC1:
            .string "Hola Nombre."
.LC2:
            .string "Hola, tu no eres Nombre."
            .text
            .globl  main
            .type   main, @function
main:
.LFB0:
            .cfi_startproc
            push    rbp
            .cfi_def_cfa_offset 16
            .cfi_offset 6, -16
            mov     rbp, rsp
            .cfi_def_cfa_register 6
            sub     rsp, 16
            mov     DWORD PTR [rbp-4], edi
            mov     QWORD PTR [rbp-16], rsi
            cmp     DWORD PTR [rbp-4], 1
            jg      .L2
            mov     eax, 1
            jmp     .L3
.L2:
            mov     rax, QWORD PTR [rbp-16]
            add     rax, 8
            mov     rax, QWORD PTR [rax]
            mov     esi, OFFSET FLAT:.LC0
            mov     rdi, rax
            call    strcmp
            test    eax, eax
            jne     .L4
            mov     edi, OFFSET FLAT:.LC1
            call    puts
            jmp     .L5
.L4:
            mov     edi, OFFSET FLAT:.LC2
            call    puts
.L5:
            mov     eax, 0
.L3:
            leave
            .cfi_def_cfa 7, 8
            ret
            .cfi_endproc
.LFE0:
            .size   main, .-main
            .ident  "GCC: (Debian 4.7.2-5) 4.7.2"
            .section          .note.GNU-stack,"",@progbits
```

Ilustración 4. Código ensamblador con sintaxis Intel

Esta imagen muestra código ensamblador totalmente operativo y convertible a un programa binario final. Antes de crear los primeros compiladores, se programaba únicamente de esta manera en el mejor de los casos. Como se puede observar, cada línea contiene una única instrucción, y se compone de:

▼ Un elemento: (*Mnemónico*)

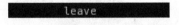

▼ Dos elementos: (*Mnemónico y Operando1*)

▼ O tres elementos: (*Mnemónico, Operando1 y Operando2*)

Los *mnemónicos* son palabras que sustituyen a códigos de operación. Esto permite emplear RETQ en lugar de tener que escribir directamente el valor hexadecimal 0xC3. Esta traducción de códigos de operación por palabras es lo que denominamos código ensamblador. El código ensamblador se puede escribir con diferentes sintaxis. En el ejemplo anterior se utilizó sintaxis Intel, pero existen otras, por ejemplo AT&T. La siguiente imagen muestra el mismo código ensamblador del código fuente en C pero con sintaxis AT&T:

```
        .file   "hello.c"
        .section        .rodata
.LC0:
        .string "Nombre"
.LC1:
        .string "Hola Nombre."
.LC2:
        .string "Hola, tu no eres Nombre."
        .text
        .globl  main
        .type   main, @function
main:
.LFB0:
        .cfi_startproc
        pushq   %rbp
        .cfi_def_cfa_offset 16
        .cfi_offset 6, -16
        movq    %rsp, %rbp
        .cfi_def_cfa_register 6
        subq    $16, %rsp
        movl    %edi, -4(%rbp)
        movq    %rsi, -16(%rbp)
        cmpl    $1, -4(%rbp)
        jg      .L2
        movl    $1, %eax
        jmp     .L3
.L2:
        movq    -16(%rbp), %rax
        addq    $8, %rax
        movq    (%rax), %rax
        movl    $.LC0, %esi
        movq    %rax, %rdi
        call    strcmp
        testl   %eax, %eax
        jne     .L4
        movl    $.LC1, %edi
        call    puts
        jmp     .L5
.L4:
        movl    $.LC2, %edi
        call    puts
.L5:
        movl    $0, %eax
.L3:
        leave
        .cfi_def_cfa 7, 8
        ret
        .cfi_endproc
.LFE0:
        .size   main, .-main
        .ident  "GCC: (Debian 4.7.2-5) 4.7.2"
        .section        .note.GNU-stack,"",@progbits
```

Ilustración 5. Código ensamblador con sintaxis AT&T

Como se puede apreciar hay varias diferencias en cuanto a los *mnemónicos* y operandos, tal y como se puede ver en la siguiente instrucción expresada en ambas sintaxis:

▶ Intel:

```
mov     QWORD PTR [rbp-16], rsi
```

▶ AT&T:

```
movq    %rsi, -16(%rbp)
```

Además de las instrucciones, se puede observar cómo hay etiquetas dentro del código, a modo de localizaciones que se utilizan para las bifurcaciones de código necesario:

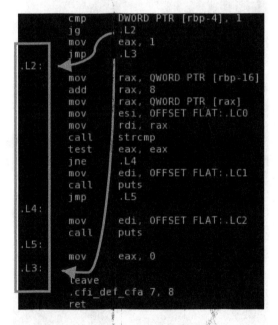

```
        cmp     DWORD PTR [rbp-4], 1
        jg      .L2
        mov     eax, 1
        jmp     .L3
.L2:
        mov     rax, QWORD PTR [rbp-16]
        add     rax, 8
        mov     rax, QWORD PTR [rax]
        mov     esi, OFFSET FLAT:.LC0
        mov     rdi, rax
        call    strcmp
        test    eax, eax
        jne     .L4
        mov     edi, OFFSET FLAT:.LC1
        call    puts
        jmp     .L5
.L4:
        mov     edi, OFFSET FLAT:.LC2
        call    puts
.L5:
        mov     eax, 0
.L3:
        leave
        .cfi_def_cfa 7, 8
        ret
```

Estas etiquetas son traducidas por direcciones de memoria relativas en la fase de construcción del binario final.

Programa binario ejecutable

Una vez que el código objeto ha sido generado, entra en juego otras herramientas fuera del alcance del compilador, como son el ensamblador y el enlazador de códigos objetos.

El ensamblador genera código binario partiendo del programa en lenguaje ensamblador. Es decir, traduce los *mnemónicos* en los códigos binarios correspondientes.

Por otro lado, el enlazador de códigos objeto se encarga de obtener los códigos objeto requeridos por el código objeto en cuestión de las librearías disponibles. Una vez tiene todas las piezas necesarias, genera un fichero final ejecutable, o en forma de librería del sistema.

Si nos fijamos en el programa objeto de la **Ilustración 4**, podemos observar cómo se hace referencia a funciones no contenidas en el código ensamblador resultante:

```asm
        .file   "hello.c"
        .intel_syntax noprefix
        .section        .rodata
.LC0:
        .string "Nombre"
.LC1:
        .string "Hola Nombre."
.LC2:
        .string "Hola, tu no eres Nombre."
        .text
        .globl  main
        .type   main, @function
main:
.LFB0:
        .cfi_startproc
        push    rbp
        .cfi_def_cfa_offset 16
        .cfi_offset 6, -16
        mov     rbp, rsp
        .cfi_def_cfa_register 6
        sub     rsp, 16
        mov     DWORD PTR [rbp-4], edi
        mov     QWORD PTR [rbp-16], rsi
        cmp     DWORD PTR [rbp-4], 1
        jg      .L2
        mov     eax, 1
        jmp     .L3
.L2:
        mov     rax, QWORD PTR [rbp-16]
        add     rax, 8
        mov     rax, QWORD PTR [rax]
        mov     esi, OFFSET FLAT:.LC0
        mov     edi, rax
        call    strcmp
        test    eax, eax
        jne     .L4
        mov     edi, OFFSET FLAT:.LC1
        call    puts
        jmp     .L5
.L4:
        mov     edi, OFFSET FLAT:.LC2
        call    puts
.L5:
        mov     eax, 0
.L3:
        leave
        .cfi_def_cfa 7, 8
        ret
        .cfi_endproc
.LFE0:
        .size   main, .-main
        .ident  "GCC: (Debian 4.7.2-5) 4.7.2"
        .section        .note.GNU-stack,"",@progbits
```

Ilustración 6. Código ensamblador con referencias externas

Estas referencias externas deben ser resueltas y localizadas de alguna forma para que cuando el procesador ejecute el salto a la función externa, sepa a dónde debe hacerlo. Este problema lo resuelve el enlazador, introduciendo una sección dentro del ejecutable final, que contiene las funciones externas requeridas por el ejecutable:

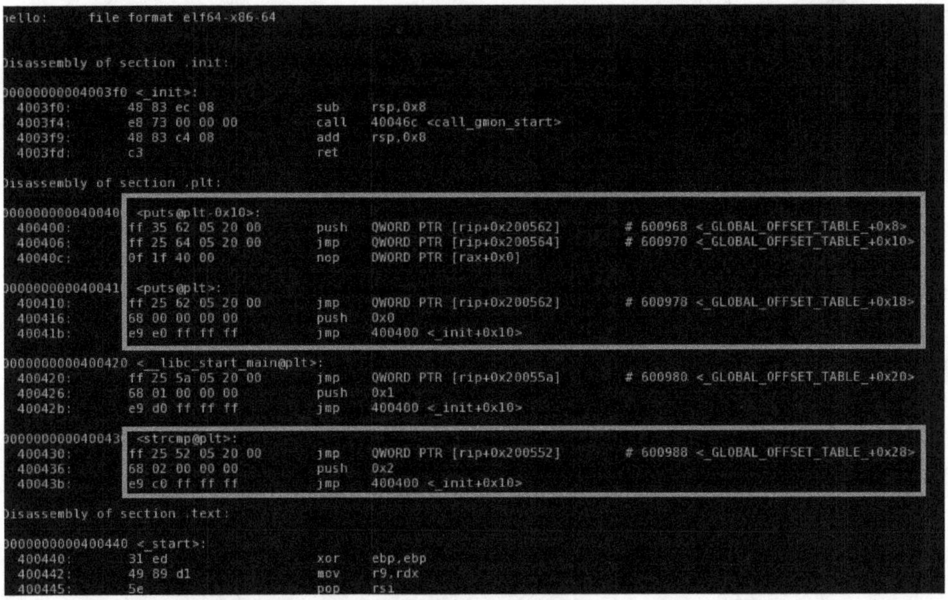

```
hello:     file format elf64-x86-64

Disassembly of section .init:

00000000004003f0 <_init>:
  4003f0:       48 83 ec 08             sub    rsp,0x8
  4003f4:       e8 73 00 00 00          call   40046c <call_gmon_start>
  4003f9:       48 83 c4 08             add    rsp,0x8
  4003fd:       c3                      ret

Disassembly of section .plt:

0000000000400400 <puts@plt-0x10>:
  400400:       ff 35 62 05 20 00       push   QWORD PTR [rip+0x200562]        # 600968 <_GLOBAL_OFFSET_TABLE_+0x8>
  400406:       ff 25 64 05 20 00       jmp    QWORD PTR [rip+0x200564]        # 600970 <_GLOBAL_OFFSET_TABLE_+0x10>
  40040c:       0f 1f 40 00             nop    DWORD PTR [rax+0x0]

0000000000400410 <puts@plt>:
  400410:       ff 25 62 05 20 00       jmp    QWORD PTR [rip+0x200562]        # 600978 <_GLOBAL_OFFSET_TABLE_+0x18>
  400416:       68 00 00 00 00          push   0x0
  40041b:       e9 e0 ff ff ff          jmp    400400 <_init+0x10>

0000000000400420 <__libc_start_main@plt>:
  400420:       ff 25 5a 05 20 00       jmp    QWORD PTR [rip+0x20055a]        # 600980 <_GLOBAL_OFFSET_TABLE_+0x20>
  400426:       68 01 00 00 00          push   0x1
  40042b:       e9 d0 ff ff ff          jmp    400400 <_init+0x10>

0000000000400430 <strcmp@plt>:
  400430:       ff 25 52 05 20 00       jmp    QWORD PTR [rip+0x200552]        # 600988 <_GLOBAL_OFFSET_TABLE_+0x28>
  400436:       68 02 00 00 00          push   0x2
  40043b:       e9 c0 ff ff ff          jmp    400400 <_init+0x10>

Disassembly of section .text:

0000000000400440 <_start>:
  400440:       31 ed                   xor    ebp,ebp
  400442:       49 89 d1                mov    r9,rdx
  400445:       5e                      pop    rsi
```

Ilustración 7. Ejecutable final que requiere de funciones externas

Y donde el enlazador dinámico almacenará la dirección exacta de esa función almacenada en una librería dinámica, o introducirá el código completo de la función en el ejecutable si se decide que la función, en lugar de ser invocada de manera dinámica, se haga de manera estática.

Este esquema, permite que el mismo programa binario final, sea ejecutado en diferentes ordenadores cuyas librerías hayan sido cargadas en direcciones aleatorias o en orden diferente.

2.2 FASES DE UN COMPILADOR

Conceptualmente un compilador opera en fases. Cada una de estas fases transforma el programa fuente de una representación en otra. En la práctica algunas fases se pueden agrupar y las representaciones intermedias entre las fases no necesitan ser construidas explícitamente. La siguiente imagen muestra estas fases:

Como se puede observar, el administrador de la tabla de símbolos es global a todas las fases e interactúa de forma dinámica en cada una de ellas. Esto permite que se puedan realizar acciones sobre los símbolos en diferentes fases sin que se pierda el significado ni el contexto de los mismos. Este administrador asocia atributos a cada uno de los identificadores, y esto es esencial para conocer el espacio a reservar a cada identificador, el tipo del mismo y su ámbito de utilización dentro del contexto del programa. Para los identificadores de funciones, es posible determinar el número y tipo de argumentos, así como el método para pasar cada argumento.

Toda esta información se almacena en una tabla de símbolos. Durante el análisis léxico es posible determinar el nombre de cada identificador, pero no es hasta la fase de análisis sintáctico, donde se puede introducir en la tabla el tipo del identificador. Por ejemplo, para la siguiente línea de código en C:

```
struct structPropia
{
    int var1;
    char var2;
} variable1;
```

El identificador "*structPropia*" no puede almacenar el espacio total hasta el análisis sintáctico. Durante el análisis léxico, se van analizando los *tokens* o palabras clave de forma secuencial es por esto que una vez ha finalizado de analizar la estructura no vuelve atrás para almacenar los atributos de este, sino que se hace en las siguientes fases.

El manejador de errores, también es global a todas las fases e interactúa con todas ellas de forma dinámica. Cada fase puede encontrar errores, sin embargo, después de detectar cada error, cada fase debe de tratar de alguna forma ese error, para poder continuar la compilación, permitiendo la detección de más errores en el programa fuente. Pueden haber errores críticos que impidan continuar con la compilación, como pueden ser los errores que incumplan con las estructuras léxicas (introducción de *tokens* no esperados) o sintácticas (la introducción de identificadores no declarados). Nótese la diferencia de que en la fase de análisis léxico, los identificadores no declarados no provocarán ningún error, ya que simplemente se limita a asociar cada parte del texto con un *token* en concreto, basado en una palabra reservada o expresión regular. Es por esto que un identificador no declarado es identificado por una expresión regular que identifica variables y no provoca ningún error, sin embargo en la fase de análisis sintáctico no es capaz de asociarlo con una gramática, ya que el tipo de datos es requerido.

Para ver de una manera más directa y explicativa estas diferentes fases, a continuación se muestra en la **Ilustración 8** la traducción de una proposición de código fuente a código objeto:

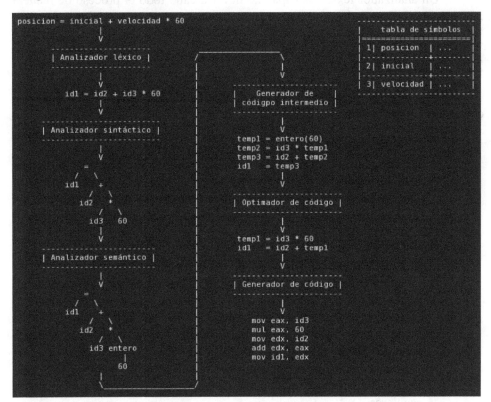

Ilustración 8. Traducción de una proposición

El compilador va pasando por las diferentes fases, modificando el código fuente de una representación a otra en cada fase.

2.3 ANÁLISIS LÉXICO

El analizador léxico es la primera fase que lleva a cabo el compilador. Su labor es analizar el código fuente y elaborar una lista de componentes léxicos que utilizará el analizador sintáctico en su análisis. La forma habitual de colaboración suele ser la de crear una función o conjunto de ellas, que utiliza el analizador sintáctico para solicitar el siguiente componente léxico. De esta forma, el analizador sintáctico va analizando cada componente léxico y realiza las acciones necesarias, como insertar un identificador en la tabla de símbolos, generar algún error si incumple con la estructura sintáctica u otras labores. Una vez que las funciones para obtener el siguiente componente léxico no puedan obtener más componente léxicos, se habrá llegado al final de la fase de análisis léxico.

Un analizador léxico es capaz de llevar a cabo todo el proceso de manera lineal, en una sola pasada, no necesita de recursión para procesar el código fuente.

2.3.1 Definición de términos

Para analizar de manera léxica un código fuente se manejan varios términos con descripciones y usos muy concretos:

▼ **Componente léxico o *token***

Un componente léxico o *token*, es un conjunto de cadenas en la entrada para las cuáles se produce como salida un mismo componente léxico. Este conjunto de cadenas se describe mediante una regla llamada *patrón*. Se dice que el *patrón* concuerda (*match*) con cada cadena del conjunto.

▼ **Patrones**

Son una serie de reglas que deciden si un conjunto de cadenas de entrada cumplen o no con esa especificación. Estas reglas se implementan en forma de AFD (Autómatas Finitos Deterministas). Este autómata se representa en forma de diagrama de estados, de tal forma que si la cadena de entrada es capaz de llegar al estado final, se dice que dicha cadena es aceptada por el autómata y cumpliría con el patrón. Estos patrones son tratados como expresiones regulares de tal forma que es posible detectar cada *token* comprobando si cumple o no con determinadas expresiones regulares.

▼ **Lexemas**

Un lexema es una secuencia de caracteres en el programa fuente con la que concuerda el patrón para un componente léxico.

Para una mejor comprensión de los términos anteriormente descritos, vamos a mostrar varios ejemplos prácticos:

Componente léxico o *token*	Lexema	Descripción informal del patrón
if	if	if
switch	switch	switch
relación	<, <=, ==, <>, >=, >	< o <= o == o <> o >= o >
id	velocidad, var1, PI	Letra seguida de letras y dígitos
entero	31416, 0, 2	Cualquier constante numérica entera
literal	"cadena de texto"	Cualquier carácter entre " y " excepto "

En la tabla anterior, se muestran varios *token* para los que el lexema concuerda con el patrón. Dicho patrón se ha definido de una manera informal para su mayor comprensión. No obstante, y para una mayor claridad a continuación se proceden a definir en forma de expresión regular el patrón para el cual un lexema concuerda o no con un *token*:

Componente Léxico o *Token*	Lexema	Patrón en forma de expresión regular
if	if	If
switch	switch	switch
relación	<, <=, ==, <>, >=, >	[<=>][<=>]{0,1}
id	velocidad, var1, PI	[a-zA-Z][a-zA-Z0-9]*
entero	31416, 0, 2	[0-9]+
literal	"cadena de texto"	"[^"]*"

Cuando más de un patrón concuerda con un lexema, el analizador léxico debe proporcionar información adicional sobre el lexema concreto que concordó con las siguientes fases del compilador. El analizador léxico recoge información sobre los componentes léxicos en sus atributos asociados. Los componentes léxicos influyen en las decisiones del análisis sintáctico, y los atributos, en la traducción de los componentes léxicos. En la práctica los componentes léxicos suelen tener un solo atributo, un apuntador a la entrada de la tabla de símbolos donde se guarda la información sobre el componente léxico.

Es importante también analizar un poco los errores léxicos, que aunque son pocos los que se pueden detectar en esta fase debido a la visión tan restringida del código fuente, no solo son susceptible de producirse, sino que se pueden llevar a cabo diferentes estrategias para tratar de recuperarse de ellos sin tener que forzar a la finalización de proceso de compilación.

El analizador léxico no es capaz de detectar ningún fallo al analizar la palabra *wile* en la siguiente porción de código en C:

```
wile (i<10)
```

Un analizador léxico no puede detectar si *wile* es un error de escritura, donde se quiso decir *while* o un identificador de función no declarado.

Si en este punto se produce algún error, se puede tratar de recuperar aplicando algún algoritmo de recuperación de errores. Dado el caso de que ningún patrón concuerde con el prefijo de la entrada actual, se puede tratar de eliminar los caracteres sucesivos hasta que se pueda encontrar un componente léxico bien formado. También sería posible aplicar otras acciones con la idea de conseguir recuperarse del error, como por ejemplo borrar un carácter extraño, insertar un carácter que falte, reemplazar un carácter incorrecto por otro correcto o intercambiar dos caracteres adyacentes. La estrategia sería aplicar alguna o varias de estas acciones hasta conseguir que el prefijo de la entrada restante se pueda transformar con un lexema válido.

2.3.2 Especificación de componentes léxicos

La notación más importante para especificar patrones son las expresiones regulares. Una expresión regular, a menudo llamada también **regex**, es una secuencia de caracteres que forma un patrón de búsqueda, principalmente utilizada para la búsqueda de patrones de cadenas de caracteres u operaciones de sustituciones. Una expresión regular es una forma de representar a los lenguajes regulares (finitos o infinitos) y se construye utilizando caracteres del alfabeto sobre el cual se define el lenguaje.

Un **lenguaje** se refiere a cualquier conjunto de cadenas de un alfabeto fijo, entendiéndose por **alfabeto** cualquier conjunto finito de símbolos. Un ejemplo de alfabetos de computador son los códigos ASCII. Y por **cadena** sobre algún alfabeto se entiende una secuencia finita de símbolos tomados de ese alfabeto.

Aunque queda fuera del alcance de esta documentación entrar en aspectos más teóricos sobre cadenas, lenguajes y expresiones regulares, es importante conocer las definiciones de operaciones sobre los lenguajes, así como las propiedades algebraicas de las expresiones regulares.

Algunos lenguajes no se pueden describir con ninguna expresión regular. No se pueden utilizar las expresiones regulares para describir construcciones equilibradas o anidadas. Si nos centramos en el conjunto de todas las cadenas de paréntesis equilibrados, no se puede describir con una expresión regular. Este conjunto se puede especificar mediante una gramática independiente del contexto, que se verá más adelante.

Si damos nombre a las expresiones regulares a modo de símbolos, podemos entender como **definición regular** como una secuencia de definiciones de la siguiente forma:

$$d1 \rightarrow r1$$

$$d2 \rightarrow r2$$

$$...$$

$$dn \rightarrow rn$$

Donde cada *di* es un nombre distinto, y cada *ri* es una expresión regular.

A continuación, se muestra un ejemplo de definición regular para un conjunto de números sin signo, tales como *1234, 56.78, 9.10E11, 9.10E-3,* y para los cuáles se proporciona una especificación precisa mediante la siguiente definición regular:

dígito   → [0-9]

dígitos → **dígito**+

fracción_optativa → (.**dígitos**)?

exponente_optativo   → (E(+|-)?**dígitos**)?

núm   → **dígitos fracción_optativa exponente_optativa**

2.3.3 Reconocimiento de componentes léxicos

Si partimos de la definición regular anterior y agregamos la siguiente definición:

oprel → <|<=|==|<>|>|>=

Podemos crear la siguiente tabla de traducción:

Expresión Regular	Componente Léxico	Valor del Atributo
núm	núm	Apuntador a la entrada en la tabla
<	oprel	MENOR
<=	oprel	MENORIGUAL
==	oprel	IGUAL
<>	oprel	DISTINTO
>	oprel	MAYOR
>=	oprel	MAYORIGUAL

Ilustración 9. Patrones de expresiones regulares para componentes léxicos

Los valores de los atributos de los componentes léxicos *oprel* (operadores relacionales) vienen dados por las constantes simbólicas MENOR, MENORIGUAL, IGUAL, DISTINTO, MAYOR y MAYORIGUAL. Esta tabla ayudará a saber qué hacer cuando se detecte un componente léxico en cuestión.

Para poder reconocer los componentes léxico se hace uso de un diagrama de flujo estilizado denominado **diagrama de transición.** Estos diagramas de transición representan las acciones que tienen lugar cuando el analizador léxico es llamado por el analizador sintáctico para obtener el siguiente componente léxico. Supóngase que el *buffer* de entrada es una cadena de caracteres, y que el apuntador del principio del lexema apunta al carácter que sigue al último lexema encontrado. Se utiliza un diagrama de transición para localizar la información sobre los caracteres que se detectan a medida que el apuntador delantero examina la entrada. Esto se hace cambiando de posición en el diagrama según se leen los caracteres.

Las posiciones en un diagrama de transición se representan con un círculo y se llaman **estados**. Los estados se conectan mediante flechas, llamadas **aristas**. Las aristas que salen del estado *s* tienen etiquetas que indican los caracteres de entrada que pueden aparecer después de haber llegado el diagrama de transición al estado *s*. La etiqueta *otro* se refiere a todo carácter que no haya sido indicado por ninguna de las otras aristas que salen de *s*.

Se supone que los diagramas de transición de esta sección son *deterministas*, es decir que ningún símbolo puede concordar con las etiquetas de dos aristas que salgan de un estado. Un estado se etiqueta como el estado *Inicio*, es el estado inicial del diagrama de transición donde reside el control cuando se empieza a reconocer un componente léxico. Ciertos estados pueden tener acciones que se ejecutan cuando el flujo de control alcanza dicho estado. Al entrar en un estado se lee el siguiente carácter de entrada. Si hay una arista del estado en curso de ejecución cuya etiqueta concuerde con ese carácter de entrada, entonces se va al estado apuntado por la arista. De otro modo se indica un fallo.

A continuación se muestra un diagrama de transición para el patrón >= y >. El diagrama de transición funciona de la siguiente forma:sSu estado de inicio es el estado 0. En el estado 0 se lee el siguiente carácter de entrada. La arista etiquetada con el > del estado 0 se debe seguir hasta el estado 1 si este carácter de entrada es >. De otro modo, significa que no se habrá reconocido ni > ni >=. Al llegar al estado 1 se lee el siguiente carácter de entrada. La arista etiquetada con = que sale del estado 1 deberá seguirse hasta el estado 2 si este carácter de entrada es un =. De otro modo, la arista etiquetada con **otro** indica que se deberá ir al estado 3. El circulo doble del estado 2 indica que éste es un estado de aceptación, un estado en el cual se ha encontrado el componente léxico >=.

Obsérvese que el carácter > y otro carácter adicional se leen a medida que se sigue la secuencia de aristas desde el estado inicial al estado de aceptación 3. Como el carácter adicional no es parte del operador relacional >, se debe retroceder un carácter el apuntador delantero. Se usa un * para indicar los estados en que se debe llevar a cabo este retroceso en la entrada.

Si surge algún fallo mientras se está siguiendo un diagrama de transiciones, se debe retroceder el apuntador delantero hasta donde estaba en el estado inicial de dicho diagrama, y activar el siguiente diagrama de transiciones:

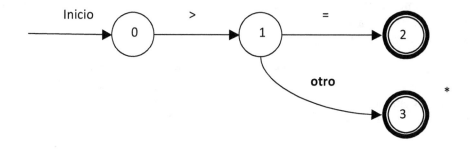

A continuación se muestra el diagrama de transiciones para el componente léxico **oprel** cuya definición regular fue definida anteriormente:

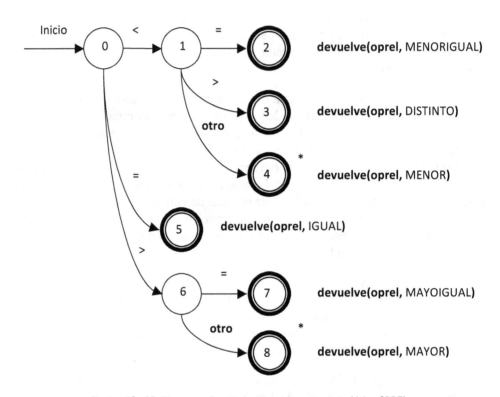

Ilustarción 10. Diagrama de estados para el componente léxico OPREL

Como se puede observar, el diagrama una vez ha llegado a un estado de aceptación, invoca a la función *devuelve* cuya finalidad es asignar el atributo al componente léxico detectado.

Una secuencia de diagramas de transición se puede convertir en un programa que busque los componentes léxicos específicos por los diagramas. Se adopta un enfoque sistemático que sirve para todos los diagramas de transición y que construye programas cuyo tamaño es proporcional al número de estados y de aristas de los diagramas.

Una vez se tiene un diagrama de transición que acepte el lenguaje en cuestión, llega el momento de implementar el código necesario para llevar a cabo las acciones necesarias para cada componente léxico. Para ello se va a mostrar un ejemplo de implementación en C del diagrama de estados de la **Ilustración 10**.

```
complex sigte_complex()
{ while(1) {
    switch(estado) {
        case 0: c = sigtcar();
            /* c es el carácter de preanálisis */
            if (c==blanco||c=tab||c==linea_nueva) {
                estado = 0;
                inicio_lexema++;
                /* se avanza el inicio del lexema */
            }
            else if (c == '<') estado = 1;
            else if (c == '=') estado = 5;
            else if (c == '>') estado = 6;
            else estado = fallo();
            break;
        case 1: c = sigtecar();
            if (c == '=') estado = 2;
            else if (c == '>') estado = 3;
            else {  // otro
                inicio_lexema++;
                estado = 4;
            }
            break;
        case 2: devuelve(OPREL, MENORIGUAL);
            return(OPREL);
        case 3: devuelve(OPREL, DISTINTO);
            return(OPREL);
        case 4: devuelve(OPREL, MENOR);
            return(OPREL);
        case 5: devuelve(OPREL, IGUAL);
            return(OPREL);
        case 6: c = sigtecar();
            if (c == '=') estado = 7;
            else {  // otro
                inicio_lexema++;
                estado = 8;
            }
            break;
        case 7: devuelve(OPREL, MAYORIGUAL);
            return(OPREL);
        case 8: devuelve(OPREL, MAYOR);
            return(OPREL);
    }
  }
}
```

Ilustración 11. Implementación del diagrama de transición del componente léxico OPREL

Esta función *sigte_complex()* del tipo *complex* será invocada secuencialmente por el analizador léxico para ir obteniendo los distintos componentes léxicos hasta que se detecte el final del código fuente. La función *sigtcar()* analiza el *buffer* en buscar del carácter siguiente sin analizar de la cadena de entrada y lo devuelve.

Como se puede observar en el estado inicial (0) se permiten espacios en blanco, tabuladores o saltos líneas. Estos caracteres son definidos como constantes, por ejemplo, en el fichero de cabecera (.h). La manera en que los permite es manteniendo el mismo estado y avanzando el apuntador inicio del lexema, descartando dichos caracteres. De esta forma, una vez el diagrama de transición concuerde con algún componente léxico (en este caso solo se ha implementado uno, pero podría contener muchos componentes léxicos de forma conjunta) *inicio_lexema* apuntará correctamente al inicio de la cadena que provocó que el patrón concordara con el componente léxico.

En el caso de que el primer carácter sea diferente a algunos de estos caracteres (<, =, >) se invoca la función *fallo()* que restaura el estado a 0, o el que corresponda si hay varios estados iniciales (en el caso de implementar varios patrones), apunta el inicio del lexema a este nuevo carácter e invoca a la función *recuperar()* que implementará las estrategias que considere necesarias para recuperarse del error e intentar no abortar el análisis.

A modo de ejemplo práctico, a continuación se muestra el código fuente de un *software* real, donde se pretende analizar de manera léxica la primera línea de una petición HTTP, de tal forma que pueda separar las palabras existente en esa petición. Para ello tiene en cuenta los espacios en blanco, tabuladores y saltos de línea. El *software* escogido es *thttpd v2.26*, y se muestra el código de la función ***httpd_got_request()*** localizable en libthttpd.c:1790:

```c
int
httpd_got_request( httpd_conn* hc )
    {
    char c;

    for ( ; hc->checked_idx < hc->read_idx; ++hc->checked_idx )
        {
        c = hc->read_buf[hc->checked_idx];
        switch ( hc->checked_state )
            {
            case CHST_FIRSTWORD:
            switch ( c )
                {
                case ' ': case '\t':
                hc->checked_state = CHST_FIRSTWS;
                break;
                case '\012': case '\015':
                hc->checked_state = CHST_BOGUS;
                return GR_BAD_REQUEST;
                }
            break;
            case CHST_FIRSTWS:
            switch ( c )
                {
                case ' ': case '\t':
                break;
                case '\012': case '\015':
                hc->checked_state = CHST_BOGUS;
                return GR_BAD_REQUEST;
                default:
                hc->checked_state = CHST_SECONDWORD;
                break;
                }
            break;
            case CHST_SECONDWORD:
```

```
switch ( c )
    {
    case ' ': case '\t':
    hc->checked_state = CHST_SECONDWS;
    break;
    case '\012': case '\015':
    /* The first line has only two words - an HTTP/0.9 request. */
    return GR_GOT_REQUEST;
    }
break;
case CHST_SECONDWS:
switch ( c )
    {
    case ' ': case '\t':
    break;
    case '\012': case '\015':
    hc->checked_state = CHST_BOGUS;
    return GR_BAD_REQUEST;
    default:
    hc->checked_state = CHST_THIRDWORD;
    break;
    }
break;
case CHST_THIRDWORD:
switch ( c )
    {
    case ' ': case '\t':
    hc->checked_state = CHST_THIRDWS;
    break;
    case '\012':
    hc->checked_state = CHST_LF;
    break;
    case '\015':
    hc->checked_state = CHST_CR;
    break;
    }
break;
case CHST_THIRDWS:
switch ( c )
    {
    case ' ': case '\t':
    break;
    case '\012':
    hc->checked_state = CHST_LF;
    break;
    case '\015':
    hc->checked_state = CHST_CR;
    break;
    default:
    hc->checked_state = CHST_BOGUS;
    return GR_BAD_REQUEST;
    }
break;
case CHST_LINE:
switch ( c )
    {
    case '\012':
    hc->checked_state = CHST_LF;
    break;
    case '\015':
    hc->checked_state = CHST_CR;
    break;
```

```c
            }
        break;
        case CHST_LF:
        switch ( c )
            {
            case '\012':
            /* Two newlines in a row - a blank line - end of request. */
            return GR_GOT_REQUEST;
            case '\015':
            hc->checked_state = CHST_CR;
            break;
            default:
            hc->checked_state = CHST_LINE;
            break;
            }
        break;
                case CHST_CR:
                switch ( c )
                    {
                    case '\012':
                    hc->checked_state = CHST_CRLF;
                    break;
                    case '\015':
                    /* Two returns in a row - end of request. */
                    return GR_GOT_REQUEST;
                    default:
                    hc->checked_state = CHST_LINE;
                    break;
                    }
                break;
                case CHST_CRLF:
                switch ( c )
                    {
                    case '\012':
                    /* Two newlines in a row - end of request. */
                    return GR_GOT_REQUEST;
                    case '\015':
                    hc->checked_state = CHST_CRLFCR;
                    break;
                    default:
                    hc->checked_state = CHST_LINE;
                    break;
                    }
                break;
                case CHST_CRLFCR:
                switch ( c )
                    {
                    case '\012': case '\015':
                    /* Two CRLFs or two CRs in a row - end of request. */
                    return GR_GOT_REQUEST;
                    default:
                    hc->checked_state = CHST_LINE;
                    break;
                    }
                break;
                case CHST_BOGUS:
                return GR_BAD_REQUEST;
            }
        return GR_NO_REQUEST;
        }
```

Como se puede observar, esta implementación es algo más compleja que la del ejemplo anterior, aunque tan solo se encargue de detectar palabras mediante los caracteres que considera de separación.

2.3.4 LEX como analizador léxico

Según el caso, cada compilador decidirá si implementar sus propias funciones para el analizador léxico o reutilizar analizadores léxicos de propósito general, pudiendo así utilizar toda la potencia del mismo sin emplear tiempo y esfuerzo en su implementación.

Una herramienta muy utilizada en la especificación de analizadores léxicos para varios lenguajes, es la denominada LEX (en su versión de código abierto FLEX *(Fast Lexical Analyser)*).

Esta herramienta es en sí un compilador que convierte código fuente en lenguaje LEX a código objeto en lenguaje C, tal como se muestra en la siguiente imagen:

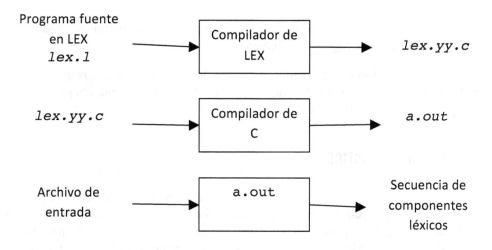

A modo de ejemplo vamos a implementar un programa LEX para los componentes léxicos de la **Ilustración 9**.

```
%{
    /* definición de las constantes manifiestas
       MENOR, MENORIGUAL, IGUAL, DISTINTO, MAYOR, MAYORIGUAL
       NUM, OPREL
    */
%}

/* Definiciones regulares */
digito      [0-9]
numero      {digito}+(\.{digito}+)?(E[+\-]?{digito}+)?

%%

{numero}    {yyval = instala_num(); return(NUMERO);}
"<"         {yyval = MENOR; return(OPREL);}
"<="        {yyval = MENORIGUAL; return(OPREL);}
"="         {yyval = IGUAL; return(OPREL);}
"<>"        {yyval = DISTINTO; return(OPREL);}
">"         {yyval = MAYOR; return(OPREL);}
">="        {yyval = MAYORIGUAL; return(OPREL);}

%%

instala_num() {
    /* procedimiento para instalar el lexema, cuyo primer
       carácter está apuntado por yytext y cuya longitud es
       yylong, dentro de la tabla de símbolos y devuelve un
       apuntador a él. */
}
```

Como se puede observar, se limita a definir los patrones, basado en expresiones regulares, reglas y código en C.

De esta forma se simplifica tremendamente el código respecto a la implementación anterior, además de ser más legible, lo que mejora los procesos de mantenimiento de código y depuración.

2.4 ANÁLISIS SINTÁCTICO

Ahora que ya somos capaces de extraer componentes léxicos del código fuente, podemos pasar a la fase de análisis sintáctico. En esta fase se pretende analizar lenguajes de programación cuya estructura sintáctica sea de programas bien formados. Por ejemplo, un programa que se compone de bloques, un bloque de proposiciones, una proposición de expresiones, una expresión de componentes léxicos, y así sucesivamente. Se puede describir la sintaxis de las construcciones de los lenguajes de programación por medio de gramáticas independientes del contexto o notación BNF.

Las gramáticas proporcionan ventajas significativas a los diseñadores de lenguajes y a los escritores de compiladores.

- Una gramática da una especificación sintáctica precisa y fácil de entender de un lenguaje de programación.
- A partir de algunas clases de gramáticas se puede construir automáticamente un analizador sintáctico eficiente que determine si un programa fuente está sintácticamente bien formado. También se pueden detectar ambigüedades sintácticas y otras construcciones difíciles de analizar, que de otra forma quedarían sin detectar en la fase de diseño de un lenguaje y su compilador.
- Una gramática diseñada adecuadamente imparte una estructura a un lenguaje de programación útil para la traducción de programas fuente a código objeto correcto y para la detección de errores.
- Los lenguajes evolucionan con el tiempo, adquiriendo nuevas construcciones y realizando tareas adicionales. Estas nuevas construcciones se pueden añadir con más facilidad a un lenguaje cuando existe una aplicación basada en una descripción gramatical del lenguaje.

El analizador sintáctico obtiene una cadena de componentes léxicos del analizador léxico, y comprueba si la cadena pueda ser generada por la gramática del lenguaje fuente. Se supone que el analizador sintáctico informará de cualquier error de sintaxis de manera clara. También debería recuperarse de los errores que ocurren frecuentemente para poder continuar procesando el resto de su entrada.

Los métodos empleados generalmente en los compiladores se clasifican como descendentes o ascendentes. Como sus nombres indican, los analizadores sintácticos descendentes construyen árboles de análisis sintáctico desde arriba (la raíz) hasta abajo (las hojas), mientras que los analizadores sintácticos ascendentes comienzan en las hojas y suben hacia la raíz. En ambos casos, se examina la entrada al analizador sintáctico de izquierda a derecha, un símbolo a la vez.

Los métodos descendentes y ascendentes más eficientes trabajan solo con subclases de gramáticas, pero varias de estas subclases, como las gramáticas LL y LR, son lo suficientemente expresivas para describir la mayoría de las construcciones sintácticas de los lenguajes de programación. Los analizadores sintácticos implantados a mano a menudo trabajan con gramáticas LL1, mientras que los analizadores sintácticos para la clase más grande de gramáticas LR se construyen normalmente con herramientas automatizadas.

La salida del analizador sintáctico es una representación del árbol de análisis sintáctico para la cadena de componentes léxicos producida por el analizador léxico. Además hay varias tareas que se pueden realizar durante el análisis sintáctico, como recoger información sobre distintos componentes léxicos en la tabla de símbolos, realizar la verificación de tipo y otras clases de análisis semántico.

En esta fase, el manejador de errores será capaz de detectar errores sintácticos, como por ejemplo, una expresión aritmética con paréntesis no equilibrados.

2.4.1 Gramáticas independientes del contexto

Las estructuras recursivas de los lenguajes de programación se pueden definir mediante gramáticas independientes del contexto. No se puede especificar una forma de proposición condicional usando la notación de expresiones regulares. En el siguiente ejemplo se muestra una proposición condicional de un lenguaje de programación usando la siguiente producción gramatical:

prop → **if** *expr* **then** *prop* **else** *prop*

Una gramática independiente de contexto o libre de contexto, consta de:

▼ **Terminales**.

Son los símbolos básicos con que se forman las cadenas. Cuando se trata de gramáticas para un lenguaje de programación, un sinónimo serían los componentes léxicos. Por ejemplo, las palabras clave **if, then, else** de la producción gramatical anterior.

▼ **No terminales**.

Son variables sintácticas que denotan conjuntos de cadenas. En la producción gramatical anterior, los no terminales son *prop* y *expr.* Estos definen conjuntos de cadenas que ayudan a definir el lenguaje generado por la gramática e imponen una estructura jerárquica sobre el lenguaje que es útil tanto para el análisis sintáctico como para la traducción.

▼ **Un símbolo inicial**.

En una gramática un no terminal será considerado como el símbolo inicial, y el conjunto de cadenas que representa es el lenguaje definido por la gramática.

▼ **Producciones**.

Las producciones de una gramática especifican cómo se pueden combinar los terminales y los no terminales para formar cadenas. Cada producción consta de un no terminal, seguido por una flecha, seguida por una cadena de no terminales y terminales. Una producción formal, tiene la siguiente forma:

V → w

Donde V es un símbolo no terminal y w es una cadena de terminales y/o no terminales. El término libre de contexto se refiere al hecho de que el no terminal V puede siempre ser sustituido por w sin tener en cuenta el contexto en el que ocurra. Un lenguaje formal es libre de contexto si hay una gramática libre de contexto que lo genera.

Las gramáticas libres de contexto permiten describir la mayoría de los lenguajes de programación, de hecho, la sintaxis de la mayoría de lenguajes de programación está definida mediante gramáticas libres de contexto. Por otro lado, estas gramáticas son suficientemente simples como para permitir el diseño de eficientes algoritmos de análisis sintáctico que, para una cadena de caracteres dada determinen cómo puede ser generada desde la gramática. Los analizadores LL y LR tratan restringidos subconjuntos de gramáticas libres de contexto.

La notación más frecuentemente utilizada para expresar gramáticas libres de contexto es la forma Backus-Naur (*Backus-Naur form; BNF*).

Para una explicación que permita mayor comprensión se muestra una gramática con las producciones que define expresiones aritméticas simples:

$expr$ → $expr$ op $expr$
$expr$ → ($expr$)
$expr$ → - $expr$
$expr$ → **id**
   op → +
   op → -
   op → *
   op → /
   op → ↑

Los símbolos terminales son: ( ) **id** + - * / ↑
Y los no terminales son: *expr* y *op*
El símbolo inicial es: *expr*

Aplicando las diferentes convenciones de notación, la gramática anterior se puede representar de forma abreviada y concisa como:

E → $E\,A\,E$ | (E) | - E | **id**
A → + | - | * | / | ↑

Los símbolos mayúsculas E y A son no terminales, con E como símbolo inicial. El símbolo | representa un OR lógico, y en la práctica se usa para unir producciones derivadas por el mismo no terminal. Es decir, E se podría haber escrito como:

$E \rightarrow E A E$

$E \rightarrow (E)$

$E \rightarrow - E$

$E \rightarrow$ **id**

El resto de los símbolos son terminales. Esta gramática generaría por ejemplo la cadena:

(x + y) *x - z *y / (x + x)

2.4.2 Arboles de análisis sintáctico y derivaciones

Existen básicamente dos formas de describir cómo en una cierta gramática una cadena puede ser derivada desde el símbolo inicial. La forma más simple es listar las cadenas de símbolos consecutivas, comenzando por el símbolo inicial y finalizando con la cadena y las reglas que han sido aplicadas. Si introducimos estrategias como reemplazar siempre el no terminal de más a la izquierda primero, entonces la lista de reglas aplicadas es suficiente. A esto se le llama derivación por la izquierda. Por ejemplo, si tomamos la siguiente gramática:

1. $S \rightarrow S + S$
2. $S \rightarrow 1$

Y la cadena "1 + 1 + 1", su derivación a la izquierda está en la lista [(1) (1) (2) (2) (2)]. Análogamente, la derivación por la derecha se define como la lista que obtenemos si siempre reemplazamos primero el no terminal de más a la derecha. En ese caso, la lista de reglas aplicadas para la derivación de la cadena con la gramática anterior sería la [(1) (2) (1) (2) (2)].

La distinción entre derivación por la izquierda y por la derecha es importante, porque en la mayoría de analizadores la transformación de la entrada es definida dando una parte de código para cada producción, que es ejecutada cuando la regla es aplicada. De modo que es importante saber qué derivación aplica el analizador, porque determina el orden en el que el código será ejecutado.

Una derivación también puede ser expresada mediante una estructura jerárquica sobre la cadena que está siendo derivada. Por ejemplo, la estructura de la derivación a la izquierda de la cadena "1 + 1 + 1" con la gramática anterior sería:

S→S+S (1)
S→S+S+S (1)
S→1+S+S (2)
S→1+1+S (2)
S→1+1+1 (2)

{{{1}S + {1}S}S + {1}S}S

Donde {...}S indica la subcadena reconocida como perteneciente a S. Esta jerarquía también se puede representar mediante un árbol sintáctico:

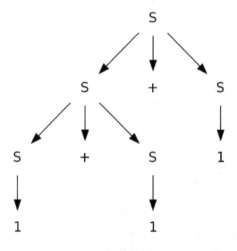

Este árbol es llamado árbol de sintaxis concreta de la cadena. En este caso, las derivaciones por la izquierda y por la derecha, presentadas, definen la sintaxis del árbol. Sin embargo, hay otra derivación (por la izquierda) de la misma cadena.

La derivación por la derecha:

S→ S + S (1)
S→ 1 + S (2)
S→ 1 + S + S (1)
S→ 1 + 1 + S (2)
S→ 1 + 1 + 1 (2)

Define el siguiente árbol sintáctico:

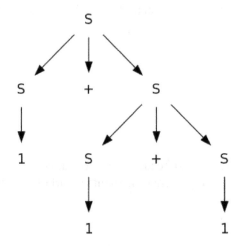

Si para una cadena del lenguaje de una gramática hay más de un árbol posible, entonces se dice que la gramática es ambigua. Normalmente estas gramáticas son más difíciles de analizar porque el analizador no puede decidir siempre qué producción aplicar.

Los árboles de análisis sintáctico son utilizados por el analizador sintáctico para llevar a cabo el análisis sintáctico. Depende la estrategia utilizada se denominan de una forma u otra:

▶ Análisis sintáctico descendente.

Se considera a encontrar una derivación por la izquierda para una cadena de entrada, tratando de construir un árbol de análisis sintáctico para la entrada comenzando por la raíz y creando los nodos del árbol en orden previo.

El analizador sintáctico LL es un analizador sintáctico descendente, por un conjunto de gramática libre de contexto. En este analizador las entradas son de izquierda a derecha, y construcciones de derivaciones por la izquierda de una sentencia o enunciado. La clase de gramática que es analizable por este método es conocida como gramática LL.

▶ Análisis sintáctico ascendente

En su estilo general es conocido como análisis sintáctico por desplazamiento y reducción. Este tipo de análisis intenta construir un árbol de análisis sintáctico para una cadena de entrada que comienza por las hojas y avanza hacia arriba, la raíz. Se puede considerar este proceso como de reducir una cadena al símbolo inicial de la gramática.

Los analizadores sintácticos LR, también conocidos como Parser LR, son un tipo de analizadores para algunas gramáticas libres de contexto. Pertenece a la familia de los analizadores ascendentes, ya que construyen el árbol sintáctico de las hojas hacia la raíz. Utilizan la técnica de análisis por desplazamiento reducción. Existen tres tipos de parsers LR: SLR (K), LALR (K) y LR (K) canónico.

2.4.3 Analizadores sintácticos LR

Es una técnica de análisis sintáctico ascendente que se puede utilizar para analizar una clase más amplia de gramáticas independientes del contexto. La técnica se denomina LR(k), donde L es por el examen de entrada de izquierda a derecha (*left-to-right*), la R por construir una derivación por la derecha (*rigthmost derivation*) en orden inverso, y k por el número de símbolos de entrada de examen por anticipado utilizados para tomar las decisiones del análisis sintáctico. Cuando se omite, se asume que k es 1.

▼ Un analizador LR consta de:
▼ Un programa conductor
▼ Una entrada
▼ Una salida
▼ Una tabla de análisis sintáctico, compuesta de dos partes (ACCIÓN Y GOTO).

Cabe acotar que el programa conductor es siempre igual, solo variando para cada lenguaje la tabla de análisis sintáctico. La tabla de análisis sintáctico se extrae del diagrama de transición de estados teniendo en cuenta los k símbolos de entrada de examen por anticipado y el estado actual. De esta forma si se está en un estado se sabe a qué estado ir y qué acción tomar, observando los k símbolos de examen por anticipado.

El algoritmo para reconocer cadenas es el siguiente: dado el primer carácter de la cadena y el estado inicial de la tabla, buscar qué acción corresponde en la tabla de acción.

Si el estado es **shift n** ($n \in N$), se coloca el carácter y el número de estado n en la pila, se lee el siguiente carácter y repite el procedimiento, solo que esta vez buscando en el estado correspondiente.

SI **ACCIÓN = REDUCE** n (n ∈ N), se sacan de la pila tantas tuplas (estado, símbolo) como el largo de la cola de la producción en el n-ésimo lugar, y se reemplaza por la cabeza de esta producción. El nuevo estado sale de buscar en la tabla GOTO usando para ubicarlo el número de estado que quedó en el tope de la pila, y el no terminal en la cabeza.

En la tabla acción también se encontrará **ACEPTAR** (que se toma la cadena como válida) y se termina el análisis o **ERROR** (que se rechaza la cadena).

2.4.4 Analizadores sintácticos LALR

El analizador sintáctico LALR (*lookahead-LR)* o análisis sintáctico LR con símbolo de anticipación, se utiliza a menudo en la práctica porque las tablas con él obtenidas son bastante más pequeñas que las tablas del análisis LR canónico, y las construcciones sintácticas más frecuentes de los lenguajes de programación pueden expresarse convenientemente con una gramática LALR.

2.5 ANÁLISIS SEMÁNTICO

La traducción de lenguaje guiada por gramáticas independientes del contexto, se conoce por traducción dirigida por la sintaxis. Esto es lo que se entiende por análisis semántico.

Se asocia información a una construcción del lenguaje de programación proporcionando atributos a los símbolos de la gramática que representan la construcción. Los valores de los atributos se calculan mediante reglas semánticas asociadas a las producciones gramaticales. Hay dos notaciones para asociar reglas semánticas con producciones, las definiciones dirigidas por la sintaxis y los esquemas de traducción. Las definiciones dirigidas por la sintaxis son especificaciones de alto nivel para traducciones. Ocultan muchos detalles de la implementación y no es necesario que el usuario especifique explícitamente el orden en el que tiene lugar la traducción.

Las definiciones dirigidas por la sintaxis, como con los esquemas de traducción, se analizan sintácticamente la cadena de componentes léxicos de entrada, se construye el árbol de análisis sintáctico y después se recorre el árbol para evaluar las reglas semánticas en sus nodos. La evaluación de las reglas semánticas puede generar código, guardar información en una tabla de símbolos, emitir mensajes de error o realizar otras actividades.

A modo de ejercicio didáctico, se va a proceder a construir una calculadora muy sencilla que lea una expresión aritmética, la evalúe y después imprima su valor numérico. Para ello comenzaremos definiendo la siguiente gramática para expresiones aritméticas.

$$E \rightarrow E + T \mid T$$
$$T \rightarrow T * F \mid F$$
$$F \rightarrow (E) \mid \textbf{digito}$$

Ilustración 12. Gramática para calculadora aritmética

Con esto ya podemos definir un programa fuente en YACC (*Yet Another Compiler-Compiler*), en concreto vamos a utilizar Bison. Yacc es un programa para generar analizadores sintácticos. Genera un analizador sintáctico basado en una gramática analítica escrita en una notación similar a la BNF. Se usa normalmente acompañado de FLEX aunque los analizadores léxicos se pueden también obtener de otras formas. De hecho, en el ejemplo siguiente, el analizador léxico debido a su sencillez, se implementará directamente en el programa fuente. YACC y Bison generan el código para el analizador sintáctico en el Lenguaje de programación C.

Para la gramática anterior, el programa fuente en YACC sería el siguiente propuesto:

```
%{
#include <ctype.h>
%}

%token DIGITO

%%
linea    :    expr '\n'             { printf("%d\n", $1); }
         ;
expr     :    expr '+' termino      { $$ = $1 + $3; }
         |    termino
         ;
termino  :    termino '*' factor    { $$ = $1 * $3; }
         |    factor
         ;
factor   :    '(' expr ')'          { $$ = $2; }
         |    DIGITO
         ;

%%

yylex() {
    int c;
    c = getchar();
    if (isdigit(c)) {
        yylval = c-'0';
        return DIGITO;
    }
    return c;
}

int yyerror(char *s) {
    printf("yyerror : %s\n",s);
}

int main(void) {
    yyparse();
}
```

Este código define un *token* DIGITO, que es el terminal **digito** de la gramática. A continuación se definen las reglas de la traducción. Estas reglas contienen la producción de la gramática y una regla semántica asociada. El símbolo $$ se refiere al no terminal de la izquierda de la producción, y cada $n se refiere a cada terminal o no terminal del lado derecho de la producción.

YACC utiliza la función *yylex()* como analizador léxico, que se encarga de producir pares formados por un componente léxico y su valor de atributo asociado. En este caso solo hay un componente léxico declarado en la primera sección de la especificación de YACC, como DIGITO. El valor del atributo asociado a un componente léxico se comunica al analizador sintáctico mediante la variable *yylval*.

Este analizador léxico es solo a modo de ejemplo, pero lo más común es utilizar LEX, de tal forma que en lugar de reescribir la función *yylex()*, nos limitamos a incluir el código en C generado por FLEX partiendo del programa fuente del analizar léxico, por ejemplo *lex.yy.c*. Tal y como se ve en el código siguiente modificado del anterior:

```
%{
#include <ctype.h>
%}

%token DIGITO

%%
linea   :   expr '\n'              { printf("%d\n", $1); }
        ;
expr    :   expr '+' termino       { $$ = $1 + $3; }
        |   termino
        ;
termino :   termino '*' factor     { $$ = $1 * $3; }
        |   factor
        ;
factor  :   '(' expr ')'           { $$ = $2; }
        |   DIGITO
        ;

%%
#include "lex.yy.c"

int yyerror(char *s) {
    printf("yyerror : %s\n",s);
}

int main(void) {
    yyparse();
}
```

Ilustración 13. calculadora.y

Donde el código del analizador léxico escrito en LEX sería el siguiente:

```
%{
#include <stdio.h>
%}

%option noyywrap

/* Definiciones regulares */
digito          [0-9]+

%%

{digito}  { /* yytext es una cadena que contiene la cadena para la que concuerda el patron. */
            sscanf(yytext, "%i", &yylval);
            return DIGITO;
          }

.|\n    {   return yytext[0]; }

%%
```

Ilustración 14. lex.l

Con estos dos ficheros, podemos utilizar FLEX y BISON para compilar la calculadora aritmética, construida partiendo de la gramática de la **Ilustración 12** con los siguientes comandos:

```
$ flex lex.l
$ bison calculadora.y
$ gcc calculadora.tac.c -o calculadora
```

Una vez se ejecute el binario *calculadora* se podrán escribir expresiones aritméticas, como las definidas en la gramática, y tras pulsar **Enter,** se mostrará el resultado.

2.6 GENERACIÓN DE CÓDIGO INTERMEDIO

Después de los análisis sintáctico y semántico, algunos compiladores generan una representación intermedia explícita del programa fuente. Se puede considerar esta representación intermedia como un programa para una máquina abstracta. Esta debe tener dos propiedades importantes: debe ser fácil de producir y fácil de traducir al programa objeto.

Las ventajas de utilizar una forma intermedia independiente de la máquina son:

▼ Poder crear un compilador para una máquina distinta uniendo una etapa final para la nueva máquina a una etapa inicial ya existente.

▼ Poder aplicar a la representación intermedia un optimador de código independiente de la máquina.

2.6.1 Código de tres direcciones

Para cumplir con las dos propiedades importantes mencionadas anteriormente, se desarrolla una clase de representación intermedia, cuyas reglas semánticas para generar código a partir de construcciones de lenguajes de programación comunes son similares a las reglas para construir árboles sintácticos. Esta representación intermedia se conoce como código de tres direcciones. Este término viene dado porque cada proposición contiene generalmente tres direcciones, dos para los operandos y una para el resultado.

El código de tres direcciones es una secuencia de proposiciones de la forma general:

x := y *op* z

Donde x,y y z son nombres, constantes o variables temporales generadas por el compilador; *op* representa cualquier operador, como un operador aritmético de punto fijo o flotante, o un operador lógico sobre datos con valores *booleanos*. Téngase en cuenta que no se permiten expresiones aritméticas compuestas, pues solo hay un operador en el lado derecho de una proposición. Por tanto, una expresión del lenguaje fuente como **x+y*z** se puede traducir en una secuencia:

t1 := y * z
t2 := x * t1

Donde t1 y t2 son nombres temporales generados por el compilador. Esta descomposición de expresiones aritméticas complejas y de proposiciones de flujo del control anidadas, hace al código de tres direcciones deseable para la generación de código objeto y para la optimación.

2.6.2 Tipos de proposiciones de tres direcciones

Las proposiciones de tres direcciones son análogas al código ensamblador. Las proposiciones de tres direcciones más comunes son las siguientes:

▼ **Proposiciones de asignación.**

Se denominan así a las que tienen la forma x := y *op* Z, donde *op* es una operación binaria aritmética o lógica. Una definición dirigida por la sintaxis para producir código de tres direcciones para las asignaciones es el siguiente:

Producción	Regla Semántica
S → **id** := E	S.codigo := E.codigo | gen(**id**.lugar ':=' E.lugar)
E → E1 + E2	E.lugar := temnuevo; E.codigo := E1.codigo | E2.codigo | gen(E.lugar ':=' E1.lugar '+' E2.lugar)
E → E1 * E2	E.lugar := temnuevo; E.codigo := E1.codigo | E2.codigo | gen(E.lugar ':=' E1.lugar '*' E2.lugar)
E → - E1	E.lugar := temnuevo; E.codigo := E1.codigo | gen(E.lugar ':=' 'menusu' E1.lugar)
E → (E1)	E.lugar := E1.lugar; E.codigo := E1.codigo
E → **id**	E.lugar := **id**.lugar; E.codigo := ''

Donde *E.lugar* es el nombre que contendrá el valor de *E*, y *E.codigo* es la secuencia de proposiciones de tres direcciones que evalúan *E*. La función *tempnuevo* devuelve una secuencia de nombres distintos t1, t2, ..., tn, en respuesta a sucesivas llamadas. Y la función *gen* que se utiliza para representar la proposición de tres direcciones.

▶ **Instrucciones de asignación.**

Las instrucciones de asignación de la forma x := op y, donde *op* es una operación unaria. Las operaciones unarias principales incluyen el menos unario, la negación lógica, los operadores de desplazamiento y operadores de conversión que, por ejemplo, convierten un número de punto fijo en un número de punto flotante.

▶ **Proposiciones de copia.**

De la forma x := y, donde el valor de y se asigna a x.

▶ **Saltos condicionales.**

Tales como if x *oprel* y goto E. Esta instrucción aplica un operador relacional (<, =, >=, etc..) a x e y, y a continuación ejecuta la proposición con etiqueta E si x pone *oprel* en relación con y. Si no, a continuación se ejecuta la proposición de tres direcciones que sigue a if x *oprel* y goto E, como en la secuencia habitual. Una definición dirigida por la sintaxis para producir código de tres direcciones para las proposiciones **while** sería la siguiente:

Producción	Regla Semántica
S → if E then S1	E.verdadera := etiqnueva; E.falsa := S.siguiente; S1.siguiente := S.siguiente; S.codigo := E.codigo | gen(E.verdadera ':') | S1.codigo
S → if E then S1 else S2	E.verdadera := etiqnueva; E.falsa := etiqnueva; S1.siguiente := S.siguiente; S2.siguiente := S.siguiente; S.codigo := E.codigo | gen(E.verdadera ':') | S1.codigo gen('goto' S.siguiente) gen(E.falsa ':' S2.codigo
S → while E do S1	S.comienzo := etiqnueva; S.despues := etiqnueva; S.codigo := gen(S.comienzo ':') | E.codigo | gen('if' E.lugar '=' '0' 'goto' S.despues) | S1.codigo | gen('goto' S.comienzo) | gen(S.despues ':')

▼ **Llamadas a procedimientos.**

De la forma:

param x1
param x2

. . .

param xn
call p, n

Donde p es el procedimiento, xn son los parámetros y n es el valor devuelto, que es opcional.

▼ **Asignaciones con índices.**

De la forma x:= y[i] y x[i] := y. La primera asigna a x el valor de la posición en i unidades de memoria más allá de la posición y. La otra proposición asigna al contenido de la posición en i unidades de memoria más allá de la posición x al valor de y. En ambas instrucciones, x, y e i se refieren a objetos de datos.

▶ **Asignaciones de direcciones y apuntadores.**

De la forma x:= &y, x := *y y *x := y. La primera hace que el valor de x sea la dirección de y. y será un nombre, tal vez una variable temporal, que indica que el valor de lado derecho de x es el valor de lado izquierdo (posición) de un objeto. En la proposición x := *y, se supone que y es un apuntador a una variable temporal cuyo valor de lado derecho es una posición. El valor de lado derecho de x se iguala al contenido de dicha posición. Por último, *x := y hace que el valor de lado derecho del objeto apuntado por x sea igual al valor de lado derecho de y.

2.7 GENERACIÓN DE CÓDIGO Y OPTIMIZACIONES

Llegados a esta última fase de compilación, se procede a traducir el código intermedio a código objeto. Gracias a las propiedades del código intermedio, la traducción es directa. Dependiendo de la arquitectura para el que está destinado y el sistema operativo, las instrucciones a generar variarán en gran medida.

Matemáticamente, el problema de generar código óptimo es indecidible. En la práctica, hay que conformarse con técnicas heurísticas que generan código bueno pero no siempre óptimo.

Idealmente, los compiladores deberían producir código objeto que fuera tan bueno como para ser escrito a mano. La realidad es que este objetivo solo se alcanza en pocos casos, y difícilmente. Sin embargo, a menudo se puede lograr que el código directamente producido por los algoritmos de compilación se ejecute más rápidamente, o que ocupe menos espacio, o ambas cosas. Esta mejora se consigue mediante transformaciones de programas que tradicionalmente se denomina optimaciones, aunque el término optimación no es adecuado porque rara vez existe la garantía de que el código resultante sea el mejor posible.

A continuación se muestran las principales fuentes para la optimación:

▶ **Transformaciones que preservan la función.**

El compilador utiliza muchas formas para mejorar un programa sin modificar la función que calcula. Por ejemplo:

- Eliminación de subexpresiones comunes.
- Propagación de copias.
- Eliminación de código inactivo.
- Calculo previo de constantes.
- Transformaciones algebraicas.

▼ **Subexpresiones comunes.**

Una ocurrencia de una expresión E se denomina subexpresión común si E ha sido previamente calculada y los valores de las variables dentro de E no han cambiado desde el cálculo anterior. Se puede evitar recalcular la expresión si se puede utilizar el valor calculado previamente. En el siguiente ejemplo de código intermedio:

ANTES

```
t6 := 4*i   --> 1
x := a[t6]
t7 := 4*i   --> 1
t8 := 4*j   --> 2
t9 := a[t8]
a[t7] := t9
t10 := 4*j  --> 2
a[t10] := x
goto B2
```

Se observa como t7 y t10 tienen las subexpresiones común 4*i y 4*j respectivamente. Es por esto que pueden ser eliminadas de la siguiente forma:

DESPUÉS

```
t6 := 4*i   --> 1
x := a[t6]
t8 := 4*j   --> 2
t9 := a[t8]
a[t6] := t9
a[t8] := x
goto B2
```

De esta forma el código no varía sus resultados y sin embargo se ahorra espacio y tiempo de computación.

▼ **Propagación de copias.**

Se trata de sustituir variables por copias a las mismas. Concierne a las asignaciones de la forma f := g llamadas *proposiciones de copia* o *copia* simplemente. La idea en que se basa la transformación de propagación de copias es utilizar g por f, siempre que sea posible después de la proposición de copia f := g. Por ejemplo, la siguiente asignación x := t3 es una copia:

ANTES

x := t3

a[t2] := t5

a[t4] := x

DESPUÉS

x := t3

a[t2] := t5

a[t4] := t3

▼ **Eliminación de código inactivo**

Una variable está activa en un punto de un programa si su valor puede ser utilizado posteriormente, en caso contrario está inactiva en ese punto. Lo mismo se puede decir del código inactivo o inútil, proposiciones que calculan los valores que nunca llegan a utilizarse. Aunque es improbable que el programador introduzca código inactivo intencionadamente, puede aparecer como resultado de transformaciones anteriores. Por ejemplo, el uso de una variable que se asigna a falso o verdadera en varios puntos del programa para depurar el código:

If (depura) print …

Mediante el análisis de flujo de datos, es posible concluir que cada vez que el programa alcanza dicha proposición, el valor de *depura* es falso. Generalmente, lo es porque hay una proposición determinada:

depura := false

que se puede considerar la ultima asignación a *depura* antes de hacer la comprobación, independientemente de la secuencia de ramificaciones que tome en realidad el programa. Llegados a este punto al evaluar la condición, se comprueba que la expresión no se cumplirá nunca y por lo tanto el *print* tampoco, esto se considera código inactivo y será eliminado del programa objeto.

La propagación de copias tiene como ventaja que a menudo se convierte la proposición en código inactivo. Por ejemplo, en el ejemplo anterior, si tras la propagación de copias va la eliminación de código inactivo, la asignación a x se eliminaría:

ANTES

x := t3

a[t2] := t5

a[t4] := t3

DESPUÉS
a[t2] := t5
a[t4] := t3

▼ **Optimaciones de lazos.**

Esta transformación es especialmente importante, sobre todo en los lazos internos donde los programas tienden a emplear la mayor parte de su tiempo. El tiempo de ejecución de un programa se puede mejorar si se disminuye la cantidad de instrucciones en un lazo interno, incluso si se incrementa la cantidad de código fuera del lazo. Hay tres técnicas importantes para la optimación de lazos:

● Traslado de código.

Esta importante modificación disminuye la cantidad de código en un lazo. Para ello se toma una expresión que produce el mismo resultado independientemente del número de veces que se ejecute el lazo y coloca la expresión antes del lazo. Por ejemplo:

ANTES
while (i <= limite – 2)

DESPUÉS
t = limite - 2;
while (i <= t)

La proposición no cambia **limite** ni **t**.

● Eliminación de variables de inducción.

Detección de variables de inducción, es decir variables que incrementan/decrementan su valor en un bucle, para cambiar por ejemplo una multiplicación por una resta que emplea menos tiempo de proceso en su cálculo. En el siguiente ejemplo se puede ver un código con dicho comportamiento:

ANTES
B3:
j := j-1
t4 := 4*j <------
t5 := a[t4]
if t5 >v goto B3

DESPUÉS

t4 := 4*j <-----

B3:

j := j-1

t4 := t4-4 <-------

t5 := a[t4]

if t5 > v goto B3

Una vez identificadas las variables de inducción, se tratará de de utilizar solo sumas y restas en lugar de multiplicaciones o divisiones, esto se denomina reducción de intensidad.

▼ **Otras optimizaciones**

Además de las vistas anteriormente, que se centran en la transformación de instrucciones, hay otras transformaciones que afectan a la estructura del programa. Como pueden ser las optimizaciones de bloques básicos, donde se implantan mediante la construcción de un grafo dirigido acíclico para un bloque básico, es decir, un grafo dirigido que no tiene ciclos y evita que exista problema de bucles infinitos; Lazos en los grafos de flujo, donde se pretende reducir las aristas del grafo de control de flujo que generan los flujos de datos. La siguiente imagen muestra diferentes grafos de control de flujo:

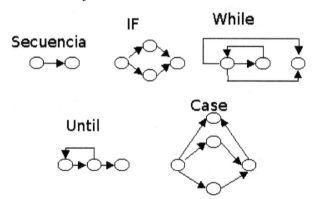

Por último se realiza el análisis global de flujo de datos, donde el compilador necesita reunir información sobre el programa como un todo y distribuir esta información a cada bloque en el grafo de flujo. La información del flujo de datos se puede recopilar estableciendo y resolviendo sistemas de ecuaciones que relacionan la información en varios puntos de un programa. Estas ecuaciones se conocen como *ecuaciones de flujo de datos*.

2.8 HERRAMIENTAS PARA LA COMPILACIÓN

Resulta extremadamente útil el estudio y análisis de compiladores se uso general, como puede ser GCC (*GNU Compiler Collection*) o LLVM. A diferencia de GCC, LLVM está diseñado para ser muy modular, reutilizable y con capacidad para generar código de diversas arquitecturas desde una misma máquina con arquitectura diferente (*cross-compiler*). Aunque GCC también es capaz de hacerlo no se diseñó con ese fin, lo que hace a LLVM más útil en este aspecto. LLVM está más orientado a la interacción con el usuario, por lo que resulta más atractivo para llevar a cabo labores de desarrollo en partes concretas del proceso de compilación, en lugar de utilizar el compilador como un todo, como en el caso de GCC, que aunque es posible realizarlo igualmente, al no estar desarrollado para este fin, resulta más complicado.

A modo de ejemplo se muestra cómo es posible utilizar las librerías de LLVM desde Python para generar un árbol sintáctico, y generar código objeto final sin necesidad del código fuente inicial. Esto demuestra la potencia de LLVM para acceder a cualquier fase de compilación y la interactividad con la que se pueden realizar modificaciones o compilaciones "al vuelo".

El siguiente ejemplo es parte del paquete llvmpy y el código fuente se puede encontrar en el siguiente enlace:

✔ *https://github.com/llvmpy/llvmpy/blob/master/test/example-jit.py*

```
4   from llvm import *
5   from llvm.core import *
6   from llvm.ee import *          # new import: ee = Execution Engine
7
8   import logging
9   import unittest
10
11
12  class TestExampleJIT(unittest.TestCase):
13      def test_example_jit(self):
14          # Create a module, as in the previous example.
15          my_module = Module.new('my_module')
16          ty_int = Type.int()     # by default 32 bits
17          ty_func = Type.function(ty_int, [ty_int, ty_int])
18          f_sum = my_module.add_function(ty_func, "sum")
19          f_sum.args[0].name = "a"
20          f_sum.args[1].name = "b"
21          bb = f_sum.append_basic_block("entry")
22          builder = Builder.new(bb)
23          tmp = builder.add(f_sum.args[0], f_sum.args[1], "tmp")
24          builder.ret(tmp)
```

```
25
26      # Create an execution engine object. This will create a JIT compiler
27      # on platforms that support it, or an interpreter otherwise.
28      ee = ExecutionEngine.new(my_module)
29
30      # The arguments needs to be passed as "GenericValue" objects.
31      arg1_value = 100
32      arg2_value = 42
33
34      arg1 = GenericValue.int(ty_int, arg1_value)
35      arg2 = GenericValue.int(ty_int, arg2_value)
36
37      # Now let's compile and run!
38      retval = ee.run_function(f_sum, [arg1, arg2])
39
40      # The return value is also GenericValue. Let's print it.
41      logging.debug("returned %d", retval.as_int())
42
43      self.assertEqual(retval.as_int(), (arg1_value + arg2_value))
44
```

Analizando el código, se ve cómo en la línea 15 se genera un módulo, sobre el que se insertará el código en sí. En las líneas 16 y 17 se definen dos tipos de datos, una variable y una función. Posteriormente se crean la función denominada "sum" en la línea 18, y se establecen nombres para los argumentos en las líneas 19, 20. Luego se crea un bloque básico denominado "entry" para la función "sum" creada anteriormente. Finalmente se procede a definir el valor de retorno en la línea 23, que como se observa, le dice que simplemente sume los dos argumentos y nombra esa variable como "tmp". En la línea 24 construye el valor de retorno para la función, y ya quedaría la función totalmente compilada.

Una vez tenemos montada la función, se procede a instanciar el motor de ejecución en el módulo creado, y declara unas variables a modo de argumentos para la función, en las líneas 28-35. Finalmente se procede a invocar la función con esas dos nuevas variables, almacenando el resultado en una variable de Python en la línea 38.

El código objeto generado por estas acciones llevadas a cabo, serían el equivalente a un código fuente como este:

```
int sum(int a, int b)
{
    int tmp;

    tmp = a + b;

    return tmp;
}

int main(void)
{
    int retval;

    retval = sum(100, 42);

    return 0;
}
```

Ilustración 15. fases.c

El contenido de la función *main*, no está definido explícitamente en el ejemplo, ya que se centra en la función y *retval* no está definida como variable, solo se utiliza en el contexto del código de Python, pero se ha establecido así por claridad.

Con GCC también es posible llevar a cabo un ejercicio similar. En el siguiente enlace se muestra un ejemplo:

✓ *https://gcc.gnu.org/onlinedocs/gcc-5.1.0/jit/intro/tutorial01.html*

Otras de las cosas interesantes que se pueden hacer, es consultar los detalles de cada una de las fases por las que pasa el compilador, convirtiendo el código fuente en código máquina. Para ello usaremos GCC y el ejemplo anteriormente descrito en la **Ilustración 15**, e iremos diciéndole que nos muestre información sobre las fases.

En primer lugar, vamos a ver qué fases y optimizaciones tiene activada por defecto, con el siguiente comando:

```
$ gcc fases.c -fdump-passes -o fases
```

Mostrando el siguiente resultado (acortado por cuestiones de espacio):

```
ipa-matrix-reorg                                        :   OFF
ipa-tmipa                                               :   OFF
ipa-emutls                                              :   OFF
ipa-whole-program                                       :   ON
ipa-profile_estimate                                    :   OFF
ipa-cp                                                  :   OFF
ipa-cdtor                                               :   OFF
ipa-inline                                              :   OFF
ipa-pure-const                                          :   OFF
ipa-static-var                                          :   OFF
ipa-lto_gimple_out                                      :   OFF
ipa-lto_decls_out                                       :   OFF
ipa-pta                                                 :   OFF
*free_cfg_annotations                                   :   ON
tree-ehdisp                                             :   OFF
*all_optimizations                                      :   OFF
   *remove_cgraph_callee_edges                          :   ON
   *strip_predict_hints                                 :   ON
   tree-copyrename2                                     :   OFF
   tree-cunrolli                                        :   OFF
   tree-ccp2                                            :   OFF
   tree-forwprop2                                       :   ON
   tree-cdce                                            :   OFF
   tree-alias                                           :   ON
   tree-retslot                                         :   ON
   tree-phiprop                                         :   ON
   tree-fre2                                            :   OFF
   tree-copyprop2                                       :   OFF
   tree-mergephi2                                       :   ON
   tree-vrp1                                            :   OFF
   tree-dce1                                            :   OFF
   tree-cselim                                          :   ON
   tree-ifcombine                                       :   ON
   tree-phiopt1                                         :   ON
   tree-tailr2                                          :   OFF
   tree-ch                                              :   OFF
   tree-stdarg                                          :   OFF
   tree-cplxlower                                       :   ON
   tree-sra                                             :   OFF
   tree-copyrename3                                     :   OFF
   tree-dom1                                            :   OFF
   tree-phicprop1                                       :   OFF
   tree-dse1                                            :   OFF
   tree-reassoc1                                        :   ON
   tree-dce2                                            :   OFF
   tree-forwprop3                                       :   ON
   tree-phiopt2                                         :   ON
   tree-objsz                                           :   ON
```

Ahora podemos pasar a generar todos los ficheros de las fases con el siguiente comando bastante completo:

```
$ gcc fases.c -fdump-tree-all -fdump-rtl-all -fdump-ipa-all -o fases
```

A continuación se listan todos los ficheros generados por el comando:

```
fases
fases.c
fases.c.000i.cgraph
fases.c.001t.tu
fases.c.003t.original
fases.c.004t.gimple
fases.c.006t.vcg
fases.c.009t.omplower
fases.c.010t.lower
fases.c.013t.eh
fases.c.014t.cfg
fases.c.015i.visibility
fases.c.016i.early_local_cleanups
fases.c.018t.ssa
fases.c.019t.veclower
fases.c.020t.inline_param1
fases.c.021t.einline
fases.c.039t.release_ssa
fases.c.040t.inline_param2
fases.c.047i.whole-program
fases.c.144t.cplxlower0
fases.c.149t.optimized
fases.c.150r.expand
fases.c.151r.sibling
fases.c.153r.initvals
fases.c.154r.unshare
fases.c.155r.vregs
fases.c.156r.into_cfglayout
fases.c.157r.jump
fases.c.169r.reginfo
fases.c.189r.outof_cfglayout
fases.c.190r.split1
fases.c.192r.dfinit
fases.c.193r.mode_sw
fases.c.194r.asmcons
fases.c.197r.ira
fases.c.198r.reload
fases.c.201r.split2
fases.c.205r.pro_and_epilogue
fases.c.218r.stack
fases.c.219r.alignments
fases.c.222r.mach
fases.c.223r.barriers
fases.c.227r.shorten
fases.c.228r.nothrow
fases.c.229r.dwarf2
fases.c.230r.final
fases.c.231r.dfinish
fases.c.232t.statistics
```

El número exacto difiere entre versiones de GCC, pero el nombre final sí es descriptivo sobre lo que contiene el fichero. Aunque son especialmente interesantes las siguientes:

▼ **fases.c.004t.gimple**: conversión de código fuente en C a GIMPLE.

```
main ()
{
  int D.1713;
  int retval;

  retval = sum (100, 42);
  D.1713 = 0;
  return D.1713;
}


sum (int a, int b)
{
  int D.1715;
  int tmp;

  tmp = a + b;
  D.1715 = tmp;
  return D.1715;
}
```

▼ **fases.c.014t.cfg**: construcción del gráfico de control de flujo o *Control Flow Graph (CFG)*.

```
;; Function main (main, funcdef_no=1, decl_uid=1709, cgraph_uid=1)

main ()
{
  int retval;
  int D.1713;

<bb 2>:
  retval = sum (100, 42);
  D.1713 = 0;

<L0>:
  return D.1713;

}


;; Function sum (sum, funcdef_no=0, decl_uid=1705, cgraph_uid=0)

sum (int a, int b)
{
  int tmp;
  int D.1715;

<bb 2>:
  tmp = a + b;
  D.1715 = tmp;

<L0>:
  return D.1715;

}
```

- **fases.c.018t.ssa**: conversion a la forma SSA (*Static Single Assignment*).

```
;; Function sum (sum, funcdef_no=0, decl_uid=1705, cgraph_uid=0)

sum (int a, int b)
{
  int tmp;
  int D.1715;

<bb 2>:
  tmp_3 = a_1(D) + b_2(D);
  D.1715_4 = tmp_3;

<L0>:
  return D.1715_4;

}



;; Function main (main, funcdef_no=1, decl_uid=1709, cgraph_uid=1)

main ()
{
  int retval;
  int D.1713;

<bb 2>:
  retval_1 = sum (100, 42);
  D.1713_2 = 0;

<L0>:
  return D.1713_2;

}
```

- **fases.c.149t.optimized**: el resultado final después de todas las optimizaciones GIMPLE.

```
;; Function sum (sum, funcdef_no=0, decl_uid=1705, cgraph_uid=0)

sum (int a, int b)
{
  int tmp;
  int D.1715;

<bb 2>:
  tmp_3 = a_1(D) + b_2(D);
  D.1715_4 = tmp_3;

<L0>:
  return D.1715_4;

}
```

```
;; Function main (main, funcdef_no=1, decl_uid=1709, cgraph_uid=1)

main ()
{
  int retval;
  int D.1713;

<bb 2>:
  retval_1 = sum (100, 42);
  D.1713_2 = 0;

<L0>:
  return D.1713_2;

}
```

Se deja como ejercicio al lector examinar el resto de ficheros y la documentación oficial de GCC para obtener una mayor comprensión de los mismos.

2.9 CUESTIONES RESUELTAS

2.9.1 Enunciados

1. ¿Cuál de estas instrucciones están representadas en notación Intel?:

   a. mov $0x6008c8,%rdi
   b. mov   qword ptr [rsp-0x8],r15
   c. mov   0x18(%rsp),%r12
   d. mov   %r14,-0x10(%rsp)

2. Ordena las siguientes fases en el proceso de compilación:

   a. Generación de código intermedio
   b. Análisis semántico
   c. Generación de código objeto
   d. Análisis léxico
   e. Optimización de código
   f. Análisis sintáctico

3. ¿Con qué tipo de recurso no puede ser especificada esta forma de proposición?:

expr → *expr op expr*
expr → (*expr*)
expr → - *expr*
expr → **id**
  op → +
  op → -
  op → *
  op → /
  op → ↑

  a. Analizador LR
  b. Expresiones regulares
  c. Analizador LALR
  d. Analizador LL

4. ¿Qué cadena pertenece al lenguaje definido por la siguiente expresión regular?:

a(ab|c)+b

  a. acabacb
  b. acab
  c. aabcabcabaab
  d. acabcb

5. A qué expresión regular representa el siguiente diagrama de transición de estados:

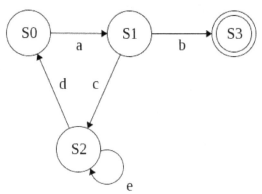

  a. a(b|ce*)dab
  b. a(b|ce*dab)
  c. a(ce*dab)b
  d. a(b|ce*da)b

6. ¿Qué tipo de optimización se puede llevar a cabo en el siguiente código?:

   x := t1-1

   j := x+1

   v := j

   a. Propagación de copias
   b. Eliminación de código inactivo
   c. Traslado de código
   d. Subexpresiones comunes

7. De la siguiente gramática, indique cuáles son los no terminales:

   S → (L) | a

   L → L ; S | S

   a. S, →, |
   b. (,), a, ;
   c. |, s, a, (,)
   d. S, L

8. ¿Qué fase de compilación se encarga de detectar los tokens en el código fuente?:

   a. Análisis semántico
   b. Análisis sintáctico
   c. Análisis morfológico
   d. Análisis léxico

9. ¿Qué es una secuencia de caracteres en el programa fuente con la que concuerda el patrón para un componente léxico?:

   a. Patrón
   b. *Token*
   c. Lexema
   d. Componente léxico

10. ¿Qué es una serie de reglas que deciden si un conjunto de cadenas de entrada cumplen o no con esa especificación?:

   a. Lexema
   b. *Token*
   c. Patrón
   d. Gramática

2.9.2 Soluciones

1. a

2. d, f, b, a, e, c

3. b

4. d

5. b

6. a

7. d

8. d

9. c

10. c

2.10 EJERCICIOS PROPUESTOS

1. Construya con flex y bison una calculadora aritmética utilizando la siguiente gramática:

   $E \rightarrow E + E \mid E - E \mid E * E \mid E / E \mid (E) \mid - E \mid$ **numero**

2. Basándose en el siguiente código en C:

```
int main(void)
{
    int posicion;
    int inicial;
    int velocidad;

    posicion = inicial + velocidad * 60;

    return posicion;

}
```

   Compile el código con GCC y a través de los ficheros de información de las fases de compilación, trate de determinar las optimizaciones que se han llevado a cabo. Luego vuelva a repetir el ejercicio pero añadiendo el argumento -O0 al compilador GCC para desactivar las optimizaciones y compare los resultados.

3

RECONSTRUCCIÓN DE CÓDIGO I. ESTRUCTURAS DE DATOS

Introducción

En esta unidad se hará un repaso de los tipos de datos más importantes y comunes en C/C++ desde un punto de vista de implementación a código objeto. Por cada uno de ellos se verá su implementación en varias arquitecturas, x86/32-64 bits y ARM.

Objetivos

Cuando el alumno finalice esta unidad, será capaz de identificar estructuras de datos en código ensamblador de varias arquitecturas. Desde variables con tipos básicos, así como estructuras y objetos con invocación a métodos virtuales mediante tablas virtuales.

3.1 CONCEPTOS BÁSICOS SOBRE RECONSTRUCCIÓN DE CÓDIGO

En el tema anterior hemos profundizado en el proceso de compilación, que convierte el código fuente, escrito en un lenguaje estructurado de alto nivel y fácilmente comprensible por una persona, en código objeto escrito en lenguaje máquina, para la arquitectura escogida y directamente ejecutable.

Ahora conocemos los conceptos básicos sobre diseño, análisis e implementación de lenguajes, así como los detalles sobre las fases por las que pasa un compilador, las técnicas utilizadas para generar y optimizar el código objeto y en definitiva, todo lo relacionado con el proceso de compilación que genera código objeto partiendo de código fuente.

Ya sabemos cómo el compilador convierte el código fuente a código intermedio, utilizando éste finalmente, para traducirlo a código máquina de manera directa, tal y como podemos ver en la siguiente imagen, extraída de la **Ilustración 8:**

Esto hace intuir que pudiera existir alguna forma de revertir el proceso, pudiendo generar código fuente a partir del código objeto en lenguaje máquina.

Esta labor sí es posible en gran medida, aunque se deben tener en cuenta las limitaciones explicadas en el apartado **1.3** donde se enumeran dichas las limitaciones en el campo de la ingeniería inversa.

En este tema, vamos a referirnos como reconstrucción de código al proceso inverso al que hemos estado estudiando en el tema anterior. Es decir, al proceso de obtener el código fuente, a partir del código objeto. Debido a las limitaciones comentadas, no será posible obtener comentarios, ni nombre de variables tal y como las describió el desarrollador, puede que ni tan siquiera con el tipo ni tamaño exacto con el que éste lo hizo. Los motivos se explican en el apartado **1.3** de limitaciones ya mencionados.

No obstante, si se va a poder obtener una estructura de código que cumple con bastante exactitud el comportamiento del programa fuente. Para ello es necesario conocer las estructuras que el compilador maneja, y con las que traduce el código fuente a código objeto. De esta forma podremos identificar estas estructuras en el código objeto y ser traducidas a código fuente.

Esta traducción depende de:

▼ Arquitectura objeto.

Un mismo código fuente puede ser compilado para distintas arquitecturas como pueden ser x86 en 32 bits o 64 bits; ARM con Thumb o Thumb-2; MIPS con Big Endian o Little Endian, u otras.

▼ Optimizaciones.

Aunque el compilador sí tiene una traducción exacta entre el código fuente a código intermedio y de código intermedio a código objeto, se llevan a cabo optimizaciones de código incluso del objeto, que dependiendo del contexto local o global del código intermedio y/o el código objeto, son susceptibles de ser modificados al aplicarse tras aplicar técnicas de optimización.

Una vez traducidas estas estructuras, podremos continuar el proceso de ingeniería inversa analizando los datos, dándoles nombres significativos a las variables, estructuras y funciones, incluso agregando comentarios y/o anotaciones en el código reconstruido.

En este tema y en el siguiente, se pretende mostrar los tipos de datos, estructuras e incluso algoritmos utilizados comúnmente en el *software*, de tal forma que sea posible identificarlos y traducirlos de manera directa a código fuente. Para ello se van a mostrar ejemplos en lenguaje C/C++ y el código objeto generado para diferentes arquitecturas.

Se tratará de mostrar un número significativo de escenarios, así como la metodología de análisis de los mismos, para dotar al lector de autonomía suficiente como para afrontar otros escenarios no contemplados aquí, como pueden ser otras arquitecturas, o incluso otros lenguajes fuente.

En este capítulo en y el siguiente los ejemplos del código objeto serán principalmente código ensamblador x86/32 bits. Mostrándose paralelamente x86/64 bits si las diferencias son significativas y ARM u otras arquitecturas siempre que sea posible, para mostrar claramente otras perspectivas.

En el caso de ARM, es posible compilar los ejemplos utilizando compiladores cruzados (*Cross-Compilers*), que permiten compilar desde una máquina con una arquitectura, por ejemplo x86, a código objeto en otra arquitectura, en este caso ARM.

Para los códigos mostrados en este tema y el siguiente se ha utilizado el compilador GCC *(GNU Compiler Collection)* y el depurador GDB *(GNU Debugger)* en una plataforma Linux. Queda como labor del lector realizar estos ejemplos con otros compiladores y comprobar por sí mismo las diferencias y similitudes con las aquí expuestas.

Vamos a introducirnos en la reconstrucción de código partiendo de las estructuras de datos disponibles en el lenguaje C. Trataremos los tipos de datos más básicos como variables, hasta los más complejos como pueden ser los objetos del paradigma de los lenguajes de orientados a objetos, utilizados en C++.

3.2 VARIABLES

La estructura de datos más simple utilizada en C, son las variables. Estas se pueden implementar de diferentes maneras dependiendo de diferentes factores.

▼ Tamaño

El tamaño de una variable lo determina el tipo con el que se declare y la arquitectura para el que se genera el código objeto 32, 64 bits. En la siguiente tabla se muestran las implementaciones más comunes al respecto en 32 bits (*No se tratarán los tipos float y double debido al uso de instrucciones de coma flotante, que están fuera del alcance de este curso*):

Tipo	Ancho en bits	Valor mínimo	Valor máximo
signed char	8	-128	127
unsigned char	8	0	255
short	16	-32,768	32,767
unsigned short	16	0	65,535
int	32	-2,147,483,648	2,147,483,647
unsigned int	32	0	4,294,967,295
long	32	-2,147,483,648	2,147,483,647
unsigned long	32	0	4,294,967,295
long long	64	-9,223,372,036,854,775,808	9,223,372,036,854,775,807
unsigned long long	64	0	18,446,744,073,709,551,615

Ilustración 16. Tipos de datos de 32 bits

En arquitecturas de 64 bits, hay varias opciones y cada compilador opta por una:

Tipo	ILP32	ILP32LL	LP64	ILP64	LLP64
char	8	8	8	8	8
short	16	16	16	16	16
int	32	32	32	64	32
long	32	32	64	64	32
long long	N/A	64	64	64	64
pointer	32	32	64	64	64

Ilustración 17. Diferentes implementaciones para tipos de datos en 64 bits

Estos detalles de implementación son especialmente interesantes de conocer a la hora de auditar código en busca de vulnerabilidades, ya que puede suceder que un código fuente sea correcto desde el punto de vista de la seguridad, y al compilarlo con dos compiladores diferentes, o con el mismo pero en arquitecturas diferentes, se introduzcan vulnerabilidades, por ejemplo, al desbordarse por arriba o por abajo el tipo de datos entero. Y de hecho este es uno de los problemas más comunes en vulnerabilidades de desbordamientos de *buffer*.

En el siguiente ejemplo podemos ver variables declaradas con distintos tipos. Para ello se muestra un código fuente con diferentes tipos de variables locales y globales:

```
#include <stdio.h>

signed char     gvar1 = 0x11;
unsigned char   gvar2 = 0x22;
short           gvar3 = 0x33;
unsigned short  gvar4 = 0x44;
int             gvar5 = 0x55;
unsigned int    gvar6 = 0x66;
long            gvar7 = 0x77;
unsigned long   gvar8 = 0x88;
long long       gvar9 = 0x99;


int main(int argc, char *argv[])
{
    signed char     lvar1 = 0x11;
    unsigned char   lvar2 = 0x22;
    short           lvar3 = 0x33;
    unsigned short  lvar4 = 0x44;
    int             lvar5 = 0x55;
    unsigned int    lvar6 = 0x66;
    long            lvar7 = 0x77;
    unsigned long   lvar8 = 0x88;
    long long       lvar9 = 0x99;

    return 0;

}
```

Este programa de ejemplo simplemente declara una variable por cada tipo y las inicializa.

x86/32 bits

La siguiente porción de código objeto en 32 bits, generado para este programa, inicializa las variables locales:

```
0x8048415 <main+9>:  mov    BYTE PTR [esp+0x2f],0x11
0x804841a <main+14>: mov    BYTE PTR [esp+0x2e],0x22
0x804841f <main+19>: mov    WORD PTR [esp+0x2c],0x33
0x8048426 <main+26>: mov    WORD PTR [esp+0x2a],0x44
0x804842d <main+33>: mov    DWORD PTR [esp+0x24],0x55
0x8048435 <main+41>: mov    DWORD PTR [esp+0x20],0x66
0x804843d <main+49>: mov    DWORD PTR [esp+0x1c],0x77
0x8048445 <main+57>: mov    DWORD PTR [esp+0x18],0x88
0x804844d <main+65>: mov    DWORD PTR [esp+0x10],0x99
```

Para identificar de manera más directa las diferentes variables, se han inicializado con valores claramente identificables en el código fuente.

Estas variables locales se almacenan en la pila, por ello se utiliza el registro que apunta a la cima *ESP* como base para calcular su localización. Esto lo veremos más claramente en el apartado de funciones.

Se utilizan diferentes directivas de tamaño del lenguaje ensamblador para acceder a cada variable local. Como se puede ver en la tabla de la **Ilustración 16** el tipo *char* ocupa 8bits = 1 *BYTE*; *short* en realidad se traduce como *short int* y es por esto que ocupa 16 bits = WORD; *int, long* y *long long* son 32 bits = DWORD. El modificador *signed* y *unsigned* no se tendrán en cuenta hasta que se acceda a los límites de dichas variables o se realicen operaciones aritméticas o lógicas.

Por otro lado podemos ver las variables globales, *gvar?* que son declaradas fuera de cualquier función e inicializadas. Este tipo de variables globales son almacenadas en una sección de datos. En el caso del compilador gcc lo denomina *.data*. Si no estuvieran inicializadas las hubiera almacenado en la sección denominada *.bss*. A continuación se consulta el contenido de las variables globales con el *debugger*, solicitando el contenido de memoria de la variable *gvar1* (comando: *x/20x &gvar1*):

```
0x8049668 <gvar1>:      0x00332211      0x00000044      0x00000055      0x00000066
0x8049678 <gvar7>:      0x00000077      0x00000088      0x00000099      0x00000000
```

Comparando con el ejemplo anterior es cuando se puede constatar la dificultad a la hora de reconstruir variables, ya que sin símbolos de depuración no hay ninguna manera de acceder a la variable en sí. Habría que ir a la porción de código que maneja esa supuesta variable y ver con que directiva de tamaño lo hace para saber si se trata de uno u otro tipo, e incluso así, no sabremos qué tipo fue en el código fuente, sino que en esa porción de código ha manejado esa porción de la variable.

En esta imagen se observan los valores de inicialización, correspondiendo con 1 (*BYTE*), 2 (WORD) y 4(DWORD) *bytes* de espacio cada uno, siendo rellenado con ceros a la izquierda el resto de espacio de la variable.

Nótese como gvar3 y gvar4 siendo *short,* gvar3 ocupa 2 *bytes* mientras que *gvar4* ocupa 4 *bytes*. Esto es debido a la alineación de memoria llevada a cabo por la optimización del compilador. Acceder a direcciones de manera alineada incrementa el rendimiento al no tener que hacer operaciones para calcular el espacio correcto.

▼ x86/64 bits

Para el caso de 64 bits se puede ver algo ligeramente diferente:

```
0x4004b7 <main+11>:   mov    BYTE PTR [rbp-0x1],0x11
0x4004bb <main+15>:   mov    BYTE PTR [rbp-0x2],0x22
0x4004bf <main+19>:   mov    WORD PTR [rbp-0x4],0x33
0x4004c5 <main+25>:   mov    WORD PTR [rbp-0x6],0x44
0x4004cb <main+31>:   mov    DWORD PTR [rbp-0xc],0x55
0x4004d2 <main+38>:   mov    DWORD PTR [rbp-0x10],0x66
0x4004d9 <main+45>:   mov    QWORD PTR [rbp-0x18],0x77
0x4004e1 <main+53>:   mov    QWORD PTR [rbp-0x20],0x88
0x4004e9 <main+61>:   mov    QWORD PTR [rbp-0x28],0x99
```

En este caso, además de la diferencia acerca de los registros, que se puede ver claramente en la siguiente imagen con el registro de ejemplo *RAX*:

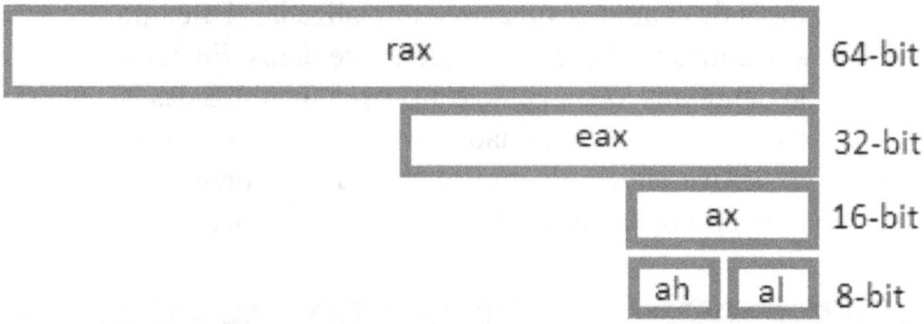

Se observa que hay una nueva directiva de tamaño para *long long* que son 64 bits = QWORD.

En cuanto a las variables globales, vemos como ahora las variables *gvar7*, *gvar8*, y *gvar9* ocupan 8 *bytes*.

```
0x6008b0 <gvar1>:      0x0000004400332211      0x0000006600000055
0x6008c0 <gvar7>:      0x0000000000000077      0x0000000000000088
0x6008d0 <gvar9>:      0x0000000000000099      0x0000000000000000
```

ARM 32bits

En este otro caso con ARM, vemos algo bastante parecido a lo anterior, salvando las distancias en cuanto a la arquitectura, que modifica bastante la sintaxis, no solo en cuanto a los registros:

```
0x00000014 <+20>:    mov    r3, #17
0x00000018 <+24>:    strb   r3, [r11, #-5]
0x0000001c <+28>:    mov    r3, #34 ; 0x22
0x00000020 <+32>:    strb   r3, [r11, #-6]
0x00000024 <+36>:    mov    r3, #51 ; 0x33
0x00000028 <+40>:    strh   r3, [r11, #-8]
0x0000002c <+44>:    mov    r3, #68 ; 0x44
0x00000030 <+48>:    strh   r3, [r11, #-10]
0x00000034 <+52>:    mov    r3, #85 ; 0x55
0x00000038 <+56>:    str    r3, [r11, #-16]
0x0000003c <+60>:    mov    r3, #102        ; 0x66
0x00000040 <+64>:    str    r3, [r11, #-20]
0x00000044 <+68>:    mov    r3, #119        ; 0x77
0x00000048 <+72>:    str    r3, [r11, #-24]
0x0000004c <+76>:    mov    r3, #136        ; 0x88
0x00000050 <+80>:    str    r3, [r11, #-28]
0x00000054 <+84>:    mov    r3, #153        ; 0x99
0x00000058 <+88>:    mov    r4, #0
0x0000005c <+92>:    str    r3, [r11, #-36] ; 0x24
0x00000060 <+96>:    str    r4, [r11, #-32]
```

Aquí para realizar una asignación ha necesitado dos instrucciones, una para almacenar el literal a un registro (*mov r3,#nn*) y otro para almacenar el valor del registro en una dirección de memoria apuntado por el registro r11 (también denominado *fp* o *frame pointer*) más un desplazamiento en estos casos negativo (*str r3, [r11, #n]*). Como se puede observar se utilizan también los mnemónicos *strb* y *strh* para almacenar un *BYTE* o un WORD en lugar de un DWORD. O incluso en el caso de *gvar9*, cuyo tamaño es QWORD como se puede ver a la hora de inicializar, que utiliza dos registros *r3* y *r4* para inicializar las direcciones de memoria contiguas *[r11, #-36]* y *[r11,#32]*.

En el caso de las variables globales, se puede observar un caso similar al de 64 bits, solo que la única variable de 64 bits = QWORD, es gvar9:

```
(gdb) x/20x &gvar1
0x78 <gvar1>:    0x00332211    0x00000044    0x00000055    0x00000066
0x88 <gvar7>:    0x00000077    0x00000088    0x00000099    0x00000000
0x98:    Cannot access memory at address 0x98
```

Como se puede observar, gvar9 está inicializada como 0x0000000000000099, aunque en la imagen no lo parezca, y es porque la memoria se gestiona en Little-endian, y el *debugger* trata de traducir los WORDS, por eso hay una mezcla.

Para una mejor apreciación de estos detalles, es posible compilar el fuente como ensamblador, en cualquier de las arquitecturas, y ver más información sobre todo de las variables globales. Para ello utilizaremos el comando:

```
$ gcc -S source.c -o source.s
```

Y podemos ver la declaración de las variables globales, en concreto ahora de ARM:

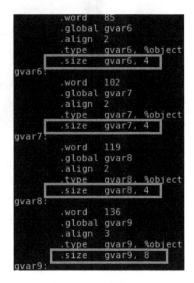

```
        .global gvar1
        .data
        .type    gvar1, %object
        .size    gvar1, 1
gvar1:
        .byte    17
        .global gvar2
        .type    gvar2, %object
        .size    gvar2, 1
gvar2:
        .byte    34
        .global gvar3
        .align   1
        .type    gvar3, %object
        .size    gvar3, 2
gvar3:
        .short   51
        .global gvar4
        .align   1
        .type    gvar4, %object
        .size    gvar4, 2
gvar4:
        .short   68
        .global gvar5
        .align   2
        .type    gvar5, %object
        .size    gvar5, 4
gvar5:
```

```
        .word    85
        .global gvar6
        .align   2
        .type    gvar6, %object
        .size    gvar6, 4
gvar6:
        .word    102
        .global gvar7
        .align   2
        .type    gvar7, %object
        .size    gvar7, 4
gvar7:
        .word    119
        .global gvar8
        .align   2
        .type    gvar8, %object
        .size    gvar8, 4
gvar8:
        .word    136
        .global gvar9
        .align   3
        .type    gvar9, %object
        .size    gvar9, 8
gvar9:
```

Comprobando que efectivamente ocupa 8 *bytes* = QWORD.

▶ **Alcance**

El alcance indica desde que parte del programa pueden ser accesible determinadas variables, para indicarlo se tienen en cuenta donde han sido declaradas. En C, las variables pueden ser declaradas en cuatro lugares del módulo del programa:

- Fuera de todas las funciones del programa, son las llamadas variables globales, accesibles desde cualquier parte del programa.

- Dentro de una función, son las llamadas variables locales, accesibles tan solo por la función en las que se declaran.

- Como parámetros a la función, accesibles de igual forma que si se declararan dentro de la función.

- Dentro de un bloque de código del programa, accesible tan solo dentro del bloque donde se declara. Esta forma de declaración puede interpretarse como una variable local del bloque donde se declara. Esto solo está permitido a partir del estándar C99.

▼ **Almacenamiento**

El almacenamiento ser refiere a la localización donde se almacenará la variable dentro del programa objeto:

- static: indica que la variable debe ser accesible en cualquier momento del programa aunque no se esté ejecutando la función que lo declaró. Es decir, se utiliza para que una variable local perdure en el tiempo pudiéndose utilizar en cada invocación a la función, manteniendo su valor. Es por ello que se almacena en la sección de datos del binario, ya que, como se verá más adelante, las variables locales, se almacenan en la pila y estas se sobrescriben una vez se ha finalizado su ejecución.

- register: asigna el valor a un registro del procesador. En el caso de que no dispusiese de registros disponibles para su uso en esa zona de código, se omitiría este modificador. Los accesos a registros son mucho más rápidos que a memoria. Es por esto que aunque el compilador trata de utilizar registros siempre que puede en la fase de optimización, el desarrollador puede querer decidir que una variable se almacene en un registro para mayor velocidad de cómputo.

Aunque ya se ha podido ver la diferencia de alcance entre las variables locales y las globales, a continuación se muestra un ejemplo de código fuente que recopila los cuatro tipos de alcance y los dos tipos de almacenamiento comentados anteriormente:

```c
#include <stdio.h>

int gvar1 = 0x11;

void foo(int a)
{
    static int b;

    b += a;

    printf("%i\n",b);
}


int main(int argc, char *argv[])
{
    int lvar1 = 0x11;
    register int lvar2 = 0x22;

    foo(10);
    foo(20);

    gvar1++;

    printf("%x\t%x\n", lvar1, lvar2);

    for(int i=0x33; i<=0x44; i++)
    {
        printf("-");
    }

    return 0;

}
```

Cuya salida al ser ejecutado es:

```
10
30
11      22
----------------
```

En dicho código se pueden ver las cuatro zonas distintas donde se pueden declarar las variables que se han mencionado anteriormente. En el apartado de *tamaño* hemos visto ejemplos entre el almacenamiento global (en la sección .data o .bss, dependiendo de si se han inicializado o no) y local (en la pila). El único matiz en este nuevo ejemplo es que, si utilizamos el modificador *register,* en lugar de utilizar una dirección de la pila o de la sección de datos, utilizará un registro, tal y como se puede ver a continuación.

▼ x86 32 y 64 bits

El único matiz en este nuevo ejemplo (que debido a las pocas diferencias entre 32 y 64 bits, se procederá a mostrar solo el ejemplo de 32 bits), es que si utilizamos el modificador *register,* en lugar de utilizar una dirección de la pila o de la sección de datos, utilizará un registro, tal y como se puede ver en la siguiente imagen:

```
0x8048483 <main+10>:  mov    DWORD PTR [esp+0x18],0x11
0x804848b <main+18>:  mov    ebx,0x22
```

La variable *lvar1* inicializada con 0x11, se almacena en la pila (ya que se utiliza una dirección de memoria basada en el registro ESP que apunta a la cima de la pila), mientras que *lvar2* se inicializa en el registro EBX. Esto hace que el compilador reserve ese registro para el uso de esa variable en el ámbito de la función. Esto queda claro más adelante en el *printf* que al empujar los argumentos en la pila para invocar a la función *printf*, se empuja EBX (*main+60*):

```
0x8048483 <main+10>:  mov    DWORD PTR [esp+0x18],0x11
0x804848b <main+18>:  mov    ebx,0x22
0x8048490 <main+23>:  mov    DWORD PTR [esp],0xa
0x8048497 <main+30>:  call   0x804844c <foo>
0x804849c <main+35>:  mov    DWORD PTR [esp],0x14
0x80484a3 <main+42>:  call   0x804844c <foo>
0x80484a8 <main+47>:  mov    eax,ds:0x8049768
0x80484ad <main+52>:  add    eax,0x1
0x80484b0 <main+55>:  mov    ds:0x8049768,eax
0x80484b5 <main+60>:  mov    DWORD PTR [esp+0x8],ebx
0x80484b9 <main+64>:  mov    eax,DWORD PTR [esp+0x18]
0x80484bd <main+68>:  mov    DWORD PTR [esp+0x4],eax
0x80484c1 <main+72>:  mov    DWORD PTR [esp],0x8048594
0x80484c8 <main+79>:  call   0x8048320 <printf@plt>
```

Esto quedará más claro en el apartado de las funciones.

En el resto de código de la función *main*, se observa el bucle *for*:

```
0x80484cd <main+84>:    mov     DWORD PTR [esp+0x1c],0x33
0x80484d5 <main+92>:    jmp     0x80484e8 <main+111>
0x80484d7 <main+94>:    mov     DWORD PTR [esp],0x2d
0x80484de <main+101>:           call    0x8048350 <putchar@plt>
0x80484e3 <main+106>:           add     DWORD PTR [esp+0x1c],0x1
0x80484e8 <main+111>:           cmp     DWORD PTR [esp+0x1c],0x44
0x80484ed <main+116>:           jle     0x80484d7 <main+94>
```

El alcance de las variables locales a un bucle, como es el caso de la variable *i* usada en el *for* de nuestro código fuente solo se preservan en el código del bucle. En la implementación (*main+84*) se ve como se almacena en una variable de la pila *[esp+0x1c]* por lo que sería visible a toda la función, sin embargo, si tratáramos de acceder a ella desde fuera del bloque del *for*, nos daría un error de compilación por no estar declarada.

Por último vamos a centrarnos en el modificador static que se utiliza para dar alcance global, pero restringiendo el acceso solo a la función que lo declaro. Tal y como se puede ver en el código de la función *foo()*:

```
0x8048452 <foo+6>:     mov     edx,DWORD PTR ds:0x8049770
0x8048458 <foo+12>:    mov     eax,DWORD PTR [ebp+0x8]
0x804845b <foo+15>:    add     eax,edx
0x804845d <foo+17>:    mov     ds:0x8049770,eax
0x8048462 <foo+22>:    mov     eax,ds:0x8049770
0x8048467 <foo+27>:    mov     DWORD PTR [esp+0x4],eax
0x804846b <foo+31>:    mov     DWORD PTR [esp],0x8048590
0x8048472 <foo+38>:    call    0x8048320 <printf@plt>
```

Aquí se observa cómo se almacenan en el registro EDX una dirección de memoria de la sección .data (*comando: objdump -h a.out*), la variable b del código fuente:

```
25 .bss          00000008  0804976c  0804976c  0000076c  2**2
                 ALLOC
```

La sección .bss, sección de datos no inicializados. Esto es así, porque no es hasta el bucle *for* que se inicializa por primera vez, tras haber ejecutado código. A continuación se almacena en el registro EAX un valor pasado por argumento, esto se sabe por qué se hace referencia a una dirección *[ebp+0x08]* cuya base es EBP, la base de la pila. Esto lo veremos más en detalle en el apartado de las funciones. Es decir, la variable *a* del código fuente, y posteriormente se realiza la suma acumulativa (*b += a;*) en *foo+15* y *foo+17* de la imagen anterior.

Almacenar una variable local en la sección *.bss*, impide que el contenido de la variable local, se pierda al salir de la función y sobrescribirse los datos con las variables locales de la siguiente función invocada. Y esto permite almacenar información persistente a la ejecución del programa, pero de alcance restringido solo a la función.

◤ ARM 32 bits

En la siguiente imagen se puede ver como el *lvar1* se inicializa (#17=0x11) en una variable de la pila y *lvar2* en un registro, como en el ejemplo de la otra arquitectura:

```
0x0000926c <+20>:      mov     r3, #17
0x00009270 <+24>:      str     r3, [r11, #-20]
0x00009274 <+28>:      mov     r4, #34 ; 0x22
```

En el caso del bucle, se observa como también se inicializa con el valor #51 = 0x33 y se almacena en la pila *[r11, #-16]*, es decir en una variable local:

```
0x000092ac <+84>:      mov     r3, #51 ; 0x33
0x000092b0 <+88>:      str     r3, [r11, #-16]
0x000092b4 <+92>:      b       0x92cc <main+116>
0x000092b8 <+96>:      mov     r0, #45 ; 0x2d
0x000092bc <+100>:     bl      0x9f44 <putchar>
```

Solo que como en el caso anterior, si se pretende utilizar fuera del bloque del *for* el compilador genera un error de compilación.

Por último, en el caso del modificador static en la función *foo()* se puede ver en el siguiente código, como se lleva a cabo la suma acumulativa en una variable en la sección .data:

```
0x00009208 <+0>:       push    {r11, lr}
0x0000920c <+4>:       add     r11, sp, #4
0x00009210 <+8>:       sub     sp, sp, #8
0x00009214 <+12>:      str     r0, [r11, #-8]
0x00009218 <+16>:      ldr     r3, [pc, #48]   ; 0x9250 <foo+72>
0x0000921c <+20>:      ldr     r2, [r3]
0x00009220 <+24>:      ldr     r3, [r11, #-8]
0x00009224 <+28>:      add     r2, r2, r3
0x00009228 <+32>:      ldr     r3, [pc, #32]   ; 0x9250 <foo+72>
0x0000922c <+36>:      str     r2, [r3]
0x00009230 <+40>:      ldr     r3, [pc, #24]   ; 0x9250 <foo+72>
0x00009234 <+44>:      ldr     r3, [r3]
0x00009238 <+48>:      ldr     r0, [pc, #20]   ; 0x9254 <foo+76>
0x0000923c <+52>:      mov     r1, r3
0x00009240 <+56>:      bl      0x9ef0 <printf>
0x00009244 <+60>:      sub     sp, r11, #4
0x00009248 <+64>:      pop     {r11, lr}
0x0000924c <+68>:      bx      lr
0x00009250 <+72>:      andeq   r4, r2, r12, lsr #6
0x00009254 <+76>:      andeq   r3, r1, r4, asr r6
```

La suma se hace en foo+28, si se observa hacia arriba, se ve como R3 contiene un valor pasado por argumento (la dirección *[r11, #-8]* tiene como base R11 que en foo+4 obtiene el valor de la base de la pila). Y R2 contiene la variable estática *b,* accedida en foo+16 y foo+20. Como se puede ver en foo+16 se obtiene el valor de *[pc, #48],* el registro PC es el puntero de control, es decir indica la dirección que se está ejecutando. Esto nos dice que cuando ejecute esta instrucción, se almacenara en R3 el valor de la dirección #48 *bytes* adelante, en concreto en la dirección 0x9250 = foo+72. En la imagen anterior aparece como instrucciones, pero en el apartado de funciones, se verá como saber que esta función acaba en foo+68, y que el resto son datos, no instrucciones. Para ver los datos vamos a volcar esa zona de memoria:

```
(gdb) x/10x 0x9250
0x9250 <foo+72>:     0x0002432c      0x00013654      0xe92d4810      0xe28db008
0x9260 <main+8>:     0xe24dd014      0xe50b0018      0xe50b101c      0xe3a03011
0x9270 <main+24>:    0xe50b3014      0xe3a04022
```

Se ve que almacena una dirección de memoria, que si consultamos la sección .bss:

```
10 .bss              00000114     00024260     00024260     00014260    2**2
                     ALLOC
```

Se comprueba que efectivamente está ahí contenida:

0x00024260 < **0x0002432c** < (0x00024260 + 0x00000114 = 0x00024374)

Además de estos modificadores, existen otros como *extern* o *const* que a efectos de reconstrucción de código no son relevantes. Solo afectan en tiempo de compilación en cuanto a la política de acceso de las variables. Por ello no nos vamos a centrar en estos últimos.

3.3 ARRAYS

Ya conocemos los diferentes tipos de datos más básicos que podemos utilizar y cómo se implementa cada una de sus modificadores o según donde se declare la variable. Ahora vamos a pasar a un tipo de datos estructurados, los *arrays*.

Un *array* es una variable donde cada elemento se almacena en memoria de manera consecutiva. Estos pueden declararse con varias dimensiones. Las cadenas de caracteres en C se declaran como un *array* unidimensional de caracteres. Los *arrays* unidimensionales también son conocidos como vectores. Los vectores constan de una serie de variables del mismo tipo, denominados elementos o componentes del vector.

Otro tipo especial son los *arrays* de dos dimensiones, también conocidos como matrices. Al tener dos dimensiones se simula una tabla accedida por la tupla *[fila][columna]*. Los *arrays* de tres o más dimensiones se acceden de la misma forma que las matrices dependiendo del número de dimensiones *[n1][n2][n3]...[nn]*.

Las cadenas de caracteres son *arrays* unidimensionales, donde cada elemento es del tipo *char*. Se pueden inicializar elemento a elemento *{'T', 'e', 'x', 't, 'o', '\0'}* finalizando con el carácter nulo, o todo junto entre comillas dobles así *"texto de la cadena"* donde el compilador agregará el carácter nulo al final.

Para poder analizar bien este tipo de variable, vamos a generar código objeto en distintas arquitecturas a partir del siguiente código fuente:

```c
1  #include <stdio.h>
2
3  int main(int argc, char *argv[])
4  {
5      // Vector: Array unidimensional
6      int var1[] = { 0x55, 0x66, 0x77};
7      // Matriz: Array bidimensional
8      int var2[2][4] = {
9                          { 0x21, 0x22, 0x23, 0x24 },
10                         { 0x31, 0x32, 0x33, 0x34 }
11                     };
12     // Accedemos a un elemento
13     printf("0x%x, ",var2[1][2]);
14
15     // Cadena: Array unidimensional con elementos del tipo char.
16     char var3[]  = "AAAAAAAAAAAA";
17     char *var4   = "BBBBBBBBBBBB";
18     char var5[]  = { 'A', 'B', 'C', '\0' };
19
20     return 0;
21
22 }
23
```

▼ x86 32 y 64 bits

En este caso, igual que en el anterior, la diferencia entre arquitecturas es casi inapreciable. Simplemente el tipo de registros y la utilización de registros como argumentos a la hora de invocar una función, que veremos más adelante.

Este sería el código en 32 bits:

```
   0x804841c <main>:       push   ebp
   0x804841d <main+1>:     mov    ebp,esp
   0x804841f <main+3>:     and    esp,0xfffffff0
   0x8048422 <main+6>:     sub    esp,0x60
=> 0x8048425 <main+9>:     mov    DWORD PTR [esp+0x50],0x55
   0x804842d <main+17>:    mov    DWORD PTR [esp+0x54],0x66
   0x8048435 <main+25>:    mov    DWORD PTR [esp+0x58],0x77
   0x804843d <main+33>:    mov    DWORD PTR [esp+0x30],0x21
   0x8048445 <main+41>:    mov    DWORD PTR [esp+0x34],0x22
   0x804844d <main+49>:    mov    DWORD PTR [esp+0x38],0x23
   0x8048455 <main+57>:    mov    DWORD PTR [esp+0x3c],0x24
   0x804845d <main+65>:    mov    DWORD PTR [esp+0x40],0x31
   0x8048465 <main+73>:    mov    DWORD PTR [esp+0x44],0x32
   0x804846d <main+81>:    mov    DWORD PTR [esp+0x48],0x33
   0x8048475 <main+89>:    mov    DWORD PTR [esp+0x4c],0x34
   0x804847d <main+97>:    mov    eax,DWORD PTR [esp+0x48]
   0x8048481 <main+101>:          mov    DWORD PTR [esp+0x4],eax
   0x8048485 <main+105>:          mov    DWORD PTR [esp],0x8048570
   0x804848c <main+112>:          call   0x8048300 <printf@plt>
   0x8048491 <main+117>:          mov    DWORD PTR [esp+0x23],0x41414141
   0x8048499 <main+125>:          mov    DWORD PTR [esp+0x27],0x41414141
   0x80484a1 <main+133>:          mov    DWORD PTR [esp+0x2b],0x41414141
   0x80484a9 <main+141>:          mov    BYTE PTR [esp+0x2f],0x0
   0x80484ae <main+146>:          mov    DWORD PTR [esp+0x5c],0x8048577
   0x80484b6 <main+154>:          mov    BYTE PTR [esp+0x1f],0x41
   0x80484bb <main+159>:          mov    BYTE PTR [esp+0x20],0x42
   0x80484c0 <main+164>:          mov    BYTE PTR [esp+0x21],0x43
   0x80484c5 <main+169>:          mov    BYTE PTR [esp+0x22],0x0
   0x80484ca <main+174>:          mov    eax,0x0
   0x80484cf <main+179>:          leave
   0x80484d0 <main+180>:          ret
```

Y este en 64 bits:

```
   0x40050c <main>:        push   rbp
   0x40050d <main+1>:      mov    rbp,rsp
   0x400510 <main+4>:      sub    rsp,0x70
   0x400514 <main+8>:      mov    DWORD PTR [rbp-0x64],edi
   0x400517 <main+11>:     mov    QWORD PTR [rbp-0x70],rsi
=> 0x40051b <main+15>:     mov    DWORD PTR [rbp-0x20],0x55
   0x400522 <main+22>:     mov    DWORD PTR [rbp-0x1c],0x66
   0x400529 <main+29>:     mov    DWORD PTR [rbp-0x18],0x77
   0x400530 <main+36>:     mov    DWORD PTR [rbp-0x40],0x21
   0x400537 <main+43>:     mov    DWORD PTR [rbp-0x3c],0x22
   0x40053e <main+50>:     mov    DWORD PTR [rbp-0x38],0x23
   0x400545 <main+57>:     mov    DWORD PTR [rbp-0x34],0x24
   0x40054c <main+64>:     mov    DWORD PTR [rbp-0x30],0x31
   0x400553 <main+71>:     mov    DWORD PTR [rbp-0x2c],0x32
   0x40055a <main+78>:     mov    DWORD PTR [rbp-0x28],0x33
   0x400561 <main+85>:     mov    DWORD PTR [rbp-0x24],0x34
   0x400568 <main+92>:     mov    eax,DWORD PTR [rbp-0x28]
   0x40056b <main+95>:     mov    esi,eax
   0x40056d <main+97>:     mov    edi,0x40066c
   0x400572 <main+102>:    mov    eax,0x0
   0x400577 <main+107>:    call   0x4003e0 <printf@plt>
   0x40057c <main+112>:    mov    DWORD PTR [rbp-0x50],0x41414141
   0x400583 <main+119>:    mov    DWORD PTR [rbp-0x4c],0x41414141
   0x40058a <main+126>:    mov    DWORD PTR [rbp-0x48],0x41414141
   0x400591 <main+133>:    mov    BYTE PTR [rbp-0x44],0x0
   0x400595 <main+137>:    mov    QWORD PTR [rbp-0x8],0x400673
   0x40059d <main+145>:    mov    BYTE PTR [rbp-0x60],0x41
   0x4005a1 <main+149>:    mov    BYTE PTR [rbp-0x5f],0x42
   0x4005a5 <main+153>:    mov    BYTE PTR [rbp-0x5e],0x43
   0x4005a9 <main+157>:    mov    BYTE PTR [rbp-0x5d],0x0
   0x4005ad <main+161>:    mov    eax,0x0
   0x4005b2 <main+166>:    leave
   0x4005b3 <main+167>:    ret
```

Vamos a centrarnos en el código de 32 bits, y vamos a comenzar identificando sobre la imagen, las distintas variables, para pasar a continuación a explicarlo más en detalle:

```
0x804841c <main>:       push    ebp
0x804841d <main+1>:     mov     ebp,esp
0x804841f <main+3>:     and     esp,0xfffffff0
0x8048422 <main+6>:     sub     esp,0x60
=> 0x8048425 <main+9>:  mov     DWORD PTR [esp+0x50],0x55
0x804842d <main+17>:    mov     DWORD PTR [esp+0x54],0x66    var1
0x8048435 <main+25>:    mov     DWORD PTR [esp+0x58],0x77
0x804843d <main+33>:    mov     DWORD PTR [esp+0x30],0x21
0x8048445 <main+41>:    mov     DWORD PTR [esp+0x34],0x22
0x804844d <main+49>:    mov     DWORD PTR [esp+0x38],0x23
0x8048455 <main+57>:    mov     DWORD PTR [esp+0x3c],0x24    var2
0x804845d <main+65>:    mov     DWORD PTR [esp+0x40],0x31
0x8048465 <main+73>:    mov     DWORD PTR [esp+0x44],0x32
0x804846d <main+81>:    mov     DWORD PTR [esp+0x48],0x33
0x8048475 <main+89>:    mov     DWORD PTR [esp+0x4c],0x34
0x804847d <main+97>:    mov     eax,DWORD PTR [esp+0x48]     var2[1][2]
0x8048481 <main+101>:   mov     DWORD PTR [esp+0x4],eax
0x8048485 <main+105>:   mov     DWORD PTR [esp],0x8048570
0x804848c <main+112>:   call    0x8048300 <printf@plt>
0x8048491 <main+117>:   mov     DWORD PTR [esp+0x23],0x41414141
0x8048499 <main+125>:   mov     DWORD PTR [esp+0x27],0x41414141   var3
0x80484a1 <main+133>:   mov     DWORD PTR [esp+0x2b],0x41414141
0x80484a9 <main+141>:   mov     BYTE PTR [esp+0x2f],0x0
0x80484ae <main+146>:   mov     DWORD PTR [esp+0x5c],0x8048577   var4
0x80484b6 <main+154>:   mov     BYTE PTR [esp+0x1f],0x41
0x80484bb <main+159>:   mov     BYTE PTR [esp+0x20],0x42
0x80484c0 <main+164>:   mov     BYTE PTR [esp+0x21],0x43    var5
0x80484c5 <main+169>:   mov     BYTE PTR [esp+0x22],0x0
0x80484ca <main+174>:   mov     eax,0x0
0x80484cf <main+179>:   leave
0x80484d0 <main+180>:   ret
```

La variable *var1* y *var2* se inicializan como una lista de elementos, y es así cómo se implementa en el código, moviendo el valor a la dirección de memoria pertinente. Después, cuando se trata de acceder al elemento *var2[1][2]* se ve claramente cómo se accede directamente a la dirección de memoria para moverla un registro (*main+97*).

En el caso de las cadenas de caracteres, vemos que *var5* se comporta como *var1* y *var2* mientras que *var3* al inicializarla con una cadena de caracteres entre comillas dobles, el compilador sabe que es una cadena de caracteres y utiliza valores de 32 bits (4 *bytes*), para copiar la cadena en la variable. Nótese como al final, agrega el carácter nulo (\x0) para finalizar la cadena de caracteres, mientras que en el código fuente no se ha incluido, esto lo hace automáticamente el compilador al detectar las comillas dobles.

Por último, vemos una inicialización especial en *var4*, la utilizada con un puntero a memoria. Aunque los punteros los veremos más adelante, simplemente decir que al declararse como puntero de tipo *char*, y apunta a una cadena entre comillas dobles, el compilador guarda la cadena en la sección *.rodata* en tiempo de compilación, de tal forma que ahorra tiempo en tiempo de ejecución a la hora de inicializar la variable. En *main+146* se obtiene la cadena de caracteres de la dirección 0x08048577 que pertenece a la sección *.rodata*:

```
15 .rodata        0000001c  08048568  08048568  00000568  2**2
                  CONTENTS, ALLOC, LOAD, READONLY, DATA
```

Ya que:

0x8048568 <= **0x8048577** <= (0x8048568 + 0x1c = 0x8048584)

�MARM 32 bits

En esta arquitectura se observa como el comportamiento es parecido aunque las instrucciones obviamente son diferentes. A continuación se identificaran las variables en el siguiente código objeto:

```
0x00009208 <+0>:    push    {r11, lr}
0x0000920c <+4>:    add     r11, sp, #4
0x00009210 <+8>:    sub     sp, sp, #80       ; 0x50
0x00009214 <+12>:   str     r0, [r11, #-80]   ; 0x50
0x00009218 <+16>:   str     r1, [r11, #-84]   ; 0x54
0x0000921c <+20>:   ldr     r2, [pc, #132]    ; 0x92a8 <main+160>    ┐
0x00009220 <+24>:   sub     r3, r11, #20                            │ var1
0x00009224 <+28>:   ldm     r2, {r0, r1, r2}                        │
0x00009228 <+32>:   stm     r3, {r0, r1, r2}                        ┘
0x0000922c <+36>:   ldr     r3, [pc, #120]    ; 0x92ac <main+164>   ┐
0x00009230 <+40>:   sub     r12, r11, #52     ; 0x34                │
0x00009234 <+44>:   mov     lr, r3                                  │
0x00009238 <+48>:   ldm     lr!, {r0, r1, r2, r3}                   │
0x0000923c <+52>:   stmia   r12!, {r0, r1, r2, r3}                  │ var2
0x00009240 <+56>:   ldm     lr, {r0, r1, r2, r3}                    │
0x00009244 <+60>:   stm     r12, {r0, r1, r2, r3}                   ┘
0x00009248 <+64>:   ldr     r3, [r11, #-28]                         ─ var2[1][2]
0x0000924c <+68>:   ldr     r0, [pc, #92]     ; 0x92b0 <main+168>
0x00009250 <+72>:   mov     r1, r3
0x00009254 <+76>:   bl      0x9fac <printf>
0x00009258 <+80>:   ldr     r3, [pc, #84]     ; 0x92b4 <main+172>   ┐
0x0000925c <+84>:   sub     r12, r11, #68     ; 0x44                │
0x00009260 <+88>:   ldm     r3, {r0, r1, r2, r3}                    │ var3
0x00009264 <+92>:   stmia   r12!, {r0, r1, r2}                      │
0x00009268 <+96>:   strb    r3, [r12]                               ┘
0x0000926c <+100>:  ldr     r3, [pc, #68]     ; 0x92b8 <main+176>   ┐ var4
0x00009270 <+104>:  str     r3, [r11, #-8]                          ┘
0x00009274 <+108>:  ldr     r3, [pc, #64]     ; 0x92bc <main+180>   ┐
0x00009278 <+112>:  sub     r1, r11, #72      ; 0x48                │
0x0000927c <+116>:  mov     r2, r3                                  │
0x00009280 <+120>:  mov     r3, #4                                  │
0x00009284 <+124>:  mov     r0, r1                                  │ var5
0x00009288 <+128>:  mov     r1, r2                                  │
0x0000928c <+132>:  mov     r2, r3                                  │
0x00009290 <+136>:  bl      0x9e80 <memcpy>                         ┘
0x00009294 <+140>:  mov     r3, #0
0x00009298 <+144>:  mov     r0, r3
0x0000929c <+148>:  sub     sp, r11, #4
0x000092a0 <+152>:  pop     {r11, lr}
0x000092a4 <+156>:  bx      lr
0x000092a8 <+160>:  andeq   r3, r1, r4, lsr #9
0x000092ac <+164>:              ; <UNDEFINED> instruction: 0x000134b0
0x000092b0 <+168>:  andeq   r3, r1, r12, lsl #9
0x000092b4 <+172>:  ldrdeq  r3, [r1], -r0
0x000092b8 <+176>:  muleq   r1, r4, r4
0x000092bc <+180>:  andeq   r3, r1, r0, ror #9
```

Como se puede observar, hace referencia a direcciones de final de la función *main*. Concretamente *main+160* hasta *main+180*, para almacenar los valores obtenidos de la sección *.rodata*. Esto se sabe porque hace referencia a una dirección de memoria anterior a *main* (*main+24*) y si se observa con el comando (obdump –x ./a.out) se ve que esa dirección es *.rodata*:

```
3 .rodata       00000234  000136c8  000136c8  000136c8  2**3
                 CONTENTS, ALLOC, LOAD, READONLY, DATA
```

Para *var1* lo que se hace es cargar la dirección de memoria de los datos de *.rodata* en el registro R3 (*main+24*), apuntar el registro R2 al final de la función *main* (*main+20*), donde se almacenarán los valores inicializados. Luego se almacenan en R0, R1 y R2, los valores apuntados por el registro R2 (*main+28*) y se almacenan en R3 el contenido de R0, R1 y R2 (*main+32*).

El caso de las variables *var2, var3* y *var5* son prácticamente iguales que *var1*, teniendo en cuanta que son datos diferentes. Sin embargo se pude ver como *var4* al ser una cadena, se opta por copiar el contenido de la cadena en *.rodata* hasta las variables alojadas después de *main* (*main+108* hasta *main+116*)

3.4 PUNTEROS

Ahora vamos a tratar un tipo de datos muy importante en C: los punteros. Este tipo de datos es especial en C y no se suele dar en otros lenguajes de programación. Los punteros son variables que apuntan a una dirección de memoria a modo de apuntadores a otras variables.

Los punteros pueden apuntar a variables de cualquier tipo. Aunque el puntero en sí ocupa 32 bits o 64 bits, dependiendo de la arquitectura, el compilador esto lo tiene en cuenta para conocer la longitud del valor al que apunta.

Los *arrays* son en realidad un puntero a la dirección base del *array*, es decir a *[0]* y pueden utilizar sintaxis de *array* o puntero indistintamente.

Partiendo del siguiente código fuente:

```c
1  #include <stdio.h>
2
3  int main(void)
4  {
5      char *cadena = "ABCDEF";
6      char *p;
7      int a;
8      int *b;
9
10     p = cadena;        // p apunta a 'A'
11     p++;               // p apunta a 'B'
12
13     a = 0x41414141;
14     b = &a;            // b apunta a 0x41414141
15     (*b)++;            // b incrementa el valor a 0x41414142
16
17     return 0;
18
19 }
20
```

Se observa que se han declarado una cadena de caracteres, y un par de variables enteras. Una de ellas, un puntero a entero. A continuación vamos a ver las diferentes implementaciones:

- **x86 32 y 64 bits**

En el siguiente código generado, vamos a identificar las variables definidas, así como las operaciones sobre ellas, en el código fuente:

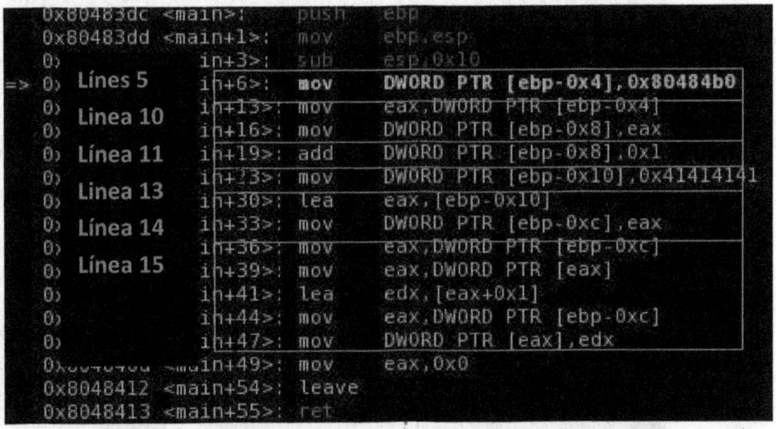
0x80483dc <main>: push ebp
0x80483dd <main+1>: mov ebp,esp
in+3>: sub esp,0x10
Líneas 5
in+6>: mov DWORD PTR [ebp-0x4],0x80484b0
Línea 10
in+13>: mov eax,DWORD PTR [ebp-0x4]
in+16>: mov DWORD PTR [ebp-0x8],eax
Línea 11
in+19>: add DWORD PTR [ebp-0x8],0x1
Línea 13
in+23>: mov DWORD PTR [ebp-0x10],0x41414141
Línea 14
in+30>: lea eax,[ebp-0x10]
in+33>: mov DWORD PTR [ebp-0xc],eax
Línea 15
in+36>: mov eax,DWORD PTR [ebp-0xc]
in+39>: mov eax,DWORD PTR [eax]
in+41>: lea edx,[eax+0x1]
in+44>: mov eax,DWORD PTR [ebp-0xc]
in+47>: mov DWORD PTR [eax],edx
in+49>: mov eax,0x0
0x8048412 <main+54>: leave
0x8048413 <main+55>: ret

Comenzaremos con la inicialización de la línea 5, como se puede ver, se obtiene una dirección de *.rodata* (se puede comprobar utilizando *objdump* como en casos anteriores) y se almacena en la pila.

En la línea 10, asignamos al puntero *p* el contenido de la variable *cadena*, nótese que lo que se pretende es que apunte al contenido y no a la variable que lo contiene, ya que si se apunta a la variable cadena, el contenido de p sería la dirección de la pila, mientras que si se apunta a la cadena (que es lo que se pretende) el contenido de *p* es una dirección de la sección *.rodata*.

Luego pasamos a incrementar el punteo, como se puede ver en la imagen anterior, en el código de la línea 11; lo que se hace es sumar 1 al contenido de la variable de la pila *[ebp-0x8]*, esto deja constancia de que se incrementa su valor, lo significa que ahora *p* apunta a un *byte* más adelante del inicio de la cadena. Esto es especialmente útil cuando se quiere recorrer una cadena sin perder el apuntador que apunta al inicio de la cadena o región de memoria.

En el caso de las variables enteras *a* y *b* el caso es más o menos parecido, sin embargo al incrementar *b* lo que estamos haciendo es incrementar su valor final, no el valor del puntero, dando como resultado 0x41414142.

▶ **ARM 32 bits**

Este caso particular:

```
0x00009208 <+0>:     push    {r11}              ; (str r11, [sp, #-4]!)
0x0000920c <+4>:     add     r11, sp, #0
0x00009210 <+8>:     sub     sp, sp, #20
           <+12>:    ldr     r3, [pc, #76]      ; 0x9268 <main+96>
Línes 5    <+16>:    str     r3, [r11, #-8]
Línea 10   <+20>:    ldr     r3, [r11, #-8]
           <+24>:    str     r3, [r11, #-12]
           <+28>:    ldr     r3, [r11, #-12]
Línea 11   <+32>:    add     r3, r3, #1
           <+36>:    str     r3, [r11, #-12]
           <+40>:    ldr     r3, [pc, #52]      ; 0x926c <main+100>
Línea 13   <+44>:    str     r3, [r11, #-20]
           <+48>:    sub     r3, r11, #20
Línea 14   <+52>:    str     r3, [r11, #-16]
           <+56>:    ldr     r3, [r11, #-16]
Línea 15   <+60>:    ldr     r3, [r3]
0x00009240 <+64>:    add     r2, r3, #1
0x0000924c <+68>:    ldr     r3, [r11, #-16]
0x00009250 <+72>:    str     r2, [r3]
0x00009254 <+76>:    mov     r3, #0
0x00009258 <+80>:    mov     r0, r3
0x0000925c <+84>:    sub     sp, r11, #0
0x00009260 <+88>:    pop     {r11}              ; (ldr r11, [sp], #4)
0x00009264 <+92>:    bx      lr
0x00009268 <+96>:    andeq   r10, r0, r8, asr r9
0x0000926c <+100>:   cmpmi   r1, r1, asr #2
```

es bastante parecido al anterior, salvando las distancias en cuanto a los nemónicos y tipos de registro.

3.5 ESTRUCTURAS

Las estructuras, son tipos de datos algo parecidos a los *arrays*. La diferencia es que sus elementos pueden ser cada uno de un tipo diferente. Las estructuras existen solo en el lenguaje fuente, el compilador trata cada elemento como un objeto independiente sin relación entre los demás elementos de la estructura. A continuación se muestran dos códigos fuentes cuyo desensamblado muestra como se accede a los elementos como si fueran variables independientes. Por un lado:

```
1 char *gtxt = "BBBBCCCCDDDDEEE";
2
3 int main(void)
4 {
5       struct basic {
6           char txt[16];
7           int value1;
8           int value2;
9           int value3;
10
11      } b1;
12
13      strcpy(b1.txt, gtxt);
14      b1.value1 = 0x11111111;
15      b1.value2 = 0x22222222;
16      b1.value3 = 0x33333333;
17
18      printf("%s%i%i%i\n", b1.txt, b1.value1, b1.value2, b1.value3);
19
20      return 0;
21 }
22
```

```
0x08048456 <+10>:    mov     eax,ds:0x8049710
0x0804845b <+15>:    mov     DWORD PTR [esp+0x4],eax
0x0804845f <+19>:    lea     ebx,[esp+0x24]
0x08048463 <+23>:    mov     DWORD PTR [esp],ebx
0x08048466 <+26>:    call    0x8048330 <strcpy@plt>
0x0804846b <+31>:    mov     DWORD PTR [esp+0x34],0x11111111
0x08048473 <+39>:    mov     DWORD PTR [esp+0x38],0x22222222
0x0804847b <+47>:    mov     DWORD PTR [esp+0x3c],0x33333333
0x08048483 <+55>:    mov     DWORD PTR [esp+0x10],0x33333333
0x0804848b <+63>:    mov     DWORD PTR [esp+0xc],0x22222222
0x08048493 <+71>:    mov     DWORD PTR [esp+0x8],0x11111111
0x0804849b <+79>:    mov     DWORD PTR [esp+0x4],ebx
0x0804849f <+83>:    mov     DWORD PTR [esp],0x8048550
0x080484a6 <+90>:    call    0x8048320 <printf@plt>
```

Y por otro lado el siguiente código:

```
1 char *gtxt = "BBBBCCCCDDDDEEE";
2
3 int main(void)
4 {
5     char txt[16];
6     int value1;
7     int value2;
8     int value3;
9
10    strcpy(txt, gtxt);
11    value1 = 0x11111111;
12    value2 = 0x22222222;
13    value3 = 0x33333333;
14
15    printf("%s%i%i%i\n", txt, value1, value2, value3);
16
17    return 0;
18 }
19
```

```
0x08048456 <+10>:    mov    eax,ds:0x80496f0
0x0804845b <+15>:    mov    DWORD PTR [esp+0x4],eax
0x0804845f <+19>:    lea    ebx,[esp+0x20]
0x08048463 <+23>:    mov    DWORD PTR [esp],ebx
0x08048466 <+26>:    call   0x8048330 <strcpy@plt>
0x0804846b <+31>:    mov    DWORD PTR [esp+0x10],0x33333333
0x08048473 <+39>:    mov    DWORD PTR [esp+0xc],0x22222222
0x0804847b <+47>:    mov    DWORD PTR [esp+0x8],0x11111111
0x08048483 <+55>:    mov    DWORD PTR [esp+0x4],ebx
0x08048487 <+59>:    mov    DWORD PTR [esp],0x8048530
0x0804848e <+66>:    call   0x8048320 <printf@plt>
```

En los dos códigos se observa cómo se accede a los elementos como variables locales dentro de la función.

En este escenario es imposible reconstruir el código para que quede fiel al código fuente real, ya que no hay ningún tipo de información que ayude a relacionar las variables. En ocasiones, por el contexto del programa, es decir, conociendo el protocolo que se esté manejando, observando los mensajes de error o mensajes de estado, es posible relacionarlos, pero el código ensamblador no arroja ningún dato al respecto.

Hay un caso muy común que ayuda a poder reconstruir una estructura, y es cuando se pasa una estructura por referencia a una función. En este caso, la función declara como argumento un puntero a la estructura. Dentro de la función, al acceder a cualquier elemento, al estar dispuestos de manera contigua, el compilador almacena la base en un registro y utiliza este registro y un desplazamiento para acceder a los distintos elementos, como si se tratase de una cadena de caracteres o un vector. De esta forma si podremos identificar diferentes estructuras analizando el código objeto.

A continuación se muestra un código fuente donde se invoca a una función pasándole por referencia una estructura, y se observarán los elementos para poder ver la implementación:

```
 1 #include <stdio.h>
 2
 3 char *txt = "BBBBCCCCDDDDEEE";
 4
 5 typedef struct basic {
 6     char txt[16];
 7     int value1;
 8     int value2;
 9     int value3;
10
11 } basic_t;
12
13 void foo(basic_t *b)
14 {
15     strcpy(b->txt, txt);
16     b->value1 = 0x44444444;
17     b->value2 = 0x55555555;
18     b->value3 = 0x66666666;
19
20     printf("%s%i%i%i\n", b->txt, b->value1, b->value2, b->value3);
21
22 }
23
24 int main()
25 {
26     basic_t b1, b2;
27
28     strcpy(&b1.txt, txt);
29     b1.value1 = 0x11111111;
30     b1.value2 = 0x22222222;
31     b1.value3 = 0x33333333;
32
33     printf("%s%i%i%i\n", b1.txt, b1.value1, b1.value2, b1.value3);
34
35     foo(&b2);
36
37     return 0;
38
39 }
40
```

Cuyo código objeto dependiendo de la arquitectura se muestra a continuación.

x86 32 y 64 bits

En 64 bits respecto al código fuente propuesto anteriormente, solo cambia el tipo de registro en cuestión. El siguiente código sería el generado para 32 bits a partir del código fuente anterior:

```
0x804844c <foo>:       push   ebx
0x804844d <foo+1>:     sub    esp,0x28
0x8048450 <foo+4>:     mov    ebx,DWORD PTR [esp+0x30]
0x8048454 <foo+8>:     mov    eax,ds:0x804979c
0x8048459 <foo+13>:    mov    DWORD PTR [esp+0x4],eax
0x804845d <foo+17>:    mov    DWORD PTR [esp],ebx
0x8048460 <foo+20>:    call   0x8048330 <strcpy@plt>
0x8048465 <foo+25>:    mov    DWORD PTR [ebx+0x10],0x44444444
0x804846c <foo+32>:    mov    DWORD PTR [ebx+0x14],0x55555555
0x8048473 <foo+39>:    mov    DWORD PTR [ebx+0x18],0x66666666
0x804847a <foo+46>:    mov    DWORD PTR [esp+0x10],0x66666666
0x8048482 <foo+54>:    mov    DWORD PTR [esp+0xc],0x55555555
0x804848a <foo+62>:    mov    DWORD PTR [esp+0x8],0x44444444
0x8048492 <foo+70>:    mov    DWORD PTR [esp+0x4],ebx
0x8048496 <foo+74>:    mov    DWORD PTR [esp],0x80485b0
0x804849d <foo+81>:    call   0x8048320 <printf@plt>
0x80484a2 <foo+86>:    add    esp,0x28
0x80484a5 <foo+89>:    pop    ebx
0x80484a6 <foo+90>:    ret
0x80484a7 <main>:      push   ebp
0x80484a8 <main+1>:    mov    ebp,esp
0x80484aa <main+3>:    push   ebx
0x80484ab <main+4>:    and    esp,0xfffffff0
0x80484ae <main+7>:    sub    esp,0x60
0x80484b1 <main+10>:   mov    eax,ds:0x804979c
0x80484b6 <main+15>:   mov    DWORD PTR [esp+0x4],eax
0x80484ba <main+19>:   lea    ebx,[esp+0x44]
0x80484be <main+23>:   mov    DWORD PTR [esp],ebx
0x80484c1 <main+26>:   call   0x8048330 <strcpy@plt>
0x80484c6 <main+31>:   mov    DWORD PTR [esp+0x54],0x11111111
0x80484ce <main+39>:   mov    DWORD PTR [esp+0x58],0x22222222
0x80484d6 <main+47>:   mov    DWORD PTR [esp+0x5c],0x33333333
0x80484de <main+55>:   mov    DWORD PTR [esp+0x10],0x33333333
0x80484e6 <main+63>:   mov    DWORD PTR [esp+0xc],0x22222222
0x80484ee <main+71>:   mov    DWORD PTR [esp+0x8],0x11111111
0x80484f6 <main+79>:   mov    DWORD PTR [esp+0x4],ebx
0x80484fa <main+83>:   mov    DWORD PTR [esp],0x80485b0
0x8048501 <main+90>:   call   0x8048320 <printf@plt>
0x8048506 <main+95>:   lea    eax,[esp+0x28]
0x804850a <main+99>:   mov    DWORD PTR [esp],eax
0x804850d <main+102>:    call   0x804844c <foo>
0x8048512 <main+107>:    mov    eax,0x0
0x8048517 <main+112>:    mov    ebx,DWORD PTR [ebp-0x4]
0x804851a <main+115>:    leave
0x804851b <main+116>:    ret
```

En la función *main* tal y como sucedió en los códigos fuentes del ejemplo anterior, se accede como variables locales, es decir, se utiliza el registro que apunta a la cima de la pila *ESP*. Sin embargo en la función *foo* se carga en el registro *EBX* el valor de la base de la estructura (*foo+4*) y después se accede a los elementos utilizando el registro como base y un desplazamiento para cada elemento (*main+25* hasta *main+39*). Si el tipo del elemento fuera diferente, por ejemplo *short* la directiva de tamaña, sería WORD, en lugar de DWORD. Esto sin duda ayuda a saber de qué tipo de datos es el elemento.

▼ ARM 32 bits

Este ejemplo se puede ver igualmente, como se utiliza *R4* para almacenar la base de la estructura, obtenida directamente del argumento de la función *R0,* como se puede ver en la instrucción *foo+8*, y luego se va accediendo a cada elemento actualizando el desplazamiento con la instrucción (*STR valor, [base, #n]*):

```
0x00009208 <+0>:     push    {r4, lr}
0x0000920c <+4>:     sub     sp, sp, #8
0x00009210 <+8>:     mov     r4, r0
0x00009214 <+12>:    ldr     r3, [pc, #56]    ; 0x9254 <foo+76>
0x00009218 <+16>:    ldr     r1, [r3]
0x0000921c <+20>:    bl      0xa02c <strcpy>
0x00009220 <+24>:    ldr     r2, [pc, #48]    ; 0x9258 <foo+80>
0x00009224 <+28>:    str     r2, [r4, #16]
0x00009228 <+32>:    ldr     r3, [pc, #44]    ; 0x925c <foo+84>
0x0000922c <+36>:    str     r3, [r4, #20]
0x00009230 <+40>:    ldr     r1, [pc, #40]    ; 0x9260 <foo+88>
0x00009234 <+44>:    str     r1, [r4, #24]
0x00009238 <+48>:    str     r1, [sp]
0x0000923c <+52>:    ldr     r0, [pc, #32]    ; 0x9264 <foo+92>
0x00009240 <+56>:    mov     r1, r4
0x00009244 <+60>:    bl      0x9ed0 <printf>
0x00009248 <+64>:    add     sp, sp, #8
0x0000924c <+68>:    pop     {r4, lr}
0x00009250 <+72>:    bx      lr
```

Mientras que en la función *main* se accede de manera similar, pero utilizando el registro de pila *SP*:

```
0x00009268 <+0>:     push    {lr}              ; (str lr, [sp, #-4]!)
0x0000926c <+4>:     sub     sp, sp, #68       ; 0x44
0x00009270 <+8>:     add     r0, sp, #36       ; 0x24
0x00009274 <+12>:    ldr     r3, [pc, #68]     ; 0x92c0 <main+88>
0x00009278 <+16>:    ldr     r1, [r3]
0x0000927c <+20>:    bl      0xa02c <strcpy>
0x00009280 <+24>:    ldr     r2, [pc, #60]     ; 0x92c4 <main+92>
0x00009284 <+28>:    str     r2, [sp, #52]     ; 0x34
0x00009288 <+32>:    ldr     r3, [pc, #56]     ; 0x92c8 <main+96>
0x0000928c <+36>:    str     r3, [sp, #56]     ; 0x38
0x00009290 <+40>:    ldr     r1, [pc, #52]     ; 0x92cc <main+100>
0x00009294 <+44>:    str     r1, [sp, #60]     ; 0x3c
0x00009298 <+48>:    str     r1, [sp]
0x0000929c <+52>:    ldr     r0, [pc, #44]     ; 0x92d0 <main+104>
0x000092a0 <+56>:    add     r1, sp, #36       ; 0x24
0x000092a4 <+60>:    bl      0x9ed0 <printf>
0x000092a8 <+64>:    add     r0, sp, #8
0x000092ac <+68>:    bl      0x9208 <foo>
0x000092b0 <+72>:    mov     r0, #0
0x000092b4 <+76>:    add     sp, sp, #68       ; 0x44
0x000092b8 <+80>:    pop     {lr}              ; (ldr lr, [sp], #4)
0x000092bc <+84>:    bx      lr
```

Por último, simplemente comentar que existe otro tipo de datos denominado **union** que se define prácticamente igual que una estructura (cambiando *struct* por *union*) y la diferencia es que en lugar de ocupar cada elemento espacios de memoria consecutiva, en la unión, todos los elementos ocupan el mismo espacio, es decir, para acceder a ellos se accede desde la misma dirección de memoria, solo que la directiva de espacio del código objeto será el indicado por ese elemento.

El siguiente código fuente, muestra un ejemplo simple del tipo de datos *union*:

```
 1  #include <stdio.h>
 2  int main(void)
 3  {
 4      union {
 5          long var1;
 6          char var2;
 7          int var3;
 8          char var4[4];
 9          short var5;
10      } u;
11
12      u.var1 = 0x11111111;
13      u.var2 = 'A';
14      u.var3 = 0x22222222;
15      strcpy(u.var4, "BBBB");
16      u.var5 = 0xDEAD;
17
18      printf("%s\n", u.var4);
19
20      return 0;
21
22  }
23
```

A aquí su código objeto, donde se observa que los accesos a variables, se hacen todos a la misma dirección *[ESP+0x1C]* aún siendo de distintos tipos:

```
0x804840c <main>:       push    ebp
0x804840d <main+1>:     mov     ebp,esp
0x804840f <main+3>:     and     esp,0xfffffff0
0x8048412 <main+6>:     sub     esp,0x20
0x8048415 <main+9>:     mov     DWORD PTR [esp+0x1c],0x11111111
0x804841d <main+17>:    mov     BYTE PTR [esp+0x1c],0x41
0x8048422 <main+22>:    mov     DWORD PTR [esp+0x1c],0x22222222
0x804842a <main+30>:    lea     eax,[esp+0x1c]
0x804842e <main+34>:    mov     DWORD PTR [eax],0x42424242
0x8048434 <main+40>:    mov     BYTE PTR [eax+0x4],0x0
0x8048438 <main+44>:    mov     WORD PTR [esp+0x1c],0xdead
0x804843f <main+51>:    lea     eax,[esp+0x1c]
0x8048443 <main+55>:    mov     DWORD PTR [esp],eax
0x8048446 <main+58>:    call    0x80482f0 <puts@plt>
0x804844b <main+63>:    mov     eax,0x0
0x8048450 <main+68>:    leave
0x8048451 <main+69>:    ret
```

Podemos ver la salida en hexadecimal:

```
$ ./a.out | hd
00000000  ad de 42 42 0a                                      |..BB.|
00000005
```

Donde se observa como se ha sobre escrito "BBBB" = 4 *bytes* por 0xDEAD = 2 *bytes*.

3.6 OBJETOS

Los objetos de C++, son estructuras cuyos elementos no son solo los tipos de datos vistos hasta ahora, sino que cada elemento de dicha estructura pueden ser métodos (funciones) y/o *atributos* (del tipo *public*, *friend*, etc..)

Los elementos de un objeto son procesados por el compilador como elementos normales de una estructura. Las funciones no virtuales son invocadas por el *offset* de la estructura, ya que el código de la función no está contenido en la estructura, solo la dirección al inicio de la función. Las funciones virtuales son invocadas a través de un puntero especial que apunta a la tabla virtual (*VTable*) dentro del objeto. Las funciones públicas son llamadas por cualquier objeto, mientras que las funciones privadas, solo pueden ser invocadas por el propio objeto. Esta privacidad de métodos y atributos a efectos de reconstrucción de código no afecta. Solo afectan en tiempo de compilación en cuanto a la política de acceso. En tiempo de compilación se muestra un error de compilación diciendo que no es posible acceder a ese método o atributo si se trata de acceder o invocar fuera de algún método de la clase.

Para explicar de qué manera es posible relacionar ciertas variables en una estructura, y de esta forma reconstruir un objeto, es necesario definir un método que acceda a otros métodos y/o atributos de la clase. Es por esto que se definirá un método (función de una clase). Aún no hemos visto este tipo de estructuras, aunque hemos hecho referencia a los registros de cima y base de pila, no hemos profundizado en ellas. Es por esto que el siguiente ejemplo hará un uso sencillo de una función para poder mostrar cómo es posible identificar y reconstruir un objeto.

El siguiente código fuente inicializa variables locales a funciones y atributos de una clase:

```
1 class MyClass{
2 public:
3         int a, b, c;
4         void foo_public(void);
5 };
6
7 void MyClass::foo_public(void)
8 {
9         int i=0, j=0;
10        i = 0x21212121;
11        j = 0x22222222;
12
13        this->a = 0x31313131;
14        this->b = 0x32323232;
15        this->c = 0x33333333;
16 }
17
18 int main(void)
19 {
20        MyClass c;
21
22        c.a = 0x11111111;
23        c.b = 0x12121212;
24        c.c = 0x13131313;
25        c.foo_public();
26
27        return 0;
28
29 }
30
```

Ilustración 18. Código fuente de una clase simple

La estrategia para identificar el objeto es ver cómo se pasa como argumento de manera implícita un registro que apunta a la base del objeto, y se utiliza dentro del método para acceder al resto de atributos y/o métodos de la clase.

Esto es así porque, para poder acceder a una estructura desde una función, es necesario pasarlo por referencia, es decir, que el argumento de la función sea un puntero a la estructura que se pasa como argumento. Esto provoca que se utilice ese puntero para acceder al resto de elementos de la estructura. Cuando esta estructura es un objeto, este puntero se denomina *this,* y se pasa de manera implícita, es decir, no hace falta definirlo como argumento, el compilador lo pasa automáticamente en un registro. En el caso de una estructura, sí es necesario pasarlo como argumento definiéndole el nombre que se desee.

▼ x86 32 y 64 bits

En esta ocasión tampoco hay gran diferencia entre 32 y 64 bits. Las diferencias son referentes a la manera de invocar a las funciones, pero esto lo trataremos de manera separada y en detalle en otro apartado más adelante.

A continuación vamos a ver la función *main* que instancia una clase en el objeto *c,* para más adelante acceder a los diferentes atributos del objeto, *a, b* y *c*, asignándoles valores a los mismos:

```
0x804841d <main()>:      push   ebp
0x804841e <main()+1>:    mov    ebp,esp
0x8048420 <main()+3>:    sub    esp,0x14
0x8048423 <main()+6>:    mov    DWORD PTR [ebp-0xc],0x11111111
0x804842a <main()+13>:   mov    DWORD PTR [ebp-0x8],0x12121212
0x8048431 <main()+20>:   mov    DWORD PTR [ebp-0x4],0x13131313
0x8048438 <main()+27>:   lea    eax,[ebp-0xc]
0x804843b <main()+30>:   mov    DWORD PTR [esp],eax
0x804843e <main()+33>:   call   0x80483dc <MyClass::foo_public()>
0x8048443 <main()+38>:   mov    eax,0x0
0x8048448 <main()+43>:   leave
0x8048449 <main()+44>:   ret
```

Como se puede ver, para acceder a ellos, se utiliza el registro EBP como base, ya que el objeto es una variable local y se utiliza la pila para almacenarlo. Es por esto, que no se diferencia en nada a una estructura local, o a tres variables enteras locales, tal y como se puede apreciar en el siguiente ejemplo:

� Variables locales declaradas e inicializadas independientemente:

```
1 int main(void)
2 {
3        int a = 0x11111111;
4        int b = 0x12121212;
5        int c = 0x13131313;
6
7        return 0;
8
9 }
10
```

▌ Estructura local con elementos declarados e inicializados en forma de
estructura:

```
1 int main(void)
2 {
3
4        struct myStruct {
5             int a, b, c;
6        } c;
7
8        c.a = 0x11111111;
9        c.b = 0x12121212;
10       c.c = 0x13131313;
11
12       return 0;
13
14 }
15
```

▌ Código objeto idéntico generado por los dos códigos fuente:

```
0x80483dc <main>:       push    ebp
0x80483dd <main+1>:     mov     ebp,esp
0x80483df <main+3>:     sub     esp,0x10
0x80483e2 <main+6>:     mov     DWORD PTR [ebp-0x4],0x11111111
0x80483e9 <main+13>:    mov     DWORD PTR [ebp-0x8],0x12121212
0x80483f0 <main+20>:    mov     DWORD PTR [ebp-0xc],0x13131313
0x80483f7 <main+27>:    mov     eax,0x0
0x80483fc <main+32>:    leave
0x80483fd <main+33>:    ret
```

El resultado es idéntico para ambos códigos fuentes y para la porción de
código *main+6* a *main+20* del código fuente anterior, donde se declara
un objeto, es decir, que el contexto en cuanto a significado y relación a

alto nivel sobre las variables se ha perdido completamente, es solo una abstracción para el programador. Esto es lo que hace imposible saber si se trata de variables, una estructura o un objeto.

Sin embargo, si observamos el método público *foo_public()* se puede observar una variación que nos ayude a identificar un objeto y no variables independientes:

```
0x080483dc <+0>:    push   ebp
0x080483dd <+1>:    mov    ebp,esp
0x080483df <+3>:    sub    esp,0x10
0x080483e2 <+6>:    mov    DWORD PTR [ebp-0x4],0x0
0x080483e9 <+13>:   mov    DWORD PTR [ebp-0x8],0x0
0x080483f0 <+20>:   mov    DWORD PTR [ebp-0x4],0x21212121
0x080483f7 <+27>:   mov    DWORD PTR [ebp-0x8],0x22222222
0x080483fe <+34>:   mov    eax,DWORD PTR [ebp+0x8]
0x08048401 <+37>:   mov    DWORD PTR [eax],0x31313131
0x08048407 <+43>:   mov    eax,DWORD PTR [ebp+0x8]
0x0804840a <+46>:   mov    DWORD PTR [eax+0x4],0x32323232
0x08048411 <+53>:   mov    eax,DWORD PTR [ebp+0x8]
0x08048414 <+56>:   mov    DWORD PTR [eax+0x8],0x33333333
0x0804841b <+63>:   leave
0x0804841c <+64>:   ret
```

Si observamos *foo_public+34* vemos cómo carga en EAX un argumento de función. Esto, como se verá más adelante en el apartado de funciones, se detecta porque se usa el registro de base de pila y un desplazamiento positivo. Este registro es importante, porque a continuación se utiliza para inicializar unas variables usando *EAX* y un desplazamiento. Esto indica que son variables relacionadas en función de una dirección base. Deberemos averiguar si se trata de una estructura o un objeto.

Por otro lado, si vemos el código observamos que la función no es declarada con ningún argumento:

```
7 void MyClass::foo_public(void)
```

Por lo que ya nos daría una pista de que una estructura no puede ser. Si el compilador actúa así es para pasar el puntero *this* a la función invocada, e indicaría que es un método de un objeto. Sin embargo esto no podemos saberlo sin el código fuente, ya que si nos fijamos en el código objeto, se ve claramente cómo se pasa el valor del puntero como argumento:

```
0x804843b <main()+30>:        mov    DWORD PTR [esp],eax
0x804843e <main()+33>:        call   0x80483dc <MyClass::foo_public()>
```

Y no sabemos si ha sido el programador o el compilador.

▶ Identificación del objeto mediante el análisis de los métodos.

Podemos encontrar otra manera de averiguar si se trata de un objeto, y es analizando la dirección del puntero base que se pasa por referencia:

```
0x804841d <main()>:    push   ebp
0x804841e <main()+1>:          mov    ebp,esp
0x8048420 <main()+3>:          sub    esp,0x14
0x8048423 <main()+6>:          mov    DWORD PTR [ebp-0xc],0x11111111
0x804842a <main()+13>:         mov    DWORD PTR [ebp-0x8],0x12121212
0x8048431 <main()+20>:         mov    DWORD PTR [ebp-0x4],0x13131313
0x8048438 <main()+27>:         lea    eax,[ebp-0xc]
0x804843b <main()+30>:         mov    DWORD PTR [esp],eax
0x804843e <main()+33>:         call   0x80483dc <MyClass::foo_public()>
0x8048443 <main()+38>:         mov    eax,0x0
0x8048448 <main()+43>:         leave
0x8048449 <main()+44>:         ret
```

Como se puede ver, el puntero apunta directamente a la primera variable local inicializada, esto relaciona dicha variable con la función. Si se pasase solo un puntero de esa variable a la función, el hecho de que dentro de la función se acceda al resto de variables contiguas a ese puntero, de igual forma que las variables locales de *main,* relacionan directamente esas variables contiguas, con un puntero base, mediante una estructura:

```
0x080483dc <+0>:       push   ebp
0x080483dd <+1>:       mov    ebp,esp
0x080483df <+3>:       sub    esp,0x10
0x080483e2 <+6>:       mov    DWORD PTR [ebp-0x4],0x0
0x080483e9 <+13>:      mov    DWORD PTR [ebp-0x8],0x0
0x080483f0 <+20>:      mov    DWORD PTR [ebp-0x4],0x21212121
0x080483f7 <+27>:      mov    DWORD PTR [ebp-0x8],0x22222222
0x080483fe <+34>:      mov    eax,DWORD PTR [ebp+0x8]
0x08048401 <+37>:      mov    DWORD PTR [eax],0x31313131
0x08048407 <+43>:      mov    eax,DWORD PTR [ebp+0x8]
0x0804840a <+46>:      mov    DWORD PTR [eax+0x4],0x32323232
0x08048411 <+53>:      mov    eax,DWORD PTR [ebp+0x8]
0x08048414 <+56>:      mov    DWORD PTR [eax+0x8],0x33333333
0x0804841b <+63>:      leave
0x0804841c <+64>:      ret
```

En este momento ya sabemos que las variables y la función están relacionadas mediante una estructura; el hecho de que sea un objeto o una estructura poco importará, ya que, como hemos explicado respecto a código objeto, son lo mismo.

▼ Identificación del objeto mediante el constructor.

No obstante hay una forma bastante clara de identificar a un objeto, y es cuando se inicializan invocando al constructor. El constructor de una función, es una función especial, cuyo nombre debe ser igual que el de la clase y no devuelve ningún tipo. Se pueden declarar varios constructores con diferentes argumentos. Aquí tenemos un ejemplo del código fuente anterior, al que se le ha agregado el constructor:

```
1  class MyClass{
2  public:
3      int a, b, c;
4      void foo_public(void);
5      MyClass();
6  };
7
8  MyClass::MyClass()
9  {
10     this->a = 0x44444444;
11 }
12
13 void MyClass::foo_public(void)
14 {
15     int i=0, j=0;
16     i = 0x21212121;
17     j = 0x22222222;
18
19     this->a = 0x31313131;
20     this->b = 0x32323232;
21     this->c = 0x33333333;
22 }
23
24 int main(void)
25 {
26     MyClass *c = new MyClass();
27
28     c->a = 0x11111111;
29     c->b = 0x12121212;
30     c->c = 0x13131313;
31     c->foo_public();
32
33     return 0;
34
35 }
36
```

La única manera de invocar al constructor es mediante el operador *new*; este reserva memoria para almacenar la estructura con el objeto y ejecuta el constructor correspondiente dependiendo de cómo se le haya invocado. Como nosotros solo tenemos un constructor, invoca a esta función. Como el operador *new* devuelve un puntero a la zona de memoria reservada, *c*

se declara como un puntero y los atributos y métodos se acceden con ->
en lugar del punto.

Si observamos el siguiente código objeto generado en 64 bits:

```
0x400656 <main()>:        push   rbp
0x400657 <main()+1>:      mov    rbp,rsp        new devuelve un
0x40065a <main()+4>:      push   rbx
0x40065b <main()+5>:      sub    rsp,0x18       puntero en rax->rbx
0x40065f <main()+9>:      mov    edi,0xc
0x400664 <main()+14>:     call   0x4004e0 <_Znwm@plt>
0x400669 <main()+19>:     mov    rbx,rax
0x40066c <main()+22>:     mov    rdi,rbx
0x40066f <main()+25>:     call   0x4005fc <MyClass::MyClass()>
0x400674 <main()+30>:     mov    QWORD PTR [rbp-0x18],rbx
0x4006_   rbx->rax se utiliza     mov    rax,QWORD PTR [rbp-0x18]
0x4006_                           mov    DWORD PTR [rax],0x11111111
0x4006_   como base para          mov    rax,QWORD PTR [rbp-0x18]
0x4006_                           mov    DWORD PTR [rax+0x4],0x12121212
0x4006_   inicializar atributos e mov    rax,QWORD PTR [rbp-0x18]
0x4006_                           mov    DWORD PTR [rax+0x8],0x13131313
0x4006_   invocar al método       mov    rax,QWORD PTR [rbp-0x18]
0x4006_                           mov    rdi,rax
0x400691 <main()+73>:     call   0x400610 <MyClass::foo_public()>
0x4006a4 <main()+78>:     mov    eax,0x0
0x4006a9 <main()+83>:     add    rsp,0x18
0x4006ad <main()+87>:     pop    rbx
0x4006ae <main()+88>:     pop    rbp
0x4006af <main()+89>:     ret
```

Esta utilización del operador *new* implementa el escenario de utilización
de métodos, donde es necesario acceder con un puntero base, solo que
ahora la situación sucede desde el inicio y sin necesidad si quiera de
analizar los métodos.

▼ Identificación del objeto mediante VTable

La última manera que vamos a explicar sobre cómo identificar un objeto,
es la identificación de *VTable*, para saber que la estructura analizada es
efectivamente un objeto y no una secuencia de variables o una simple
estructura.

Las *VTables*, son referenciadas por un atributo implícito del tipo puntero,
es decir, no declarado por el programador, sino que es automáticamente
agregado por el compilador, que apunta a una tabla con métodos
(funciones) virtuales:

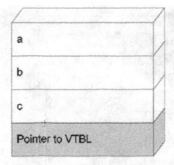

En programación orientada a objetos, las funciones virtuales se utilizan para implementar la sobrecarga de manera correcta. Cuando una clase hereda de otra clase base, se puede querer implementar un método ya implementado por la clase base, para modificar su comportamiento. De tal forma que cuando se invoque el método, se ejecute el nuevo método implementado o el método de la clase base. Para permitir esto, estos métodos se deben declarar como virtuales y se almacenan en la VTable dentro del objeto.

El siguiente código fuente se ha declarado el método de la clase como virtual:

```
1 class MyClass{
2 public:
3     int a, b, c;
4     virtual void foo_public(void);
5 };
6
7 void MyClass::foo_public(void)
8 {
9     int i=0, j=0;
10    i = 0x21212121;
11    j = 0x22222222;
12
13    this->a = 0x31313131;
14    this->b = 0x32323232;
15    this->c = 0x33333333;
16 }
17
18 int main(void)
19 {
20    MyClass c;
21
22    c.a = 0x11111111;
23    c.b = 0x12121212;
24    c.c = 0x13131313;
25    c.foo_public();
26
27    return 0;
28
29 }
30
```

Y en el código objeto se puede ver lo siguiente:

```
0x40060c <MyClass::foo_public()>:      push   rbp
0x40060d <MyClass::foo_public()+1>:    mov    rbp,rsp
0x400610 <MyClass::foo_public()+4>:    mov    QWORD PTR [rbp-0x18],rdi
0x400614 <MyClass::foo_public(          v    DWORD PTR [rbp-0x4],0x0
0x40061b <MyClass::foo_public(      5º  ov    DWORD PTR [rbp-0x8],0x0
0x400622 <MyClass::foo_public(          ov    DWORD PTR [rbp-0x4],0x21212121
0x400629 <MyClass::foo_public()+29>:  ov    DWORD PTR [rbp-0x8],0x22222222
0x400630 <MyClass::foo_public()+36>:   mov    rax,QWORD PTR [rbp-0x18]
0x400634 <MyClass::foo_public()+40>:   mov    DWORD PTR [rax+0x8],0x31313131
0x40063b <MyClass::foo_public()+47>:   mov    rax,QWORD PTR [rbp-0x18]
0x40063f <MyClass::foo_public()+51>:   mov    DWORD PTR [rax+0xc],0x32323232
0x400646 <MyClass::foo_public()+58>:   mov    rax,QWORD PTR [rbp-0x18]
0x40064a <MyClass::foo_public()+62>:   mov    DWORD PTR [rax+0x10],0x33333333
0x400651 <MyClass::foo_public()+69>:   pop    rbp
0x400652 <MyClass::foo_public()+70>:   ret
0x400653 <main()>:         push   rbp
0x400654 <main()+1>:   mov    rbp,rsp
0x400657 <main()+4>:   sub    rsp,0x20
0x40065b <main()+8>:   lea    rax,[rbp-0x20]
0x40065f <main()+12>:      mov    rdi,rax
0x400662 <main()+15>:      call   0x400690 <MyClass::MyClass()>
0x400667 <main()+20>:      mov    DWORD PTR [rbp-0x18],0x11111111
0x40066e <main()+27>:      mov    DWORD PTR [rbp-0x1c],0x12121212
0x400675 <main()+34>:      mov    DWORD PTR [rbp-0x10],0x13131313
0x40067c <main()+41>:      lea    rax,[rbp-0x20]
0x400680 <main()+45>:      mov    rdi,rax
0x400683 <main()+48>:      call   0x40060c <MyClass::foo_public()>
0x400688 <main()+53>:      mov    eax,0x0
0x40068d <main()+58>:      leave
0x40068e <main()+59>:      ret
0x40068f:      nop
0x400690 <MyClass::MyClass()>:         push   rbp
0x400691 <MyClass::MyClass()+1>:       mov    rbp,rsp
0x400694 <MyClass::MyClass()+4>:       mov    QWORD PTR [rbp-0x8],rdi
0x400698 <MyClass::MyClass()+        mov    rax,QWORD PTR [rbp-0x8]
0x40069c <MyClass::MyClass()+  2º    mov    QWORD PTR [rax],0x400780
0x4006a3 <MyClass::MyClass()+        pop    rbp
       <MyClass::MyClass()+20>:       ret        3º
  4º
gdb-peda$ x/4a $rbp-0x20
0x7fffffffe270: 0x400780 <_ZTV7MyClass+16>         0x1212121211111111
0x7fffffffe280: 0x7fff13131313  0x0
gdb-peda$ x/a 0x400780
0x400780 <_ZTV7MyClass+16>:        0x40060c <MyClass::foo_public()>
```

El compilador ha creado automáticamente un constructor en el paso 1º. Dentro de este (paso 2º) se copia un puntero a la dirección de la VTable en el objeto (paso 3º). Y vemos cómo finalmente el contenido de la VTable (paso 4º) tiene un puntero a la función virtual *foo_public* (paso 5º).

En el punto donde está parado el *debugger* *<main()+41>* la instancia del objeto de la clase *MyClass*, quedaría así:

Dirección	Valor		
0x7fffffffe270 = $rbp-0x20	0x400780	VTable	
		Dirección	**Valor**
		0x400780	0x40060c <*MyClass::foo_public()*>
0x7fffffffe278 = $rbp-0x18	0x11111111		
0x7fffffffe27c = $rbp-0x14	0x22222222		
0x7fffffffe280 = $rbp-0x10	0x33333333		

Debido a esta utilización de funciones virtuales, es posible reconstruir el objeto a partir del puntero a la base utilizado por el compilador con el nombre *this*. Nótese que ha sido posible hacerlo sin llegar a analizar la función *foo_public()* que también hace uso de *this*.

Por último, cabe comentar un caso sobre las funciones virtuales bastante común, donde se invocan mediante un registro cuyo valor es calculado en tiempo de ejecución. Esto es bastante importante a la hora de reconstruir el código, ya que dificulta en cierta medida su reconstrucción al necesitar analizar dicho registro en lugar de visitar directamente la dirección de la función a invocar. Esto sucede cuando se instancia una clase heredada de otra cuyo método o métodos son virtuales, tal y como se muestra en el código fuente del siguiente ejemplo:

```
 1  class MyClass{
 2  public:
 3      int a, b, c;
 4      virtual void foo_public(void);
 5      virtual void foo_public2(void);
 6  };
 7
 8  void MyClass::foo_public(void)
 9  {
10      int i=0, j=0;   i = 0x21212121; j = 0x22222222;
11      this->a = 0x31313131;   this->b = 0x32323232;   this->c = 0x33333333;
12  }
13
14  void MyClass::foo_public2(void)
15  {
16      this->a = 0x31313131;   this->c = 0x33333333;
17  }
18
19  class MyClassNew : public MyClass{
20  public:
21      virtual void foo_public(void);
22      virtual void foo_public2(void);
23  };
24
25  void MyClassNew::foo_public(void)
26  {
27      this->a = 0x55555555;   this->b = 0x66666666;   this->c = 0x77777777;
28  }
29
30  void MyClassNew::foo_public2(void)
31  {
32      this->b = 0x66666666;
33  }
34
35  int main(void)
36  {
37      MyClass *c = new MyClassNew;
38
39      c->a = 0x11111111;
40      c->foo_public();
41      c->b = 0x12121212;
42      c->foo_public2();
43      c->c = 0x13131313;
44
45      return 0;
46  }
47
```

Ilustración 19. Código fuente método virtual con invocación por registro

La invocación al método *foo_public()* de la línea 40 y *foo_public2()* de la línea 42, se llevan a cabo mediante un salto basado en un registro, tal y como se puede ver en el siguiente código objeto:

```
0x400785 <main()>:       push    rbp
0x400786 <main()+1>:     mov     rbp,rsp
0x400789 <main()+4>:     push    rbx
0x40078a <main()+5>:     sub     rsp,0x18
0x40078e <main()+9>:     mov     edi,0x18
0x400793 <main()+14>:    call    0x4005c0 <_Znwm@plt>
0x400798 <main()+19>:    mov     rbx,rax
0x40079b <main()+22>:    mov     rdi,rbx
0x40079e <main()+25>:    call    0x400814 <MyClassNew::MyClassNew()>
0x4007a3 <main()+30>:    mov     QWORD PTR [rbp-0x18],rbx
0x4007a7 <main()+34>:    mov     rax,QWORD PTR [rbp-0x18]
0x4007ab <main()+38>:    mov     DWORD PTR [rax+0x8],0x11111111
0x4007b2 <main()+45>:    mov     rax,QWORD PTR [rbp-0x18]
0x4007b6 <main()+49>:    mov     rax,QWORD PTR [rax]
0x4007b9 <main()+52>:    mov     rax,QWORD PTR [rax]
0x4007bc <main()+55>:    mov     rdx,QWORD PTR [rbp-0x18]
0x4007c0 <main()+59>:    mov     rdi,rdx
0x4007c3 <main()+62>:    call    rax
0x4007c5 <main()+64>:    mov     rax,QWORD PTR [rbp-0x18]
0x4007c9 <main()+68>:    mov     DWORD PTR [rax+0xc],0x12121212
0x4007d0 <main()+75>:    mov     rax,QWORD PTR [rbp-0x18]
0x4007d4 <main()+79>:    mov     rax,QWORD PTR [rax]
0x4007d7 <main()+82>:    add     rax,0x8
0x4007db <main()+86>:    mov     rax,QWORD PTR [rax]
0x4007de <main()+89>:    mov     rdx,QWORD PTR [rbp-0x18]
0x4007e2 <main()+93>:    mov     rdi,rdx
0x4007e5 <main()+96>:    call    rax
0x4007e7 <main()+98>:    mov     rax,QWORD PTR [rbp-0x18]
0x4007eb <main()+102>:   mov     DWORD PTR [rax+0x10],0x13131313
0x4007f2 <main()+109>:   mov     eax,0x0
0x4007f7 <main()+114>:   add     rsp,0x18
0x4007fb <main()+118>:   pop     rbx
0x4007fc <main()+119>:   pop     rbp
0x4007fd <main()+120>:   ret
```

Esto supone un problema a la hora de construir un grafo de control de flujo (*CFG*) que nos muestre el código como un todo, en forma de grafo cuyos nodos son los bloques básicos del código. Y con esto nos limita a la hora de revisar el código de manera estática y poder seguir flujos de datos y/o de control.

Sin embargo, con lo aprendido anteriormente, podremos calcular el valor de EAX, sin necesidad de ejecutar código. Siempre que veáis un *CALL reg*, detrás en el código se ha debido calcular dicho registro. Para ese cálculo, el compilador parte del puntero *this* y para obtener la dirección de la VTable, y después modifica el desplazamiento para llegar hasta la función virtual en cuestión.

Vamos a analizar las instrucciones inmediatamente anteriores para tratar de obtener el puntero a la VTable y calcularemos el desplazamiento para dar finalmente con la función a la que hará el salto el *CALL RAX*. Si observamos de nuevo la imagen anterior:

```
0x400785 <main()>:        push    rbp
0x400786 <main()+1>:      mov     rbp,rsp
0x400789 <main()+4>:      push    rbx
0x40078a <main()+5>:      sub     rsp,0x18
0x40078e <main()+9>:      mov     edi,0x18
0x400793 <main()+14>:             call    0x4005c0 <_Znwm@plt>
0x400798 <main()+19>:             mov     rbx,rax
0x40079b <main()+22>:             mov     rdi,rbx
0x40079e <main()+25>:             call    0x400814 <MyClassNew::MyClassNew()>
0x4007a3 <main()+30>:             mov     QWORD PTR [rbp-0x18],rbx
0x4007a7 <main()+34>:             mov     rax,QWORD PTR [rbp-0x18]
0x4007ab <main()+38>:             mov     DWORD PTR [rax+0x8],0x11111111
0x4007b2 <main()+45>:             mov     rax,QWORD PTR [rbp-0x18]
0x4007b6 <main()+49>:             mov     rax,QWORD PTR [rax]
0x4007b9 <main()+52>:             mov     rax,QWORD PTR [rax]
0x4007bc <main()+55>:             mov     rdx,QWORD PTR [rbp-0x18]
0x4007c0 <main()+59>:             mov     rdi,rdx
0x4007c3 <main()+62>:             call    rax
0x4007c5 <main()+64>:             mov     rax,QWORD PTR [rbp-0x18]
0x4007c9 <main()+68>:             mov     DWORD PTR [rax+0xc],0x12121212
0x4007d0 <main()+75>:             mov     rax,QWORD PTR [rbp-0x18]
0x4007d4 <main()+79>:             mov     rax,QWORD PTR [rax]
0x4007d7 <main()+82>:             add     rax,0x8
0x4007db <main()+86>:             mov     rax,QWORD PTR [rax]
0x4007de <main()+89>:             mov     rdx,QWORD PTR [rbp-0x18]
0x4007e2 <main()+93>:             mov     rdi,rdx
0x4007e5 <main()+96>:             call    rax
0x4007e7 <main()+98>:             mov     rax,QWORD PTR [rbp-0x18]
0x4007eb <main()+102>:            mov     DWORD PTR [rax+0x10],0x13131313
0x4007f2 <main()+109>:            mov     eax,0x0
0x4007f7 <main()+114>:            add     rsp,0x18
0x4007fb <main()+118>:            pop     rbx
0x4007fc <main()+119>:            pop     rbp
0x4007fd <main()+120>:            ret
```

En el primer bloque de código *<main+45>* hasta *<main+52>*, se observa cómo se calcula el registro RAX. Las dos instrucciones siguientes es el argumento que se pasa, en este caso solo *this*. Nos podría valer para obtener VTable, pero necesitamos saber luego el desplazamiento para determinar cuál de los métodos virtuales es.

En el primer caso no se calcula ningún desplazamiento, mientras que en el segundo sí hay un desplazamiento en la dirección *<main+82>*. Nótese que los desplazamientos se llevan a cabo con instrucciones de sumas.

Ahora que ya sabemos que el primer caso es el método cuyo desplazamiento es 0 y el segundo caso es el desplazamiento 8 de la VTable. Como estamos en 64 bits, hablamos de dos métodos contiguos. Ahora vamos a identificar las direcciones de los métodos que se invocarán analizando el constructor:

```
   0x400785 <main()>:      push   rbp
   0x400786 <main()+1>:    mov    rbp,rsp
   0x400789 <main()+4>:    push   rbx
   0x40078a <main()+5>:    sub    rsp,0x18
=> 0x40078e <main()+9>:    mov    edi,0x18
   0x400793 <main()+14>:   call   0x4005c0 <_Znwm@plt>
   0x400798 <main()+19>:   mov    rbx,rax
   0x40079b <main()+22>:   mov    rdi,rbx
   0x40079e <main()+25>:   call   0x400814 <MyClassNew::MyClassNew()>
   0x4007a3 <main()+30>:   mov    QWORD PTR [rbp-0x18],rbx
   0x4007a7 <main()+34>:   mov    rax,QWORD PTR [rbp-0x18]
   0x4007ab <main()+38>:   mov    DWORD PTR [rax+0x8],0x11111111
   0x4007b2 <main()+45>:   mov    rax,QWORD PTR [rbp-0x18]
   0x4007b6 <main()+49>:   mov    rax,QWORD PTR [rax]
   0x4007b9 <main()+52>:   mov    rax,QWORD PTR [rax]
   0x4007bc <main()+55>:   mov    rdx,QWORD PTR [rbp-0x18]
   0x4007c0 <main()+59>:   mov    rdi,rdx
   0x4007c3 <main()+62>:   call   rax
   0x4007c5 <main()+64>:   mov    rax,QWORD PTR [rbp-0x18]
   0x4007c9 <main()+68>:   mov    DWORD PTR [rax+0xc],0x12121212
   0x4007d0 <main()+75>:   mov    rax,QWORD PTR [rbp-0x18]
   0x4007d4 <main()+79>:   mov    rax,QWORD PTR [rax]
   0x4007d7 <main()+82>:   add    rax,0x8
   0x4007db <main()+86>:   mov    rax,QWORD PTR [rax]
   0x4007de <main()+89>:   mov    rdx,QWORD PTR [rbp-0x18]
   0x4007e2 <main()+93>:   mov    rdi,rdx
   0x4007e5 <main()+96>:   call   rax
   0x4007e7 <main()+98>:   mov    rax,QWORD PTR [rbp-0x18]
   0x4007eb <main()+102>:  mov    DWORD PTR [rax+0x10],0x13131313
   0x4007f2 <main()+109>:  mov    eax,0x0
gdb-peda$ disassemble 0x400814
Dump of assembler code for function MyClassNew::MyClassNew():
   0x0000000000400814 <+0>:    push   rbp
   0x0000000000400815 <+1>:    mov    rbp,rsp
   0x0000000000400818 <+4>:    sub    rsp,0x10
   0x000000000040081c <+8>:    mov    QWORD PTR [rbp-0x8],rdi
   0x0000000000400820 <+12>:   mov    rax,QWORD PTR [rbp-0x8]
   0x0000000000400824 <+16>:   mov    rdi,rax
   0x0000000000400827 <+19>:   call   0x4007fe <MyClass::MyClass()>
   0x000000000040082c <+24>:   mov    rax,QWORD PTR [rbp-0x8]
   0x0000000000400830 <+28>:   mov    QWORD PTR [rax],0x400930
   0x0000000000400837 <+35>:   leave
   0x0000000000400838 <+36>:   ret
End of assembler dump.
gdb-peda$ x/2a 0x400930
0x400930 <_ZTV10MyClassNew+16>: 0x400744 <MyClassNew::foo_public()>   0x400770 <MyClassNew::foo_public2()>
```

Esto permite saber que el primer CALL RAX invoca a *<MyClassNew::foo_public()>* y el segundo a *<MyClassNew::foo_public2()>*.

Para confirmarlo, vamos a ejecutar hasta cada instrucción CALL y vamos a ver qué valor tiene:

```
gdb-peda$ break *main+62
Breakpoint 2 at 0x4007c3: file source.cpp, line 40.
gdb-peda$ break *main+96
Breakpoint 3 at 0x4007e5: file source.cpp, line 42.
gdb-peda$ c
[------------------------registers-------------------------]
RAX: 0x400744 (<MyClassNew::foo_public()>:      push   rbp)
RBX: 0x601010 --> 0x400930 --> 0x400744 (<MyClassNew::foo_public()>:    push   rbp)
RCX: 0x601000 --> 0x0
RDX: 0x601010 --> 0x400930 --> 0x400744 (<MyClassNew::foo_public()>:    push   rbp)
RSI: 0x601020 --> 0x0
RDI: 0x601010 --> 0x400930 --> 0x400744 (<MyClassNew::foo_public()>:    push   rbp)
RBP: 0x7fffffffe290 --> 0x0
RSP: 0x7fffffffe270 --> 0x0
RIP: 0x4007c3 (<main()+62>:     call   rax)
R8 : 0x7ffff7639e40 --> 0x100000000
R9 : 0x7ffff72b6c60 --> 0x0
R10: 0x90160
R11: 0x206
R12: 0x4005d0 (<_start>:        xor    ebp,ebp)
R13: 0x7fffffffe370 --> 0x1
R14: 0x0
R15: 0x0
EFLAGS: 0x206 (carry PARITY adjust zero sign trap INTERRUPT direction overflow)
[-------------------------code-------------------------]
   0x4007b9 <main()+52>:        mov    rax,QWORD PTR [rax]
   0x4007bc <main()+55>:        mov    rdx,QWORD PTR [rbp-0x18]
   0x4007c0 <main()+59>:        mov    rdi,rdx
=> 0x4007c3 <main()+62>:        call   rax
   0x4007c5 <main()+64>:        mov    rax,QWORD PTR [rbp-0x18]
   0x4007c9 <main()+68>:        mov    DWORD PTR [rax+0xc],0x12121212
   0x4007d0 <main()+75>:        mov    rax,QWORD PTR [rbp-0x18]
   0x4007d4 <main()+79>:        mov    rax,QWORD PTR [rax]
Guessed arguments:
arg[0]: 0x601010 --> 0x400930 --> 0x400744 (<MyClassNew::foo_public()>: push   rbp)
[-------------------------stack-------------------------]
```

```
gdb-peda$ c
[------------------------registers-------------------------]
RAX: 0x400770 (<MyClassNew::foo_public2()>:     push   rbp)
RBX: 0x601010 --> 0x400930 --> 0x400744 (<MyClassNew::foo_public()>:    push   rbp)
RCX: 0x601000 --> 0x0
RDX: 0x601010 --> 0x400930 --> 0x400744 (<MyClassNew::foo_public()>:    push   rbp)
RSI: 0x601020 --> 0x77777777 ('wwww')
RDI: 0x601010 --> 0x400930 --> 0x400744 (<MyClassNew::foo_public()>:    push   rbp)
RBP: 0x7fffffffe290 --> 0x0
RSP: 0x7fffffffe270 --> 0x0
RIP: 0x4007e5 (<main()+96>:     call   rax)
R8 : 0x7ffff7639e40 --> 0x100000000
R9 : 0x7ffff72b6c60 --> 0x0
R10: 0x90160
R11: 0x206
R12: 0x4005d0 (<_start>:        xor    ebp,ebp)
R13: 0x7fffffffe370 --> 0x1
R14: 0x0
R15: 0x0
EFLAGS: 0x202 (carry parity adjust zero sign trap INTERRUPT direction overflow)
[-------------------------code-------------------------]
   0x4007db <main()+86>:        mov    rax,QWORD PTR [rax]
   0x4007de <main()+89>:        mov    rdx,QWORD PTR [rbp-0x18]
   0x4007e2 <main()+93>:        mov    rdi,rdx
=> 0x4007e5 <main()+96>:        call   rax
   0x4007e7 <main()+98>:        mov    rax,QWORD PTR [rbp-0x18]
   0x4007eb <main()+102>:       mov    DWORD PTR [rax+0x10],0x13131313
   0x4007f2 <main()+109>:       mov    eax,0x0
   0x4007f7 <main()+114>:       add    rsp,0x18
```

De esta forma queda confirmado que el método utilizado para reconstruir la VTable y analizar estáticamente el control de flujo es correcto.

▼ ARM 32 bits

En este caso, la estructura del código es bastante similar, salvando las diferencias entre tipos de registros y arquitectura. Pero se utilizan los mismos mecanismos en los objetos, tanto a nivel de generación de VTables para las funciones virtuales, como las instanciaciones de objetos con o sin constructor. Esto es lógico ya que en las fases de compilación el proceso tan solo se separa en la última etapa de generación de código, donde simplemente se traduce el código intermedio a código objeto, y se realizan algunas optimizaciones en este último código generado.

Para no volver a repetir todos los pasos, vamos a mostrar tan solo los ejemplos relacionados con la VTable que contiene los ejemplos más básicos vistos en los otros apartados.

A continuación se muestra el código fuente mostrado anteriormente:

```
1 class MyClass{
2 public:
3     int a, b, c;
4     virtual void foo_public(void);
5 };
6
7 void MyClass::foo_public(void)
8 {
9     int i=0, j=0;
10    i = 0x21212121;
11    j = 0x22222222;
12
13    this->a = 0x31313131;
14    this->b = 0x32373232;
15    this->c = 0x33333333;
16 }
17
18 int main(void)
19 {
20    MyClass c;
21
22    c.a = 0x11111111;
23    c.b = 0x12121212;
24    c.c = 0x13131313;
25    c.foo_public();
26
27    return 0;
28
29 }
30
```

Y el código objeto generado:

```
0x00008dec <+0>:    push   {r11, lr}
0x00008df0 <+4>:    add    r11, sp, #4
0x00008df4 <+8>:    sub    sp, sp, #16
0x00008df8 <+12>:   sub    r3, r11, #20
0x00008dfc <+16>:   mov    r0, r3
0x00008e00 <+20>:   bl     0x8e48 <MyClass::MyClass()>
0x00008e04 <+24>:   ldr    r3, [pc, #48]   ; 0x8e3c <main()+80>
0x00008e08 <+28>:   str    r3, [r11, #-16]
0x00008e0c <+32>:   ldr    r3, [pc, #44]   ; 0x8e40 <main()+84>
0x00008e10 <+36>:   str    r3, [r11, #-12]
0x00008e14 <+40>:   ldr    r3, [pc, #40]   ; 0x8e44 <main()+88>
0x00008e18 <+44>:   str    r3, [r11, #-8]
0x00008e1c <+48>:   sub    r3, r11, #20
0x00008e20 <+52>:   mov    r0, r3
0x00008e24 <+56>:   bl     0x8d78 <MyClass::foo_public()>
0x00008e28 <+60>:   mov    r3, #0
0x00008e2c <+64>:   mov    r0, r3
0x00008e30 <+68>:   sub    sp, r11, #4
0x00008e34 <+72>:   pop    {r11, lr}
0x00008e38 <+76>:   bx     lr
0x00008e3c <+80>:   tstne  r1, r1, lsl r1
0x00008e40 <+84>:   andsne r1, r2, #536870913     ; 0x20000001
0x00008e44 <+88>:   tstne  r3, #1275068416 ; 0x4c000000
```

Se observa cómo le pasa el puntero *this* al método en la dirección *<main+44>* y *<main+52>*, donde el código del método *foo_public()* es el siguiente:

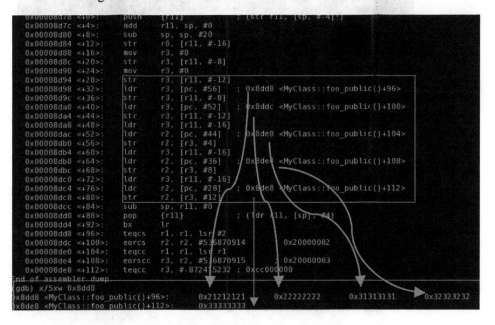

Donde se observa cómo se accede a las variables locales y los atributos de las líneas 10-15 del código fuente.

Por último, se muestra el código objeto del ejemplo más complejo de las VTables mostrado en la **Ilustración 19**:

```
0x00008ea0 <+0>:     push    {r4, r11, lr}
0x00008ea4 <+4>:     add     r11, sp, #8
0x00008ea8 <+8>:     sub     sp, sp, #12
0x00008eac <+12>:    mov     r0, #16
0x00008eb0 <+16>:    bl      0x9410 <operator new(unsigned int)>
0x00008eb4 <+20>:    mov     r3, r0
0x00008eb8 <+24>:    mov     r4, r3
0x00008ebc <+28>:    mov     r0, r4
0x00008ec0 <+32>:    bl      0x8f74 <MyClassNew::MyClassNew()>
0x00008ec4 <+36>:    str     r4, [r11, #-16]
0x00008ec8 <+40>:    ldr     r3, [r11, #-16]
0x00008ecc <+44>:    ldr     r2, [pc, #96]    ; 0x8f34 <main()+148>
0x00008ed0 <+48>:    str     r2, [r3, #4]
0x00008ed4 <+52>:    ldr     r3, [r11, #-16]
0x00008ed8 <+56>:    ldr     r3, [r3]
0x00008edc <+60>:    ldr     r3, [r3]
0x00008ee0 <+64>:    ldr     r0, [r11, #-16]
0x00008ee4 <+68>:    mov     lr, pc
0x00008ee8 <+72>:    bx      r3
0x00008eec <+76>:    ldr     r3, [r11, #-16]
0x00008ef0 <+80>:    ldr     r2, [pc, #64]    ; 0x8f38 <main()+152>
0x00008ef4 <+84>:    str     r2, [r3, #8]
0x00008ef8 <+88>:    ldr     r3, [r11, #-16]
0x00008efc <+92>:    ldr     r3, [r3]
0x00008f00 <+96>:    add     r3, r3, #4
0x00008f04 <+100>:   ldr     r3, [r3]
0x00008f08 <+104>:   ldr     r0, [r11, #-16]
0x00008f0c <+108>:   mov     lr, pc
0x00008f10 <+112>:   bx      r3
0x00008f14 <+116>:   ldr     r3, [r11, #-16]
0x00008f18 <+120>:   ldr     r2, [pc, #28]    ; 0x8f3c <main()+156>
0x00008f1c <+124>:   str     r2, [r3, #12]
0x00008f20 <+128>:   mov     r3, #0
0x00008f24 <+132>:   mov     r0, r3
0x00008f28 <+136>:   sub     sp, r11, #8
0x00008f2c <+140>:   pop     {r4, r11, lr}
0x00008f30 <+144>:   bx      lr
0x00008f34 <+148>:   tstne   r1, r1, lsl r1
0x00008f38 <+152>:   andsne  r1, r2, #536870913        ; 0x20000001
0x00008f3c <+156>:   tstne   r3, #1275068416 ; 0x4c000000
```

En las direcciones <+72> y <+112> se observan las invocaciones a métodos mediante un registro calculado y cómo se utiliza la suma para calcular el desplazamiento (<+96>).

Así que si analizamos el código del constructor (<+32> cuya dirección es 0x8f74), y obtenemos la dirección de la VTable y mostramos los punteros de la misma, podremos obtener las direcciones de los métodos utilizados en las llamadas mediante el registro r3:

```
(gdb) disassemble 0x8f74
Dump of assembler code for function MyClassNew::MyClassNew():
   0x00008f74 <+0>:    push    {r11, lr}
   0x00008f78 <+4>:    add     r11, sp, #4
   0x00008f7c <+8>:    sub     sp, sp, #8
   0x00008f80 <+12>:   str     r0, [r11, #-8]
   0x00008f84 <+16>:   ldr     r3, [r11, #-8]
   0x00008f88 <+20>:   mov     r0, r3
   0x00008f8c <+24>:   bl      0x8f40 <MyClass::MyClass()>
   0x00008f90 <+28>:   ldr     r3, [r11, #-8]
   0x00008f94 <+32>:   ldr     r2, [pc, #2]      ; 0x8fb0 <MyClassNew::MyClassNew()+60>
   0x00008f98 <+36>:   str     r2, [r3]
   0x00008f9c <+40>:   ldr     r3, [r11, #-8]
   0x00008fa0 <+44>:   mov     r0, r3
   0x00008fa4 <+48>:   sub     sp, r11, #4
   0x00008fa8 <+52>:   pop     {r11, lr}
   0x00008fac <+56>:   bx      lr
   0x00008fb0 <+60>:   andeq   lr, r0, r8, lsl #4
End of assembler dump.
(gdb) x/a 0x8fb0
0x8fb0 <MyClassNew::MyClassNew()+60>:   0xe208 <ZTV10MyClassNew+8>
(gdb) x/2a 0xe208
0xe208 <ZTV10MyClassNew+8>:   0x8e28 <MyClassNew::foo_public()>        0x8e74 <MyClassNew::foo_public2()>
```

Con este profundo análisis sobre objetos es posible reconstruir el control de flujo de y de datos, de manera eficiente.

Este tipo de tareas está automatizado para entornos como IDA. También se recomienda la lectura de un gran artículo sobre este tema para el compilador de Visual C en entornos Windows:

✓ *http://www.openrce.org/articles/full_view/23*

3.7 CUESTIONES RESUELTAS

3.7.1 Enunciados

1. ¿Qué tipo de dato se está inicializando con el valor 0x11 en la siguiente imagen?:

```
0x80483dc <main>:      push    ebp
0x80483dd <main+1>:    mov     ebp,esp
0x80483df <main+3>:    sub     esp,0x10
0x80483e2 <main+6>:    mov     DWORD PTR [ebp-0x4],0x11
0x80483e9 <main+13>:   mov     eax,0x0
0x80483ee <main+18>:   leave
0x80483ef <main+19>:   ret
```

   a. int
   b. *char*
   c. *float*
   d. *long int*

2. ¿En qué segmento de memoria se almacenará el contenido de variable1?:

```
int main(void)
{
    char variable1 = 0x65;

    return 0;
}
```

    a. stack
    b. heap
    c. .bss
    d. .data
    e. .idata

3. ¿En qué segmento de memoria se almacenará el contenido de variable1?:

```
char variable1 = 0x65;

int main(void)
{
    variable1++;

    return 0;
}
```

    a. stack
    b. heap
    c. .bss
    d. .data
    e. .idata

4. ¿En qué segmento de memoria se almacenará el contenido de variable1?:

```
char variable1;

int main(void)
{
    variable1 = 0x65;

    return 0;
}
```

    a. stack

    b. heap

    c. .bss

    d. .data

    e. .idata

5. ¿En qué segmento de memoria se almacenará el contenido de variable1? ¿Y el contenido de &variable1?:

```
char variable1;

int main(void)
{
    variable1 = 0x65;

    return 0;
}
```

    a. stack

    b. heap

    c. .bss

    d. .data

    e. .idata

6. ¿Cuál de los siguientes códigos fuentes ha generado el siguiente código objeto?:

```
0x80483dc <main>:        push    ebp
0x80483dd <main+1>:      mov     ebp,esp
0x80483df <main+3>:      sub     esp,0x10
0x80483e2 <main+6>:      mov     eax,0x8048490
0x80483e7 <main+11>:     mov     BYTE PTR [ebp-0x1],al
0x80483ea <main+14>:     mov     eax,DWORD PTR [ebp-0x8]
0x80483ed <main+17>:     movzx   edx,BYTE PTR [ebp-0x1]
0x80483f1 <main+21>:     mov     BYTE PTR [eax],dl
0x80483f3 <main+23>:     add     DWORD PTR [ebp-0x8],0x1
0x80483f7 <main+27>:     mov     eax,0x0
0x80483fc <main+32>:     leave
0x80483fd <main+33>:     ret
```

a.

```
int main(void)
{
    char cadena = "ABCDE";
    int *p;

    *p = cadena;
    p++;

    return 0;
}
```

b.

```
int main(void)
{
    char cadena = "ABCDE";
    char *p;

    *p = cadena;
    p++;

    return 0;
}
```

c.

```
int main(void)
{
    char cadena = "ABCDE";
    float *p;

    *p = cadena;
    p++;

    return 0;
}
```

d.

```
int main(void)
{
    char cadena = "ABCDE";
    long int *p;

    *p = cadena;
    p++;

    return 0;
}
```

7. Según la siguiente información, ¿qué método es invocado por la instrucción CALL RAX?:

```
   0x40078b <main()>:      push   rbp
   0x40078c <main()+1>:    mov    rbp,rsp
   0x40078f <main()+4>:    push   rbx
   0x400790 <main()+5>:    sub    rsp,0x18
=> 0x400794 <main()+9>:    mov    edi,0x18
   0x400799 <main()+14>:   call   0x4005c0 <_Znwm@plt>
   0x40079e <main()+19>:   mov    rbx,rax
   0x4007a1 <main()+22>:   mov    rdi,rbx
   0x4007a4 <main()+25>:   call   0x4007e6 <MyClassNew::MyClassNew()>
   0x4007a9 <main()+30>:   mov    QWORD PTR [rbp-0x18],rbx
   0x4007ad <main()+34>:   mov    rax,QWORD PTR [rbp-0x18]
   0x4007b1 <main()+38>:   mov    rax,QWORD PTR [rax]
   0x4007b4 <main()+41>:   add    rax,0x10
   0x4007b8 <main()+45>:   mov    rax,QWORD PTR [rax]
   0x4007bb <main()+48>:   mov    rdx,QWORD PTR [rbp-0x18]
   0x4007bf <main()+52>:   mov    rdi,rdx
   0x4007c2 <main()+55>:   call   rax
   0x4007c4 <main()+57>:   mov    eax,0x0
   0x4007c9 <main()+62>:   add    rsp,0x18
   0x4007cd <main()+66>:   pop    rbx
   0x4007ce <main()+67>:   pop    rbp
   0x4007cf <main()+68>:   ret
gdb-peda$ disassemble 0x4007e6
Dump of assembler code for function MyClassNew::MyClassNew():
   0x00000000004007e6 <+0>:    push   rbp
   0x00000000004007e7 <+1>:    mov    rbp,rsp
   0x00000000004007ea <+4>:    sub    rsp,0x10
   0x00000000004007ee <+8>:    mov    QWORD PTR [rbp-0x8],rdi
   0x00000000004007f2 <+12>:   mov    rax,QWORD PTR [rbp-0x8]
   0x00000000004007f6 <+16>:   mov    rdi,rax
   0x00000000004007f9 <+19>:   call   0x4007d0 <MyClass::MyClass()>
   0x00000000004007fe <+24>:   mov    rax,QWORD PTR [rbp-0x8]
   0x0000000000400802 <+28>:   mov    QWORD PTR [rax],0x4008f0
   0x0000000000400809 <+35>:   leave
   0x000000000040080a <+36>:   ret
End of assembler dump.
gdb-peda$ x/4a 0x4008f0
0x4008f0 <_ZTV10MyClassNew+16>: 0x400734 <MyClassNew::foo_public1()>   0x40074a <MyClassNew::foo_public2()>
0x400900 <_ZTV10MyClassNew+32>: 0x400760 <MyClassNew::foo_public3()>   0x400776 <MyClassNew::foo_public4()>
```

a. MyClassNew::foo_public1()
b. MyClassNew::foo_public2()
c. MyClassNew::foo_public3()
d. MyClassNew::foo_public4()
e. _Znwm@plt()

8. ¿Qué tipo de datos puede contener más valores 'int' o 'unsigned int'?:

a. int
b. *unsigned int*
c. Los dos pueden contener el mismo número de valores.
d. Depende de la arquitectura.

9. ¿En arquitecturas de 32 bits, qué tipo de datos puede contener más valores 'long long' o 'unsigned long long'?:

a. long long
b. *unsigned long long*
c. Los dos pueden contener el mismo número de valores.
d. Depende de la arquitectura.

10. ¿Qué número máximo de variables con modificador register pueden utilizarse en dentro de una función?:

a. 0
b. 4
c. 16
d. Depende de la arquitectura.

3.7.2 Soluciones

1. d
2. a
3. d
4. c
5. b, a
6. b
7. c
8. c
9. c
10. d

3.8 EJERCICIOS PROPUESTOS

1. Reconstruir el siguiente código objeto a código fuente en C:

```
0x80483dc <main>:      push   ebp
0x80483dd <main+1>:    mov    ebp,esp
0x80483df <main+3>:    sub    esp,0x10
0x80483e2 <main+6>:    mov    DWORD PTR [ebp-0x8],0x80484d0
0x80483e9 <main+13>:   lea    eax,[ebp-0x8]
0x80483ec <main+16>:   mov    DWORD PTR [ebp-0x4],eax
0x80483ef <main+19>:   mov    eax,DWORD PTR [ebp-0x4]
0x80483f2 <main+22>:   mov    edx,DWORD PTR [eax+0xc]
0x80483f5 <main+25>:   mov    eax,DWORD PTR [ebp-0x4]
0x80483f8 <main+28>:   movzx  eax,WORD PTR [eax+0x10]
0x80483fc <main+32>:   cwde
0x80483fd <main+33>:   add    edx,eax
0x80483ff <main+35>:   mov    eax,DWORD PTR [ebp-0x4]
0x8048402 <main+38>:   mov    DWORD PTR [eax+0xc],edx
0x8048405 <main+41>:   mov    eax,DWORD PTR [ebp-0x4]
0x8048408 <main+44>:   movzx  eax,BYTE PTR [eax]
0x804840b <main+47>:   cmp    al,0x4f
0x804840d <main+49>:   jne    0x8048419 <main+61>
0x804840f <main+51>:   mov    eax,DWORD PTR [ebp-0x4]
0x8048412 <main+54>:   movzx  eax,BYTE PTR [eax]
0x8048415 <main+57>:   cmp    al,0x4b
0x8048417 <main+59>:   je     0x804842d <main+81>
0x8048419 <main+61>:   mov    eax,DWORD PTR [ebp-0x4]
0x804841c <main+64>:   mov    eax,DWORD PTR [eax+0xc]
0x804841f <main+67>:   mov    edx,eax
0x8048421 <main+69>:   and    edx,0xf0f0f0f
0x8048427 <main+75>:   mov    eax,DWORD PTR [ebp-0x4]
0x804842a <main+78>:   mov    DWORD PTR [eax+0x4],edx
0x804842d <main+81>:   mov    eax,0x0
0x8048432 <main+86>:   leave
0x8048433 <main+87>:   ret
```

4

RECONSTRUCCIÓN DE CÓDIGO II.
ESTRUCTURAS DE CÓDIGO COMUNES

Introducción

En esta unidad se analizarán en profundidad las implementaciones de cada una de las estructuras de código más comunes en C/C++, operadores, condicionales y bifurcaciones, y funciones. Este análisis se llevará a cabo en diferentes arquitecturas.

Objetivos

Cuando el alumno finalice esta unidad didáctica será capaz de identificar las estructuras de código más comunes en lenguaje C/C++. Le resultará posible, partiendo de un código objeto, identificar diferentes estructuras y convertirlas de manera correcta a código fuente.

4.1 ESTRUCTURAS DE CÓDIGO

Conociendo los tipos de datos básicos y compuestos, que un compilador es capaz de implementar, podemos pasar a estructuras de código comunes, creadas por el compilador. Este tipo de estructuras de código sirven para llevar a cabo las diferentes acciones del programa, tanto de lógica de aplicación, flujo de ejecución, operaciones aritméticas, y otras.

4.2 OPERADORES

Los operadores aritméticos, lógicos, relacionados y de manejo de bits, son prácticamente reproducibles literalmente de código fuente a código objeto, debido a que los procesadores suelen tener una instrucción dedicadas a estas operaciones. Las más complejas suelen utilizar instrucciones de coma flotante (que no se tratarán aquí por lo extenso y variedad de juego de instrucciones al respecto), así como operaciones de manejo de bits, como pueden ser los desplazamientos, operaciones lógicas como NOT, AND, OR, XOR. Todas estas operaciones suelen implementarse con una sola instrucción y es por ello que se deja en manos del lector generar una batería de ejemplos al respecto y llevar a cabo el análisis del código objeto para su correcta asimilación. En este curso se tratará de ver algunos de manera implícita en los diferentes apartados y ejemplos, como ha venido pasando hasta ahora.

4.3 CONDICIONALES Y BIFURCACIONES

Las condicionales y bifurcaciones son las estructuras de código que dotan de inteligencia al programa. Son las encargadas de tomar las decisiones y llevar a cabo la ejecución correcta de los distintos bloques básicos del código. A continuación vamos a explorar las diferentes sentencias de control y bucles permitidos en el lenguaje C.

if {…} else if {…} else

Esta estructura ejecuta una porción de código si se cumple la condición. Esta condición será verdadera si la expresión es diferente de 0. Es decir, que cualquier cosa que se evalúe como distinto de cero será verdadero y si se evalúa como 0 es falso. Esto es útil para evaluar los resultados de las ejecuciones de funciones usando el valor de retorno. A continuación se muestran varios ejemplos de código fuente con su respectivo código objeto.

```c
1  int main(int argc, char *argv[])
2  {
3      int a,b;
4      // if con un solo bloque de ejecución
5      if (strlen(argv[1]) > 15) {
6          puts("Cadena demasiado larga");
7      }
8
9      // if con diferentes bloques de ejecución
10     if (a>b)
11     {
12         a+=0x11111111;
13     }
14     else if (b-a != 0x22222222)
15     {
16         b=0x33333333;
17     }
18     else
19     {
20         a++;
21         b=b-0x44444444;
22     }
23
24     return 0;
25
26 }
27
```

De donde se obtiene el siguiente código objeto:

▼ **x86 32 y 64 bits**

Este tipo de sentencias no se ven afectadas por 32 o 64 bits, por lo que se mostrarán ejemplos en 32 bits.

```
0x804844c <main>:        push   ebp
0x804844d <main+1>:      mov    ebp,esp
0x804844f <main+3>:      and    esp,0xfffffff0
0x8048452 <main+6>:      sub    esp,0x20
0x8048455 <main+9>:      mov    eax,DWORD PTR [ebp+0xc]
0x8048458 <main+12>:     add    eax,0x4
0x804845b <main+15>:     mov    eax,DWORD PTR [eax]
0x804845d <main+17>:     mov    DWORD PTR [esp],eax
0x8048460 <main+20>:     call   0x8048340 <strlen@plt>
0x8048465 <main+25>:     cmp    eax,0xf
0x8048468 <main+28>:     jbe    0x8048476 <main+42>
0x804846a <main+30>:     mov    DWORD PTR [esp],0x8048550
0x8048471 <main+37>:     call   0x8048320 <puts@plt>
0x8048476 <main+42>:     mov    eax,DWORD PTR [esp+0x1c]
0x804847a <main+46>:     cmp    eax,DWORD PTR [esp+0x18]
0x804847e <main+50>:     jle    0x804848a <main+62>
0x8048480 <main+52>:     add    DWORD PTR [esp+0x1c],0x11111111
0x8048488 <main+60>:     jmp    0x80484b6 <main+106>
0x804848a <main+62>:     mov    eax,DWORD PTR [esp+0x1c]
0x804848e <main+66>:     mov    edx,DWORD PTR [esp+0x18]
0x8048492 <main+70>:     mov    ecx,edx
0x8048494 <main+72>:     sub    ecx,eax
0x8048496 <main+74>:     mov    eax,ecx
0x8048498 <main+76>:     cmp    eax,0x22222222
0x804849d <main+81>:     je     0x80484a9 <main+93>
0x804849f <main+83>:     mov    DWORD PTR [esp+0x18],0x33333333
0x80484a7 <main+91>:     jmp    0x80484b6 <main+106>
0x80484a9 <main+93>:     add    DWORD PTR [esp+0x1c],0x1
0x80484ae <main+98>:     sub    DWORD PTR [esp+0x18],0x44444444
0x80484b6 <main+106>:           mov    eax,0x0
0x80484bb <main+111>:           leave
0x80484bc <main+112>:           ret
```

Cada salto es provocado por un mnemónico (jmp, jbe, jle, je). Aunque es posible analizar los saltos tal y como se muestran en la imagen anterior, precisamente para este tipo de estructuras es bastante cómodo visualizar el código en modo de grafo.

Para ello vamos a hacer uso de la herramienta de desensamblado más popular: IDA (*Interactive DisAssembler*). Esta potente herramienta es comercial y para poder utilizarla sin coste alguno es necesario utilizar su versión *freeware*:

✔ *https://www.hex-rays.com/products/ida/support/download_freeware.shtml*

Esta herramienta la estudiaremos con un poco más de detenimiento en temas posteriores. Si abrimos el binario con IDA, se verá lo siguiente:

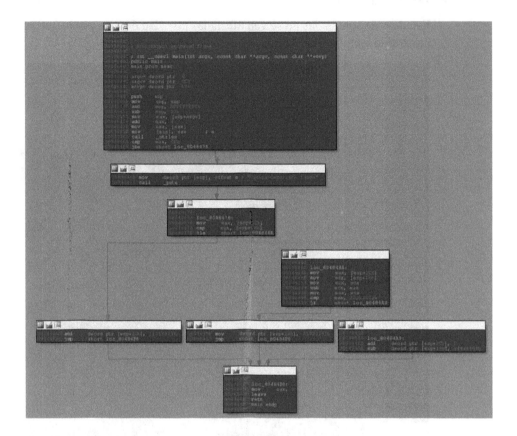

Como se puede observar, el número de bloques básicos coincide con los del código objeto anterior, marcados en rojo. Sin embargo con esta representación se ven más claramente.

Las líneas verdes, indican el salto que se producirá si se cumple la condición. La roja si no se cumple y la azul un salto incondicional.

▼ ARM 32 bits

No hay gran diferencia estructural en esta arquitectura, las diferencias son en cuanto a la sintaxis, uso de registros y mnemónicos. El código fuente anterior, generaría este código objeto:

```
0x00009208 <+0>:    push    {r11, lr}
0x0000920c <+4>:    add     r11, sp, #4
0x00009210 <+8>:    sub     sp, sp, #16
0x00009214 <+12>:   str     r0, [r11, #-16]
0x00009218 <+16>:   str     r1, [r11, #-20]
0x0000921c <+20>:   ldr     r3, [r11, #-20]
0x00009220 <+24>:   add     r3, r3, #4
0x00009224 <+28>:   ldr     r3, [r3]
0x00009228 <+32>:   mov     r0, r3
0x0000922c <+36>:   bl      0xa05c <strlen>
0x00009230 <+40>:   mov     r3, r0
0x00009234 <+44>:   cmp     r3, #15
0x00009238 <+48>:   bls     0x9244 <main+60>
0x0000923c <+52>:   ldr     r0, [pc, #120]    ; 0x92bc <main+180>
0x00009240 <+56>:   bl      0x9f2c <puts>
0x00009244 <+60>:   ldr     r2, [r11, #-8]
0x00009248 <+64>:   ldr     r3, [r11, #-12]
0x0000924c <+68>:   cmp     r2, r3
0x00009250 <+72>:   ble     0x9268 <main+96>
0x00009254 <+76>:   ldr     r2, [r11, #-8]
0x00009258 <+80>:   ldr     r3, [pc, #96]     ; 0x92c0 <main+184>
0x0000925c <+84>:   add     r3, r2, r3
0x00009260 <+88>:   str     r3, [r11, #-8]
0x00009264 <+92>:   b       0x92a8 <main+160>
0x00009268 <+96>:   ldr     r2, [r11, #-12]
0x0000926c <+100>:  ldr     r3, [r11, #-8]
0x00009270 <+104>:  rsb     r2, r3, r2
0x00009274 <+108>:  ldr     r3, [pc, #72]     ; 0x92c4 <main+188>
0x00009278 <+112>:  cmp     r2, r3
0x0000927c <+116>:  beq     0x928c <main+132>
0x00009280 <+120>:  ldr     r3, [pc, #64]     ; 0x92c8 <main+192>
0x00009284 <+124>:  str     r3, [r11, #-12]
0x00009288 <+128>:  b       0x92a8 <main+160>
0x0000928c <+132>:  ldr     r3, [r11, #-8]
0x00009290 <+136>:  add     r3, r3, #1
0x00009294 <+140>:  str     r3, [r11, #-8]
0x00009298 <+144>:  ldr     r2, [r11, #-12]
0x0000929c <+148>:  ldr     r3, [pc, #40]     ; 0x92cc <main+196>
0x000092a0 <+152>:  add     r3, r2, r3
0x000092a4 <+156>:  str     r3, [r11, #-12]
0x000092a8 <+160>:  mov     r3, #0
0x000092ac <+164>:  mov     r0, r3
0x000092b0 <+168>:  sub     sp, r11, #4
0x000092b4 <+172>:  pop     {r11, lr}
0x000092b8 <+176>:  bx      lr
0x000092bc <+180>:  andeq   r11, r0, r12, ror r12
0x000092c0 <+184>:  tstne   r1, r1, lsl r1
0x000092c4 <+188>:  eorcs   r2, r2, #536870914    ; 0x20000002
0x000092c8 <+192>:  teqcc   r3, #-872415232 ; 0xcc000000
0x000092cc <+196>:  bllt    0xfeef81c4
```

Se observa el uso de los mnemónicos (b, bls, bl, ble, beq) que provocan el salto en cada bloque básico.

Si cargamos este código con IDA, veremos el siguiente diagrama:

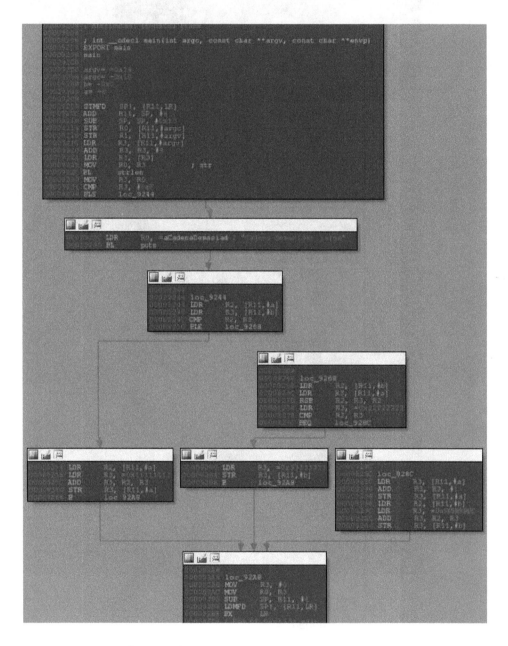

Donde también coinciden los bloques básicos con los marcados en rojo del código objeto anterior.

▼ **switchs**

Si se quiere comparar una variable con varios valores constantes, el lenguaje C provee de esta estructura que hace el código más legible que si se utiliza una lista de *if*. El siguiente código fuente, muestra un ejemplo de uso:

```
1  int main(void)
2  {
3      int valor, cont = 0;
4      switch(valor)
5      {
6          case 0x11111111: cont++;
7              break;
8          case 0x22222222: cont--;
9                  break;
10         /* Se ejecuta si valor no es 0x11111111 o 0x22222222 */
11         default: cont=-10;
12     }
13
14     return 0;
15
16 }
17
```

Este tipo de estructura admite una variable del tipo *char* o *int*, y una serie de constantes del mismo tipo que la variable. Dichas constantes no pueden repetirse dentro del *switch*. El *default* es opcional y puede no aparecer, así como los *break* de los *case*. La sentencia *switch* se ejecuta comparando el valor de la variable con el valor de cada una de las constantes, realizando la comparación desde arriba hacia abajo. En caso de que se encuentre una constante cuyo valor coincida con el valor de la variable, se empieza a ejecutar las sentencias hasta encontrar una sentencia *break*. En caso de que no se encuentre ningún valor que coincida, se ejecuta el *default* (si existe).

▼ **x86 32 y 64 bits**

El código objeto generado en 32 bits sería el siguiente:

```
0x80483dc <main>:       push    ebp
0x80483dd <main+1>:     mov     ebp,esp
0x80483df <main+3>:     sub     esp,0x10
0x80483e2 <main+6>:     mov     DWORD PTR [ebp-0x4],0x0
0x80483e9 <main+13>:    mov     eax,DWORD PTR [ebp-0x8]
0x80483ec <main+16>:    cmp     eax,0x11111111
0x80483f1 <main+21>:    je      0x80483fc <main+32>
0x80483f3 <main+23>:    cmp     eax,0x22222222
0x80483f8 <main+28>:    je      0x8048402 <main+38>
0x80483fa <main+30>:    jmp     0x8048408 <main+44>
0x80483fc <main+32>:    add     DWORD PTR [ebp-0x4],0x1
0x8048400 <main+36>:    jmp     0x804840f <main+51>
0x8048402 <main+38>:    sub     DWORD PTR [ebp-0x4],0x1
0x8048406 <main+42>:    jmp     0x804840f <main+51>
0x8048408 <main+44>:    mov     DWORD PTR [ebp-0x4],0xfffffff6
0x804840f <main+51>:    mov     eax,0x0
0x8048414 <main+56>:    leave
0x8048415 <main+57>:    ret
```

Cuyo gráfico obtenido con IDA es el siguiente:

Los *switchs* tienen una característica visual bastante peculiar que permite que sean identificados visualmente de manera rápida. Para verlo claramente vamos a introducir más constantes. Por ejemplo si tomamos este código fuente:

```
1 int main(void)
2 {
3     char letra, cont = 0;
4     switch(letra)
5     {
6         case 'A': cont++;
7             break;
8         case 'B': cont++;
9             break;
10        case 'C': cont++;
11            break;
12        case 'D': cont++;
13            break;
14        case 'E': cont++;
15            break;
16        case 'F': cont++;
17            break;
18        case 'G': cont++;
19            break;
20        case 'H': cont++;
21            break;
22        case 'I': cont++;
23            break;
24        case 'J': cont++;
25            break;
26        case 'K': cont++;
27            break;
28        case 'L': cont++;
29            break;
30        case 'M': cont++;
31            break;
32        case 'N': cont++;
33            break;
34        case 'O': cont++;
35            break;
36        case 'P': cont++;
37            break;
38        default: cont=-10;
39    }
40
41    return 0;
42
43 }
44
```

Cuyo código objeto es este:

```
0x80483dc <main>:        push    ebp
0x80483dd <main+1>:      mov     ebp,esp
0x80483df <main+3>:      sub     esp,0x10
0x80483e2 <main+6>:      mov     BYTE PTR [ebp-0x1],0x0
0x80483e6 <main+10>:     movsx   eax,BYTE PTR [ebp-0x2]
0x80483ea <main+14>:     sub     eax,0x41
0x80483ed <main+17>:     cmp     eax,0xf
0x80483f0 <main+20>:     ja      0x804845b <main+127>
0x80483f2 <main+22>:     mov     eax,DWORD PTR [eax*4+0x8048500]
0x80483f9 <main+29>:     jmp     eax
0x80483fb <main+31>:     add     BYTE PTR [ebp-0x1],0x1
0x80483ff <main+35>:     jmp     0x804845f <main+131>
0x8048401 <main+37>:     add     BYTE PTR [ebp-0x1],0x1
0x8048405 <main+41>:     jmp     0x804845f <main+131>
0x8048407 <main+43>:     add     BYTE PTR [ebp-0x1],0x1
0x804840b <main+47>:     jmp     0x804845f <main+131>
0x804840d <main+49>:     add     BYTE PTR [ebp-0x1],0x1
0x8048411 <main+53>:     jmp     0x804845f <main+131>
0x8048413 <main+55>:     add     BYTE PTR [ebp-0x1],0x1
0x8048417 <main+59>:     jmp     0x804845f <main+131>
0x8048419 <main+61>:     add     BYTE PTR [ebp-0x1],0x1
0x804841d <main+65>:     jmp     0x804845f <main+131>
0x804841f <main+67>:     add     BYTE PTR [ebp-0x1],0x1
0x8048423 <main+71>:     jmp     0x804845f <main+131>
0x8048425 <main+73>:     add     BYTE PTR [ebp-0x1],0x1
0x8048429 <main+77>:     jmp     0x804845f <main+131>
0x804842b <main+79>:     add     BYTE PTR [ebp-0x1],0x1
0x804842f <main+83>:     jmp     0x804845f <main+131>
0x8048431 <main+85>:     add     BYTE PTR [ebp-0x1],0x1
0x8048435 <main+89>:     jmp     0x804845f <main+131>
0x8048437 <main+91>:     add     BYTE PTR [ebp-0x1],0x1
0x804843b <main+95>:     jmp     0x804845f <main+131>
0x804843d <main+97>:     add     BYTE PTR [ebp-0x1],0x1
0x8048441 <main+101>:            jmp     0x804845f <main+131>
0x8048443 <main+103>:            add     BYTE PTR [ebp-0x1],0x1
0x8048447 <main+107>:            jmp     0x804845f <main+131>
0x8048449 <main+109>:            add     BYTE PTR [ebp-0x1],0x1
0x804844d <main+113>:            jmp     0x804845f <main+131>
0x804844f <main+115>:            add     BYTE PTR [ebp-0x1],0x1
0x8048453 <main+119>:            jmp     0x804845f <main+131>
0x8048455 <main+121>:            add     BYTE PTR [ebp-0x1],0x1
0x8048459 <main+125>:            jmp     0x804845f <main+131>
0x804845b <main+127>:            mov     BYTE PTR [ebp-0x1],0xf6
0x804845f <main+131>:            mov     eax,0x0
0x8048464 <main+136>:            leave
0x8048465 <main+137>:            ret
```

En su visualización con IDA, se observa esto:

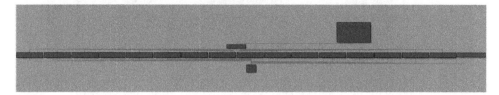

Como se puede observar, es fácilmente identificable. Y se pueden extraer conclusiones, como el hecho de que al estar todos los bloques básicos alineados, es debido a que tan solo hace una comprobación. Para ver esto más en detalle, vamos a hacer *zoom* al bloque básico que deriva al resto:

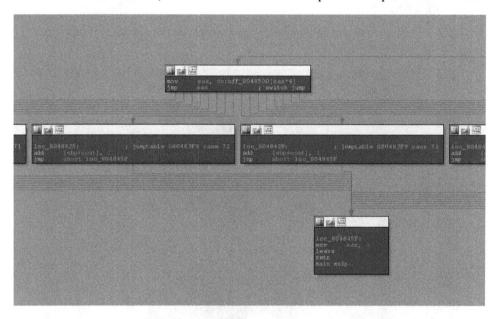

Se observa que se hace una operación aritmética para calcular el valor del registro EAX, y realizar el salto correspondiente. Si vemos el contenido de la dirección de memoria 0x8048500:

```
gdb-peda$ x/16a 0x8048500
0x8048500:      0x80483fb <main+31>     0x8048401 <main+37>     0x8048407 <main+43>     0x804840d <main+49>
0x8048510:      0x8048413 <main+55>     0x8048419 <main+61>     0x804841f <main+67>     0x8048425 <main+73>
0x8048520:      0x804842b <main+79>     0x8048431 <main+85>     0x8048437 <main+91>     0x804843d <main+97>
0x8048530:      0x8048443 <main+103>    0x8048449 <main+109>    0x804844f <main+115>    0x8048455 <main+121>
```

Vemos cómo están almacenados de manera consecutiva las direcciones de cada bloque básico. Esto es lo que se conoce como *switch table*. Para poder hacer esto, se lleva a cabo la siguiente operación:

```
0x80483e2 <main+6>:   mov    BYTE PTR [ebp-0x1],0x0
0x80483e6 <main+10>:  movsx  eax,BYTE PTR [ebp-0x2]
0x80483ea <main+14>:  sub    eax,0x41
0x80483ed <main+17>:  cmp    eax,0xf
0x80483f0 <main+20>:  ja     0x804845b <main+127>
0x80483f2 <main+22>:  mov    eax,DWORD PTR [eax*4+0x8048500]
0x80483f9 <main+29>:  jmp    eax
```

Ya que los *case* son constantes se obtiene el valor menor, se resta al resto y luego se utiliza ese valor como desplazamiento para la *switch table*. De esta forma, con tan solo una comparación, es posible escoger entre 16 posibilidades diferentes. Esto demuestra la optimización de rendimiento que implica la utilización de *switch* en lugar de *if*.

▼ ARM 32 bits

Para el código fuente anterior, una parte del código objeto sería el siguiente:

```
0x00009208 <+0>:    push   {r11}              ; (str r11, [sp, #-4]!)
0x0000920c <+4>:    add    r11, sp, #0
0x00009210 <+8>:    sub    sp, sp, #12
0x00009214 <+12>:   mov    r3, #0
0x00009218 <+16>:   strb   r3, [r11, #-5]
0x0000921c <+20>:   ldrb   r3, [r11, #-6]
0x00009220 <+24>:   sub    r3, r3, #65       ; 0x41
0x00009224 <+28>:   cmp    r3, #15
0x00009228 <+32>:   ldrls  pc, [pc, r3, lsl #2]
0x0000922c <+36>:   b      0x9370 <main+360>
0x00009230 <+40>:   andeq  r9, r0, r0, ror r2
0x00009234 <+44>:   andeq  r9, r0, r0, lsl #5
0x00009238 <+48>:   muleq  r0, r0, r2
0x0000923c <+52>:   andeq  r9, r0, r0, lsr #5
0x00009240 <+56>:                   ; <UNDEFINED> instruction: 0x000092b0
0x00009244 <+60>:   andeq  r9, r0, r0, asr #5
0x00009248 <+64>:   ldrdeq r9, [r0], -r0
0x0000924c <+68>:   andeq  r9, r0, r0, ror #5
0x00009250 <+72>:   strdeq r9, [r0], -r0
0x00009254 <+76>:   andeq  r9, r0, r0, lsl #6        switch table
0x00009258 <+80>:   andeq  r9, r0, r0, lsl r3
0x0000925c <+84>:   andeq  r9, r0, r0, lsr #6
0x00009260 <+88>:   andeq  r9, r0, r0, lsr r3
0x00009264 <+92>:   andeq  r9, r0, r0, asr #6
0x00009268 <+96>:   andeq  r9, r0, r0, asr r3
0x0000926c <+100>:  andeq  r9, r0, r0, ror #6
0x00009270 <+104>:  ldrb   r3, [r11, #-5]
0x00009274 <+108>:  add    r3, r3, #1
0x00009278 <+112>:  strb   r3, [r11, #-5]
0x0000927c <+116>:  b      0x9378 <main+368>
0x00009280 <+120>:  ldrb   r3, [r11, #-5]
0x00009284 <+124>:  add    r3, r3, #1
0x00009288 <+128>:  strb   r3, [r11, #-5]
0x0000928c <+132>:  b      0x9378 <main+368>
0x00009290 <+136>:  ldrb   r3, [r11, #-5]
0x00009294 <+140>:  add    r3, r3, #1
0x00009298 <+144>:  strb   r3, [r11, #-5]
0x0000929c <+148>:  b      0x9378 <main+368>
0x000092a0 <+152>:  ldrb   r3, [r11, #-5]
0x000092a4 <+156>:  add    r3, r3, #1
0x000092a8 <+160>:  strb   r3, [r11, #-5]
0x000092ac <+164>:  b      0x9378 <main+368>
```

Se observa que al inicio hace la misma operación <*+24*> a <*+36*> resta 0x41 a la variable y luego realiza un salto al bloque básico en cuestión mediante la actualización del registro de contador de programa, es decir, el registro que apunta a la dirección de memoria que contiene la siguiente instrucción a ejecutar <*+32*>:

```
0x00009228 <+32>:        ldrls    pc, [pc, r3, lsl #2]
```

El mnemónico es *ldrls,* almacena en PC el resultado de la operación *PC+R3*4,* donde *R3* contiene el desplazamiento de la *switch table.* En este caso dicha tabla está a continuación <+40> indicada con un cuadro rojo. Como no son instrucciones, el *debugger* lo considera como instrucciones erróneas, pero si le decimos que nos la muestre como punteros lo vemos correctamente:

```
(gdb) x/16a 0x9230
0x9230 <main+40>:        0x9270 <main+104>      0x9280 <main+120>      0x9290 <main+136>      0x92a0 <main+152>
0x9240 <main+56>:        0x92b0 <main+168>      0x92c0 <main+184>      0x92d0 <main+200>      0x92e0 <main+216>
0x9258 <main+72>:        0x92f0 <main+232>      0x9300 <main+248>      0x9310 <main+264>      0x9320 <main+280>
0x9260 <main+88>:        0x9330 <main+296>      0x9340 <main+312>      0x9350 <main+328>      0x9360 <main+344>
```

▼ **for**

Esta es la estructura de bifurcaciones más versátil. Permite inicializar las variables que van a tomar parte en el bucle, establecer las condiciones que deben cumplirse para continuar en el bucle y el incremento a las variables que intervienen en el mismo. En el siguiente código fuente se muestra un ejemplo genérico:

```
1 int main(void)
2 {
3       for (int i=0; i < 16; i++)
4           puts("*");
5
6       return 0;
7
8 }
9
```

▼ **x86 32 y 64 bits**

Cuyo código objeto es el siguiente:

```
0x804840c <main>:       push    ebp
0x804840d <main+1>:     mov     ebp,esp
0x804840f <main+3>:     and     esp,0xfffffff0
0x8048412 <main+6>:     sub     esp,0x20
0x8048415 <main+9>:     mov     DWORD PTR [esp+0x1c],0x0
0x804841d <main+17>:    jmp     0x8048430 <main+36>
0x804841f <main+19>:    mov     DWORD PTR [esp],0x80484d0
0x8048426 <main+26>:    call    0x80482f0 <puts@plt>
0x804842b <main+31>:    add     DWORD PTR [esp+0x1c],0x1
0x8048430 <main+36>:    cmp     DWORD PTR [esp+0x1c],0xf
0x8048435 <main+41>:    jle     0x804841f <main+19>
0x8048437 <main+43>:    mov     eax,0x0
0x804843c <main+48>:    leave
0x804843d <main+49>:    ret
```

Como se puede observar, se utiliza los saltos condicionales para permanecer en el bucle *<main+41>*, donde se incrementa la variable *<main+31>* en cada iteración.

Si observamos el código fuente con IDA, podemos ver este diagrama, característico de un bucle:

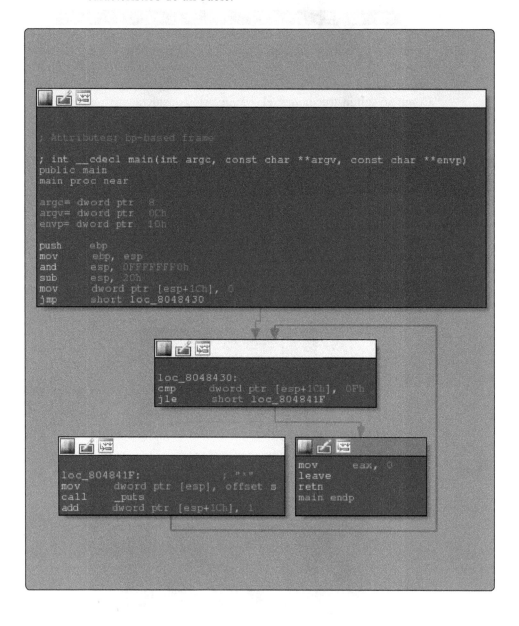

Donde la línea azul muestra cómo el flujo vuelve sobre sí mismo, hasta llegar a la condición que no se cumple y ejecuta el bloque básico final, apuntado con la flecha roja.

▼ while – do/while

Esta estructura de código es una simplificación de lo anterior, y donde la sentencia no se encarga más que de comprobar que la condición se cumple para iterar dentro del bucle.

La única diferencia entre estas dos estructuras es que *while* hace una primera comprobación de la condición antes de ejecutar el bloque de código, y *do/while* primero ejecuta el bloque y comprueba la condición al final de este, lo que asegura que se ejecuta al menos una vez.

El siguiente código fuente, muestra un ejemplo de ambas:

```
1  int main(void)
2  {
3      int i=0;
4
5      while(i < 16)
6      {
7          puts("*");
8          i++;
9      }
10
11     do {
12         puts("+");
13         i++;
14     } while (i<16);
15
16     return 0;
17
18 }
19
```

▼ x86 32 y 64 bits

El código objeto del código fuente anterior es el siguiente:

```
0x804840c <main>:        push    ebp
0x804840d <main+1>:      mov     ebp,esp
0x804840f <main+3>:      and     esp,0xfffffff0
0x8048412 <main+6>:      sub     esp,0x20
0x8048415 <main+9>:      mov     DWORD PTR [esp+0x1c],0x0
0x804841d <main+17>:     jmp     0x8048430 <main+36>
        <main+19>:       mov     DWORD PTR [esp],0x80484f0
        <main+26>:       call    0x80482f0 <puts@plt>
        <main+31>:       add     DWORD PTR [esp+0x1c],0x1
0x8048430 <main+36>:     cmp     DWORD PTR [esp+0x1c],0xf
0x8048435 <main+41>:     jle     0x804841f <main+19>
0x8048437 <main+43>:     mov     DWORD PTR [esp],0x80484f2
        +50>:            call    0x80482f0 <puts@plt>
        +55>:            add     DWORD PTR [esp+0x1c],0x1
        +60>:            cmp     DWORD PTR [esp+0x1c],0xf
        +65>:            jle     0x8048437 <main+43>
0x804844f <main+67>:     mov     eax,0x0
0x8048454 <main+72>:     leave
0x8048455 <main+73>:     ret
```

Los saltos condicionales muestran la lógica del bucle.

▶ **ARM 32 bits**

```
0x00009208 <+0>:     push    {r11, lr}
0x0000920c <+4>:     add     r11, sp, #4
0x00009210 <+8>:     sub     sp, sp, #8
0x00009214 <+12>:    mov     r3, #0
0x00009218 <+16>:    str     r3, [r11, #-8]
0x0000921c <+20>:    b       0x9234 <main+44>
0x00009220 <+24>:    ldr     r0, [pc, #76]    ; 0x9274 <main+108>
0x00009224 <+28>:    bl      0x9ed8 <puts>
0x00009228 <+32>:    ldr     r3, [r11, #-8]
0x0000922c <+36>:    add     r3, r3, #1
0x00009230 <+40>:    str     r3, [r11, #-8]
0x00009234 <+44>:    ldr     r3, [r11, #-8]
0x00009238 <+48>:    cmp     r3, #15
0x0000923c <+52>:    ble     0x9220 <main+24>
0x00009240 <+56>:    ldr     r0, [pc, #48]    ; 0x9278 <main+112>
0x00009244 <+60>:    bl      0x9ed8 <puts>
0x00009248 <+64>:    ldr     r3, [r11, #-8]
0x0000924c <+68>:    add     r3, r3, #1
0x00009250 <+72>:    str     r3, [r11, #-8]
0x00009254 <+76>:    ldr     r3, [r11, #-8]
0x00009258 <+80>:    cmp     r3, #15
0x0000925c <+84>:    ble     0x9240 <main+56>
0x00009260 <+88>:    mov     r3, #0
0x00009264 <+92>:    mov     r0, r3
0x00009268 <+96>:    sub     sp, r11, #4
0x0000926c <+100>:   pop     {r11, lr}
0x00009270 <+104>:   bx      lr
0x00009274 <+108>:   andeq   r11, r0, r8, lsr #24
0x00009278 <+112>:   andeq   r11, r0, r12, lsr #24
```

Si observamos el diagrama de flujo de esta estructura vemos esto:

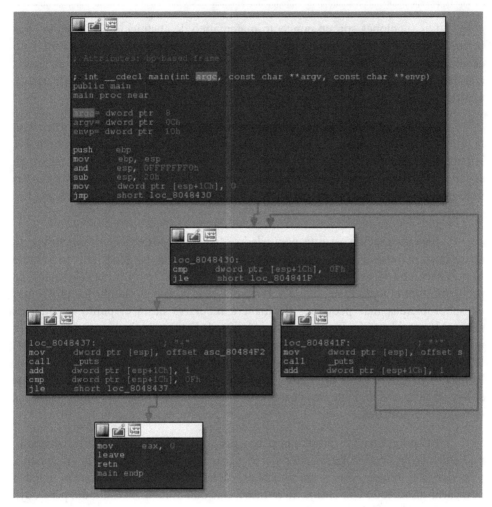

En el diagrama se aprecia claramente cómo uno compara e itera y el otro itera y compara.

▶ break y continue

Las sentencias de control *break* y *continue* permiten modificar y controlar la ejecución de los bucles anteriormente descritos. La sentencia *break* provoca la salida del bucle en el cual se encuentra y la ejecución de la sentencia que se encuentra a continuación del bucle. La sentencia *continue* provoca que el programa vaya directamente a comprobar la condición del bucle en los bucles *while* y *do/while*, o bien, que ejecute el incremento y después compruebe la condición en el caso del bucle *for*.

158 REVERSING. INGENIERÍA INVERSA

4.4 FUNCIONES

Las funciones son un concepto matemático de abstracción de cálculos que permite abreviar la representación del cálculo de una operación, por su nombre. Esto es útil, por ejemplo, en casos donde el cálculo no es trivial y su desarrollo no aporta claridad al cálculo, por ejemplo con las funciones trigonométricas: sin(a), cos(a), tan(a)...

Las funciones en C, permiten hacer el código perfectamente modular y facilitan la reutilización de código. Sin estas, no sería posible abstraerse adecuadamente, y a la hora de desarrollar o depurar el programa, habría que dedicar mucho esfuerzo en seguir el flujo del programa, además de incrementar las posibilidades de hacer saltos inadecuadamente y no restablecer el flujo de datos y control correctamente una vez se regresa del salto.

Esta abstracción permite, por un lado, ofrecer un uso de ellas sin conocimiento de su implementación pero conociendo su especificación, es decir, el resultado de lo que hace con lo que se le proporciona. Por otro lado, permite la resolución de problemas por el método de divide y vencerás. Este consta en dividir los problemas en subproblemas más pequeños de manera recursiva hasta el punto en que los subproblemas obtenidos sean de solución trivial. Estas soluciones pueden resultar útiles en otros casos de manera genérica, y esto permite la reutilización de código, lo que optimiza el espacio, reduciendo las líneas de código al no tener que escribir lo mismo en varios sitios diferentes, y ayuda al mantenimiento del código, ya que si hay un fallo es suficiente con corregir la función en cuestión y no todas las zonas donde esta es utilizada.

En programación orientada a objetos se explota aún más este concepto, pudiendo abstraer al desarrollador de lo particular para centrarse en lo general, y poder así utilizar clases polimórficas, donde dos clases diferentes puedan compartir un método con el mismo nombre, que dan el mismo resultado, pero cuya implementación sea diferente.

Las funciones pueden ser declaradas con el modificador *inline*, de tal forma que en lugar de usar una función, se copia literalmente la función y se evita tener que realizar el salto, con su consecuente cambio de contexto. Esto es útil en determinados casos, por ejemplo con funciones de manipulación de *arrays*, donde se puede conseguir mayor rendimiento que si se utilizan funciones.

Las funciones en C/C++ y métodos en C++ permiten ser invocados con un número no restringido de argumentos y devuelven siempre un tipo de datos pudiendo no devolver nada, en cuyo caso se define como *void*.

De manera genérica el funcionamiento de una función (o método, pero nos referiremos a función en ambos casos, ya que a efectos de código objeto no hay diferencia) se basa en realizar estos pasos:

Actor	Acciones
Código que invoca la función	• Almacenar las variables a enviar a la función, si las hubiera en una memoria intermedia. • Guardar la dirección de memoria de la siguiente instrucción, que debe ejecutar al finalizar la función. • Saltar a la función. • Almacenar el valor de retorno si lo devolviera y usarlo.
Código de la función	• Reservar hueco en la memoria intermedia para poder trabajar con las variables locales. • Guardar el estado de los registros en una memoria intermedia • Recuperar los datos de la memoria intermedia, es decir, los argumentos de la función. • Realizar las acciones propias de la función. • Almacenar el resultado en un registro o memoria intermedia, según convención asumida por función y código que lo invoca. • Deshacer el hueco reservado en la memoria intermedia. • Restaurar el estado de los registros desde la memoria intermedia. • Saltar a la dirección inmediatamente siguiente a la instrucción que invoca la función, almacenada en memoria intermedia.

Para poder restablecer el control y los datos una vez se salta al código de una función se hace uso de una porción de memoria organizada en forma de pila, formalmente denominada como LIFO (*Last Input First Output*). Cuando se almacena algo en esa memoria se dice que se apila un dato y al extraerlo de esa memoria se dice que se desapila. Esto en x86 se realiza tradicionalmente con las instrucciones PUSH/POP. Para acceder a los argumentos, sin embargo, por motivos de optimización o convención, se pueden utilizar desplazamientos sobre los punteros a la cima o base de la pila sin modificar realmente el puntero a la cima hasta salir de la función.

A continuación se va a explicar gráficamente la relación entre el código y la pila al realizarse una llamada.

```
int main(void)
{
    char *buffer = "Cadena de texto!"

    int a = 0x11111111, b = 0x22222222;
    int result;

    a ^= b;    1- Invocación a la función

    result = fun(0x44444444, 0x55555555, 0x66666666);

    return 0;  3- Regreso de la función
}
```

2- Ejecución de la función

```
int fun(int a, int b, int c)
{
    int x,y,z;
    x = a+5;
    a++;
    y = c+b*2;
    z = b^2;

    return z;
}
```

	1- Invocación a la función	2- Ejecución de la función	3- Regreso de la función
0x2000			
0x2004		Cima de la pila	
0x2008		z	z
0x200c		y	y
0x2010		x	x
0x2014		Puntero Base de fun()	Puntero Base de fun()
0x2018	Cima de la pila	Base de la pila	Cima de la pila
	PC de retorno	PC de retorno	0x44444444
0x201c	0x44444444	0x44444444	0x55555555
0x2020	0x55555555	0x55555555	0x66666666
0x2024	0x66666666	0x66666666	Puntero base de main()
0x2028	Puntero base de main()	Puntero base de main	Base de la pila
0x202c	Base de la pila		

Ilustración 20. Diagrama de uso de la pila por una función

La ilustración anterior muestra el estado de la pila en los tres instantes de tiempo concretos en que se prepara para invocar a la función, en la invocación y en el regreso de la invocación. Las cajas representan casillas de memoria donde se almacena la información necesaria para ejecutar la función, realizar las acciones con los argumentos y volver al punto de origen con el resultado. Esta zona de memoria se denomina pila (*stack*) y se representa por las cajas en la ilustración anterior. Estas cajas simulan la acción de apilar y desapilar los datos, sin embargo se puede observar que al desapilar la información no se elimina, simplemente queda ahí y será sobrescrita por los siguientes argumentos o punteros a la cima y base de otra función al ser invocada.

Cuando se producen invocaciones a funciones de manera anidada, los marcos de pila o *stack frame* (espacio entre la base y la cima de la pila) son apilados unos encima de otros, para respetar el orden de salida conforme se produzca.

Esta manera de almacenar el contexto de la función facilita la utilización de funciones recursivas.

Los argumentos pueden ser pasador por:

▶ Valor: en cuyo caso, una vez se entra en la función, esta lleva a cabo las operaciones haciendo uso de una copia del valor pasado como argumento. Esto es equivalente a decir que ese argumento es de solo lectura.

▶ Referencia: esto sucede cuando en lugar de pasar el valor de la variable, se pasa la dirección de dicha variable. Con ello es posible a través de un puntero acceder de manera completa a esa variable y poder manipularla, por ello sería equivalente a decir que el argumento es de lectura y escritura.

El hecho de si se restaura el marco de pila (los punteros a la cima y la base) dentro de la función o fuera, está regulado por convención, es decir, unas reglas aceptadas por todos los desarrolladores, de tal forma que, sabiendo el tipo de convención usada, será posible utilizar la función cuya implementación desconoce de manera correcta.

A continuación vamos a ver el código fuente de la **Ilustración 20** para pasar después a ver su implementación:

```
1  int fun(int a, int b, int c)
2  {
3      int x,y,z;
4      x = a+5;
5      a++;
6      y = c+b*2;
7      z = b^2;
8
9      return z;
10 }
11
12 int main(void)
13 {
14     char *buffer = "Cadena de texto!"
15
16     int a = 0x11111111, b = 0x22222222;
17     int result;
18
19     a ^= b;
20
21     result = fun(0x44444444, 0x55555555, 0x66666666);
22
23     return 0;
24 }
25
```

▼ **x86 32 bits**

El código objeto del código fuente anterior es el siguiente:

```
0x80483dc  <fun>:        push   ebp
0x80483dd  <fun+1>:      mov    ebp,esp            Prologo
0x80483df  <fun+3>:      sub    esp,0x10
0x80483e2                mov    eax,DWORD PTR [ebp+0x8]
0x80483e5   x = a+5;     add    eax,0x5
0x80483e8                mov    DWORD PTR [ebp-0x4],eax
0x80483eb     a++;       add    DWORD PTR [ebp+0x8],0x1
0x80483ef                mov    eax,DWORD PTR [ebp+0xc]
0x80483f2   y = c+b*2;   lea    edx,[eax+eax*1]
0x80483f5                mov    eax,DWORD PTR [ebp+0x10]
0x80483f8                add    eax,edx
0x80483fa                mov    DWORD PTR [ebp-0x8],eax
0x80483fd   z = b^2;     mov    eax,DWORD PTR [ebp+0xc]
0x8048400                xor    eax,0x2
0x8048403                mov    DWORD PTR [ebp-0xc],eax
0x8048406  return z;     mov    eax,DWORD PTR [ebp-0xc]
0x8048409  <fun+45>:     leave
0x804840a  <fun+46>:     ret                       Epílogo
0x804840b  <main>:       push   ebp
0x804840c  <main+1>:     mov    ebp,esp            Prologo
0x804840e  <main+3>:     sub    esp,0x1c
0x80   *buffer = "Cader mov   DWORD PTR [ebp-0x4],0x80484f0
0x80   a = 0x11111111,  mov    DWORD PTR [ebp-0x8],0x11111111
0x80   b = 0x22222222;  mov    DWORD PTR [ebp-0xc],0x22222222
0x8048426                mov    eax,DWORD PTR [ebp-0xc]
0x8048429    a ^= b;     xor    DWORD PTR [ebp-0x8],eax
                         mov    DWORD PTR [esp+0x8],0x66666666
                         mov    DWORD PTR [esp+0x4],0x55555555
result = fun(0x44444444, mov   DWORD PTR [esp],0x44444444
0x55555555, 0x66666666); call   0x80483dc <fun>
                         mov    DWORD PTR [ebp-0x10],eax
0x804844b  return 0;     mov    eax,0x0
0x8048450  <main+69>:    leave
0x8048451  <main+70>:    ret                       Epílogo
```

Ilustración 21. Identificación de código fuente en código objeto

Utilizando un depurador, podemos ver el estado de la pila justo tras el prólogo de la función *fun()*, cuyo contenido a partir del registro ESP se observa como se muestra a continuación:

```
(gdb) x/aw $esp
0xffffd3a4:      0x80496a8  < CLOBAL OFFSET TABLE
0xffffd3a8:      0xffffd3d8     Variables locales sin
0xffffd3ac:      0x80484bb  <   inicializar de fun()
0xffffd3b0:      0x1
0xffffd3b4:      0xffffd3d8        Antiguo EBP
0xffffd3b8:      0x8048448 <main+61>  Dirección de retorno
0xffffd3bc:      0x44444444
0xffffd3c0:      0x55555555     Argumentos de la
0xffffd3c4:      0x66666666        función
0xffffd3c8:      0x804847b  <
0xffffd3cc:      0x22222222
0xffffd3d0:      0x33333333   Variables locales de main()
0xffffd3d4:      0x80484f0
0xffffd3d8:      0xffffd458
```

```
0x804842d <main+33>:  mov    DWORD PTR [esp+0x8],0x66666666
0x8048434 <main+41>:  mov    DWORD PTR [esp+0x4],0x55555555
0x804843d <main+49>:  mov    DWORD PTR [esp],0x44444444
0x8048444 <main+56>:  call   0x80483dc <fun>
0x8048448 <main+61>:  mov    DWORD PTR [ebp-0x10],eax
```

Con el comando *backtrace* podemos ver esta misma información interpretada por el depurador, donde se leen los datos de la pila y los interpreta:

```
gdb-peda$ bt full
#0  fun (a=0x44444444, b=0x55555555, c=0x66666666) at source.c:4
        x = 0x1
        y = 0x80484bb
        z = 0xffffd3d8
#1  0x08048448 in main () at source.c:21
        buffer = 0x80484f0 "Cadena de texto!"
        a = 0x33333333
        b = 0x22222222
        result = 0x804847b
```

En la **Ilustración 21** se ha mostrado toda la relación del código fuente con el código objeto, para que se pueda apreciar el uso de los punteros ESP y EBP para manejar la pila, así como el uso de ESP como dirección base, para empujar argumentos en la pila (*mov [esp+n], valor*) y EBP para acceder tanto a los argumentos (*mov [ebp+n], valor*) como a variables locales (*mov [ebp-n], valor*).

En el código del prólogo, se observa cómo se almacena el valor EBP en la pila (*push ebp*), para ser restaurado al finalizar (*leave*), y cómo la base de la pila pasa a ser la que era la cima (*mov ebp, esp*), para luego restar ESP el espacio necesario para colocar la cima en un lugar donde haya espacio para las variables locales. Nótese que la instrucción *leave*, se encarga de deshacer lo hecho en el prólogo, es decir:

leave = **mov esp, ebp**
pop ebp

Por último se hace uso de *RET*, que devuelve el control a la instrucción siguiente a la llamada a la función. Dicha dirección se guardó en la pila al ejecutar la instrucción *CALL*. Esto es equivalente a cargar en EIP el valor que hay en la cima de la pila, es decir POP EIP. Sin embargo esta instrucción no existe en x86, ya que no se permite que las instrucciones POP, MOV modifiquen dicho registro. EIP es el contador de programa, es decir es el registro que apunta hacia la dirección que se debe ejecutar en cada momento, también conocido como PC (*Program Counter*)

Como se puede ver, no se ha hecho uso de PUSH ni POP para apilar o desapilar los valores de la pila, en su lugar de accede a ellos con valores fijos de ESP en cada marco de pila, o por decirlo de otra forma, en cada invocación a función.

Esto es más eficiente que utilizar PUSH/POP, ya que estas instrucciones modifican ESP cada vez que se ejecutan, consume ciclos de reloj lo que hace el código algo más lento.

Si se quiere forzar al compilador a usar PUSH para empujar los argumentos de una función a la pila, se pueden utilizar estas dos opciones de compilación para **gcc**. El código fuente se puede volver a compilar con este comando:

```
$ gcc -m32 -mno-accumulate-outgoing-args -mno-stack-arg-probe
-ggdb -std=c99 source.c
```

O en la versión 4.9 de gcc, simplemente con este comando, es posible forzarlo:

```
$ gcc -m32 -mpush-args -ggdb -std=c99 source.c
```

Y resultaría el siguiente código objeto:

```
0x80483dc <fun>:        push    ebp
0x80483dd <fun+1>:      mov     ebp,esp
0x80483df <fun+3>:      sub     esp,0x10
0x80483e2 <fun+6>:      mov     eax,DWORD PTR [ebp+0x8]
0x80483e5 <fun+9>:      add     eax,0x5
0x80483e8 <fun+12>:     mov     DWORD PTR [ebp-0x4],eax
0x80483eb <fun+15>:     add     DWORD PTR [ebp+0x8],0x1
0x80483ef <fun+19>:     mov     eax,DWORD PTR [ebp+0xc]
0x80483f2 <fun+22>:     lea     edx,[eax+eax*1]
0x80483f5 <fun+25>:     mov     eax,DWORD PTR [ebp+0x10]
0x80483f8 <fun+28>:     add     eax,edx
0x80483fa <fun+30>:     mov     DWORD PTR [ebp-0x8],eax
0x80483fd <fun+33>:     mov     eax,DWORD PTR [ebp+0xc]
0x8048400 <fun+36>:     xor     eax,0x2
0x8048403 <fun+39>:     mov     DWORD PTR [ebp-0xc],eax
0x8048406 <fun+42>:     mov     eax,DWORD PTR [ebp-0xc]
0x8048409 <fun+45>:     leave
0x804840a <fun+46>:     ret
0x804840b <main>:       push    ebp
0x804840c <main+1>:     mov     ebp,esp
0x804840e <main+3>:     sub     esp,0x10
0x8048411 <main+6>:     mov     DWORD PTR [ebp-0x4],0x80484e0
0x8048418 <main+13>:    mov     DWORD PTR [ebp-0x8],0x11111111
0x804841f <main+20>:    mov     DWORD PTR [ebp-0xc],0x22222222
0x8048426 <main+27>:    mov     eax,DWORD PTR [ebp-0xc]
0x8048429 <main+30>:    xor     DWORD PTR [ebp-0x8],eax
0x804842c <main+33>:    push    0x66666666
0x8048431 <main+38>:    push    0x55555555
0x8048436 <main+43>:    push    0x44444444
0x804843b <main+48>:    call    0x80483dc <fun>
0x8048440 <main+53>:    add     esp,0xc
0x8048443 <main+56>:    mov     DWORD PTR [ebp-0x10],eax
0x8048446 <main+59>:    mov     eax,0x0
0x804844b <main+64>:    leave
0x804844c <main+65>:    ret
```

Ahora los argumentos se empujan directamente en la pila, antes de invocar a la función. Sin embargo, ahora vemos cómo después de la invocación se ejecuta una instrucción de ajuste de la pila, que antes no se había realizado en <*main+53*> esto se hace para compensar el movimiento de ESP, con los PUSH anteriores. Este comportamiento viene establecido por la convención utilizada, en este caso de manera implícita **cdecl**. Existen otras convenciones o convenios de llamada como **stdcall**, donde el responsable de restaurar la pila es la función. Vamos a definir la función *fun()* como *stdcall*, para ver el código objeto generado:

```c
int __attribute((stdcall)) fun(int a, int b, int c)
{
    int x,y,z;
    x = a+5;
    a++;
    y = c+b*2;
    z = b^2;

    return z;
}
```

```
0x80483dc <fun>:      push   ebp
0x80483dd <fun+1>:    mov    ebp,esp
0x80483df <fun+3>:    sub    esp,0x10
0x80483e2 <fun+6>:    mov    eax,DWORD PTR [ebp+0x8]
0x80483e5 <fun+9>:    add    eax,0x5
0x80483e8 <fun+12>:   mov    DWORD PTR [ebp-0x4],eax
0x80483eb <fun+15>:   add    DWORD PTR [ebp+0x8],0x1
0x80483ef <fun+19>:   mov    eax,DWORD PTR [ebp+0xc]
0x80483f2 <fun+22>:   lea    edx,[eax+eax*1]
0x80483f5 <fun+25>:   mov    eax,DWORD PTR [ebp+0x10]
0x80483f8 <fun+28>:   add    eax,edx
0x80483fa <fun+30>:   mov    DWORD PTR [ebp-0x8],eax
0x80483fd <fun+33>:   mov    eax,DWORD PTR [ebp+0xc]
0x8048400 <fun+36>:   xor    eax,0x2
0x8048403 <fun+39>:   mov    DWORD PTR [ebp-0xc],eax
0x8048406 <fun+42>:   mov    eax,DWORD PTR [ebp-0xc]
0x8048409 <fun+45>:   leave
0x804840a <fun+46>:   ret    0xc
0x804840d <main>:     push   ebp
0x804840e <main+1>:   mov    ebp,esp
0x8048410 <main+3>:   sub    esp,0x10
0x8048413 <main+6>:   mov    DWORD PTR [ebp-0x4],0x80484e0
0x804841a <main+13>:  mov    DWORD PTR [ebp-0x8],0x11111111
0x8048421 <main+20>:  mov    DWORD PTR [ebp-0xc],0x22222222
0x8048428 <main+27>:  mov    eax,DWORD PTR [ebp-0xc]
0x804842b <main+30>:  xor    DWORD PTR [ebp-0x8],eax
0x804842e <main+33>:  push   0x66666666
0x8048433 <main+38>:  push   0x55555555
0x8048438 <main+43>:  push   0x44444444
0x804843d <main+48>:  call   0x80483dc <fun>
0x8048442 <main+53>:  mov    DWORD PTR [ebp-0x10],eax
0x8048445 <main+56>:  mov    eax,0x0
0x804844a <main+61>:  leave
0x804844b <main+62>:  ret
```

Ya no se modifica ESP tras el CALL, esto lo hace la función mediante instrucción *RET n,* donde *n* ahora tiene un valor *0xc* que indica el valor que se le debe restar a ESP para restablecer el marco de pila conforme estaba antes de que se invocara la función, justo lo que se le sumaba en la convención *cdecl*.

Por último, se puede observar, como el compilador también utiliza las instrucciones PUSH/POP dentro de la función, si se ve obligado a utilizar los registros. Como los registros contienen información de la función que lo invoca, debe guardar (*PUSH reg*) el valor de los registros que se vayan a usar, y restaurarlos al acabar (*POP reg*) para que la función que lo invoca no pierda la información almacenada en esos registros. Si por ejemplo se utiliza el modificador *register* en unas variables locales, se fuerza a usar registros y esto requiere de PUSH y POP para almacenar y restaurar los registros. En el siguiente código fuente, basado en el anterior, simplemente se agrega el modificador *register* a las variables locales de *fun()*:

```c
1  int fun(int a, int b, int c)
2  {
3      register int x, y, z;
4      x = a+5;
5      a++;
6      y = c+b*2;
7      z = b^2;
8
9      return z;
10 }
11
12 int main(void)
13 {
14     char *buffer = "Cadena de texto!";
15
16     int a = 0x11111111, b = 0x22222222;
17     int result;
18
19     a ^= b;
20
21     result = fun(0x44444444, 0x55555555, 0x66666666);
22
23     return 0;
24 }
25
```

Y el código objeto generado queda así:

```asm
0x80483dc <fun>:         push    ebp
0x80483dd <fun+1>:       mov     ebp,esp
0x80483df <fun+3>:       push    ebx
0x80483e0 <fun+4>:       add     DWORD PTR [ebp+0x8],0x1
0x80483e4 <fun+8>:       mov     eax,DWORD PTR [ebp+0xc]
0x80483e7 <fun+11>:      mov     ebx,eax
0x80483e9 <fun+13>:      xor     ebx,0x2
0x80483ec <fun+16>:      mov     eax,ebx
0x80483ee <fun+18>:      pop     ebx
0x80483ef <fun+19>:      pop     ebp
0x80483f0 <fun+20>:      ret
0x80483f1 <main>:        push    ebp
0x80483f2 <main+1>:      mov     ebp,esp
0x80483f4 <main+3>:      sub     esp,0x10
0x80483f7 <main+6>:      mov     DWORD PTR [ebp-0x4],0x80484d0
0x80483fe <main+13>:     mov     DWORD PTR [ebp-0x8],0x11111111
0x8048405 <main+20>:     mov     DWORD PTR [ebp-0xc],0x22222222
0x804840c <main+27>:     mov     eax,DWORD PTR [ebp-0xc]
0x804840f <main+30>:     xor     DWORD PTR [ebp-0x8],eax
0x8048412 <main+33>:     push    0x66666666
0x8048417 <main+38>:     push    0x55555555
0x804841c <main+43>:     push    0x44444444
0x8048421 <main+48>:     call    0x80483dc <fun>
0x8048426 <main+53>:     add     esp,0xc
0x8048429 <main+56>:     mov     DWORD PTR [ebp-0x10],eax
0x804842c <main+59>:     mov     eax,0x0
0x8048431 <main+64>:     leave
0x8048432 <main+65>:     ret
```

Aunque se han declarado las tres variables como *register*, al solo devolver *z*, la optimización del compilador ha optado por obviar los cálculos que no sean de esa variable, y es por eso que solo se utiliza un registro. En el siguiente ejemplo, veremos cómo se utilizan más registros haciendo que el valor de retorno tenga relación con las tres variables locales.

▼ x86 64 bits

En este caso es todo bastante parecido, pero hay unas peculiaridades que merecen la pena explicar en un apartado separado. Para detalles completos sobre esta arquitectura, se puede consultar el siguiente enlace:

✓ *https://software.intel.com/en-us/articles/introduction-to-x64-assembly*

Respecto a la invocación de funciones, hay ciertas modificaciones, por ejemplo,que en lugar de usar siempre la pila, se usan registros para los seis primeros argumentos. Esto se puede ver si modificamos el código fuente anterior para que la función tenga más argumentos:

```
1  int fun(int a, int b, int c, int d, int e, int f, int g)
2  {
3      register int x,y,z;
4
5      x = a+5;
6      a++;
7      y = c+b*2;
8      z = b^2;
9
10     return x+y+z;
11 }
12
13 int main(void)
14 {
15     char *buffer = "Cadena de texto!";
16
17     int a = 0x11111111, b = 0x22222222;
18     int result;
19
20     a ^= b;
21
22     result = fun(0x44444444, 0x55555555, 0x66666666, 0x77777777, 0x88888888, 0x99999999, 0x10101010);
23
24     return 0;
25 }
26
```

Hemos aprovechado, para modificar el valor de retorno, de tal forma que intervienen las tres variables declaradas como registro. Esto obligará a utilizar más registros y se podrá ver de qué manera lo almacena en la pila con PUSH/POP.

También observamos cómo se han agregado cuatro argumentos más, y el código objeto sería el siguiente:

```
0x4004ac  <fun>:      push    rbp
0x4004ad  <fun+1>:    mov     rbp,rsp
0x4004b0  <fun+4>:    push    r13
0x4004b2  <fun+6>:    push    r12
0x4004b4  <fun+8>:    push    rbx
0x4004b5  <fun+9>:    mov     DWORD PTR [rbp-0x1c],edi
0x4004b8  <fun+12>:   mov     DWORD PTR [rbp-0x20],esi
0x4004bb  <fun+15>:   mov     DWORD PTR [rbp-0x24],edx
0x4004be  <fun+18>:   mov     DWORD PTR [rbp-0x28],ecx
0x4004c1  <fun+21>:   mov     DWORD PTR [rbp-0x2c],r8d
0x4004c5  <fun+25>:   mov     DWORD PTR [rbp-0x30],r9d
0x4004c9  <fun+29>:   mov     eax,DWORD PTR [rbp-0x1c]
0x4004cc  <fun+32>:   lea     r13d,[rax+0x5]
0x4004d0  <fun+36>:   add     DWORD PTR [rbp-0x1c],0x1
0x4004d4  <fun+40>:   mov     eax,DWORD PTR [rbp-0x20]
0x4004d7  <fun+43>:   lea     edx,[rax+rax*1]
0x4004da  <fun+46>:   mov     eax,DWORD PTR [rbp-0x24]
0x4004dd  <fun+49>:   lea     r12d,[rdx+rax*1]
0x4004e1  <fun+53>:   mov     eax,DWORD PTR [rbp-0x20]
0x4004e4  <fun+56>:   mov     ebx,eax
0x4004e6  <fun+58>:   xor     ebx,0x2
0x4004e9  <fun+61>:   lea     eax,[r13+r12*1+0x0]
0x4004ee  <fun+66>:   add     eax,ebx
0x4004f0  <fun+68>:   pop     rbx
0x4004f1  <fun+69>:   pop     r12
0x4004f3  <fun+71>:   pop     r13
0x4004f5  <fun+73>:   pop     rbp
0x4004f6  <fun+74>:   ret
0x4004f7  <main>:     push    rbp
0x4004f8  <main+1>:   mov     rbp,rsp
0x4004fb  <main+4>:   sub     rsp,0x20
0x4004ff  <main+8>:   mov     QWORD PTR [rbp-0x8],0x40060c
0x400507  <main+16>:  mov     DWORD PTR [rbp-0xc],0x11111111
0x40050e  <main+23>:  mov     DWORD PTR [rbp-0x10],0x22222222
0x400515  <main+30>:  mov     eax,DWORD PTR [rbp-0x10]
0x400518  <main+33>:  xor     DWORD PTR [rbp-0xc],eax
0x40051b  <main+36>:  push    0x10101010
0x400520  <main+41>:  mov     r9d,0x99999999
0x400526  <main+47>:  mov     r8d,0x88888888
0x40052c  <main+53>:  mov     ecx,0x77777777
0x400531  <main+58>:  mov     edx,0x66666666
0x400536  <main+63>:  mov     esi,0x55555555
0x40053b  <main+68>:  mov     edi,0x44444444
0x400540  <main+73>:  call    0x4004ac <fun>
0x400545  <main+78>:  add     rsp,0x8
0x400549  <main+82>:  mov     DWORD PTR [rbp-0x14],eax
0x40054c  <main+85>:  mov     eax,0x0
0x400551  <main+90>:  leave
0x400552  <main+91>:  ret
```

Una vez que se han utilizado los seis registros (*edi, esi, edx, ecx, r8d, r9d*), el valor 0x10101010, se termina empujando a la pila con la instrucción PUSH, en lugar de utilizar un registro.

También se ve como en *fun()* ahora se utilizan tres registros (uno por variable local) y es por ello que se deben usar más instrucciones PUSH/POP.

▶ ARM 32 bits

En el caso de ARM vemos como es algo más parecido a x86/64 bits, ya que almacena los cuatro argumentos de una función, en registros (*R0, R1, R2, R3*). En la siguiente imagen, se ha compilado el código fuente anterior y se muestra el siguiente código objeto:

```
00009208  ; int __cdecl fun(int a, int b, int c, int d, int e, int f, int g)
00009208  EXPORT fun
00009208  fun
00009208
00009208  d= -0x1C
00009208  c= -0x18
00009208  b= -0x14
00009208  a= -0x10
00009208  e=  4
00009208  f=  8
00009208  g=  0xC
00009208
00009208  x = R6                          ; int
00009208  y = R5                          ; int
00009208  z = R4                          ; int
00009208  STMFD    SP!, {z-x,R11}
0000920C  ADD      R11, SP, #0xC
00009210  SUB      SP, SP, #0x0
00009214  STR      R0, [R11,#a]
00009218  STR      R1, [R11,#b]
0000921C  STR      R2, [R11,#c]
00009220  STR      R3, [R11,#d]
00009224  LDR      R3, [R11,#a]
00009228  ADD      x, R3, #1
0000922C  LDR      R3, [R11,#a]
00009230  ADD      R3, R3, #1
00009234  STR      R3, [R11,#a]
00009238  LDR      R3, [R11,#b]
0000923C  MOV      R2, R3,LSL#1
00009240  LDR      R3, [R11,#c]
00009244  ADD      y, R2, R3
00009248  LDR      R3, [R11,#b]
0000924C  EOR      z, R3, #2
00009250  ADD      R3, x, y
00009254  ADD      R3, R3, z
00009258  MOV      R0, R3
0000925C  SUB      SP, R11, #0xC
00009260  LDMFD    SP!, {z-x,R11}
00009264  BX       LR
00009264  ; End of function fun
```

Como se puede observar, ARM utiliza varios registros, pero son de uso temporal, por lo que no necesitan guardarse ni restaurarse, ya que se asume que después de salir de una función su valor se ha sobrescrito.

Por lo demás, y salvando las distancias entre mnemónicos, la estructura es similar a lo que ya hemos comentado.

4.5 CUESTIONES RESUELTAS

4.5.1 Enunciados

1. Identifica la estructura de código que se muestran en la siguiente imagen:

```
0x80483dc <main>:       push    ebp
0x80483dd <main+1>:     mov     ebp,esp
0x80483df <main+3>:     sub     esp,0x10
0x80483e2 <main+6>:     mov     DWORD PTR [ebp-0x4],0x11111111
0x80483e9 <main+13>:    jmp     0x80483ef <main+19>
0x80483eb <main+15>:    sub     DWORD PTR [ebp-0x4],0x1
0x80483ef <main+19>:    cmp     DWORD PTR [ebp-0x4],0x0
0x80483f3 <main+23>:    jne     0x80483eb <main+15>
0x80483f5 <main+25>:    mov     eax,0x0
0x80483fa <main+30>:    leave
0x80483fb <main+31>:    ret
```

a. if
b. while
c. for
d. do/while
e. swtich

2. Identifica la estructura de código que se muestran en la siguiente imagen:

```
    0x80483dc <main>:       push    ebp
    0x80483dd <main+1>:     mov     ebp,esp
    0x80483df <main+3>:     sub     esp,0x10
=>  0x80483e2 <main+6>:     mov     DWORD PTR [ebp-0x8],0x11111111
    0x80483e9 <main+13>:    mov     DWORD PTR [ebp-0x4],0x0
    0x80483f0 <main+20>:    cmp     DWORD PTR [ebp-0x8],0x4
    0x80483f4 <main+24>:    jne     0x80483fe <main+34>
    0x80483f6 <main+26>:    mov     eax,DWORD PTR [ebp-0x8]
    0x80483f9 <main+29>:    mov     DWORD PTR [ebp-0x4],eax
    0x80483fc <main+32>:    jmp     0x8048416 <main+58>
    0x80483fe <main+34>:    cmp     DWORD PTR [ebp-0x8],0x10
    0x8048402 <main+38>:    jne     0x804840f <main+51>
    0x8048404 <main+40>:    mov     eax,DWORD PTR [ebp-0x8]
    0x8048407 <main+43>:    add     eax,0x1
    0x804840a <main+46>:    mov     DWORD PTR [ebp-0x4],eax
    0x804840d <main+49>:    jmp     0x8048416 <main+58>
    0x804840f <main+51>:    mov     DWORD PTR [ebp-0x4],0xffffffff
    0x8048416 <main+58>:    mov     eax,DWORD PTR [ebp-0x4]
    0x8048419 <main+61>:    leave
    0x804841a <main+62>:    ret
```

    a. if
    b. while
    c. for
    d. do/while
    e. switch

3. Identifica la estructura de código que se muestran en la siguiente imagen:

```
0x80483dc <main>:      push    ebp
0x80483dd <main+1>:    mov     ebp,esp
0x80483df <main+3>:    sub     esp,0x10
0x80483e2 <main+6>:    mov     DWORD PTR [ebp-0x8],0x11111111
0x80483e9 <main+13>:   mov     eax,DWORD PTR [ebp-0x8]
0x80483ec <main+16>:   cmp     eax,0x4
0x80483ef <main+19>:   je      0x80483f8 <main+28>
0x80483f1 <main+21>:   cmp     eax,0x5
0x80483f4 <main+24>:   je      0x8048400 <main+36>
0x80483f6 <main+26>:   jmp     0x804840b <main+47>
0x80483f8 <main+28>:   mov     eax,DWORD PTR [ebp-0x8]
0x80483fb <main+31>:   mov     DWORD PTR [ebp-0x4],eax
0x80483fe <main+34>:   jmp     0x8048413 <main+55>
0x8048400 <main+36>:   mov     eax,DWORD PTR [ebp-0x8]
0x8048403 <main+39>:   add     eax,0x1
0x8048406 <main+42>:   mov     DWORD PTR [ebp-0x4],eax
0x8048409 <main+45>:   jmp     0x8048413 <main+55>
0x804840b <main+47>:   mov     DWORD PTR [ebp-0x4],0xffffffff
0x8048412 <main+54>:   nop
0x8048413 <main+55>:   mov     eax,DWORD PTR [ebp-0x4]
0x8048416 <main+58>:   leave
0x8048417 <main+59>:   ret
```

    a. if
    b. while
    c. for
    d. do/while
    e. switch

4. ¿Qué tipo de convención se sigue si la restauración del puntero de la cima de la pila se hace fuera de la función?:

    a. fastcall
    b. stdcall
    c. thiscall
    d. cdecl

5. ¿Cuál de los siguientes códigos fuentes ha generado el siguiente código objeto?:

```
0x80483dc <main>:       push    ebp
0x80483dd <main+1>:     mov     ebp,esp
0x80483df <main+3>:     sub     esp,0x10
0x80483e2 <main+6>:     mov     DWORD PTR [ebp-0x4],0x0
0x80483e9 <main+13>:    jmp     0x80483f3 <main+23>
0x80483eb <main+15>:    add     DWORD PTR [ebp-0x8],0x5
0x80483ef <main+19>:    add     DWORD PTR [ebp-0x4],0x1
0x80483f3 <main+23>:    cmp     DWORD PTR [ebp-0x4],0x100
0x80483fa <main+30>:    jle     0x80483eb <main+15>
0x80483fc <main+32>:    mov     eax,DWORD PTR [ebp-0x8]
0x80483ff <main+35>:    leave
0x8048400 <main+36>:    ret
```

a.

```
int main(void)
{
    int i;
    int result;

    for(i=0; i < 0x100; i++)
    {
        result +=5;
    }

    return result;
}
```

b.

```
int main(void)
{
    unsigned int i;
    int result;

    for(i=0; i <= 0x100; i++)
    {
        result +=5;
    }

    return result;
}
```

c.

```
int main(void)
{
    int i;
    int result;

    for(i=0; i <= 0x100; i++)
    {
        result +=5;
    }

    return result;
}
```

d.

```
int main(void)
{
    unsigned int i;
    int result;

    for(i=0; i < 0x100; i++)
    {
        result +=5;
    }

    return result;
}
```

6. ¿Cuántos argumentos tiene la siguiente función?:

```
0x80483dc <fun>:        push    ebp
0x80483dd <fun+1>:      mov     ebp,esp
0x80483df <fun+3>:      sub     esp,0x20
0x80483e2 <fun+6>:      mov     eax,DWORD PTR [ebp+0xc]
0x80483e5 <fun+9>:      mov     BYTE PTR [ebp-0x14],al
0x80483e8 <fun+12>:     movsx   edx,BYTE PTR [ebp-0x14]
0x80483ec <fun+16>:     mov     eax,DWORD PTR [ebp+0x8]
0x80483ef <fun+19>:     add     eax,edx
0x80483f1 <fun+21>:     mov     DWORD PTR [ebp-0x1c],eax
0x80483f4 <fun+24>:     fild    DWORD PTR [ebp-0x1c]
0x80483f7 <fun+27>:     fstp    DWORD PTR [ebp-0x18]
0x80483fa <fun+30>:     fld     DWORD PTR [ebp-0x18]
0x80483fd <fun+33>:     fld     DWORD PTR [ebp+0x10]
0x8048400 <fun+36>:     faddp   st(1),st
0x8048402 <fun+38>:     fnstcw  WORD PTR [ebp-0x12]
0x8048405 <fun+41>:     movzx   eax,WORD PTR [ebp-0x12]
0x8048409 <fun+45>:     mov     ah,0xc
0x804840b <fun+47>:     mov     WORD PTR [ebp-0x1e],ax
0x804840f <fun+51>:     fldcw   WORD PTR [ebp-0x1e]
0x8048412 <fun+54>:     fistp   DWORD PTR [ebp-0x4]
0x8048415 <fun+57>:     fldcw   WORD PTR [ebp-0x12]
0x8048418 <fun+60>:     leave
0x8048419 <fun+61>:     ret
```

    a. 6
    b. 3
    c. 4
    d. 8

7. ¿Qué estructura de código se observa en la siguiente imagen?:

```
0x80483dc <main>:       push    ebp
0x80483dd <main+1>:     mov     ebp,esp
0x80483df <main+3>:     sub     esp,0x10
0x80483e2 <main+6>:     mov     BYTE PTR [ebp-0x1],0x0
0x80483e6 <main+10>:    mov     eax,DWORD PTR [ebp+0xc]
0x80483e9 <main+13>:    add     eax,0x4
0x80483ec <main+16>:    mov     eax,DWORD PTR [eax]
0x80483ee <main+18>:    movzx   eax,BYTE PTR [eax]
0x80483f1 <main+21>:    mov     BYTE PTR [ebp-0x2],al
0x80483f4 <main+24>:    movsx   eax,BYTE PTR [ebp-0x2]
0x80483f8 <main+28>:    cmp     eax,0x41
0x80483fb <main+31>:    je      0x8048404 <main+40>
0x80483fd <main+33>:    cmp     eax,0x42
0x8048400 <main+36>:    je      0x804840a <main+46>
0x8048402 <main+38>:    jmp     0x8048410 <main+52>
0x8048404 <main+40>:    add     BYTE PTR [ebp-0x1],0x1
0x8048408 <main+44>:    jmp     0x804841a <main+62>
0x804840a <main+46>:    sub     BYTE PTR [ebp-0x1],0x1
0x804840e <main+50>:    jmp     0x804841a <main+62>
0x8048410 <main+52>:    movzx   eax,BYTE PTR [ebp-0x1]
0x8048414 <main+56>:    sub     eax,0xa
0x8048417 <main+59>:    mov     BYTE PTR [ebp-0x1],al
0x804841a <main+62>:    mov     eax,0x0
0x804841f <main+67>:    leave
0x8048420 <main+68>:    ret
```

a. if

b. while

c. switch

d. goto

8. ¿Cuánto espacio se reserva para el marco de pila en la función que se muestra en la imagen?:

```
0x80483dc <main>:        push    ebp
0x80483dd <main+1>:      mov     ebp,esp
0x80483df <main+3>:      sub     esp,0x10
0x80483e2 <main+6>:      mov     DWORD PTR [ebp-0x4],0x11
0x80483e9 <main+13>:     mov     eax,0x0
0x80483ee <main+18>:     leave
0x80483ef <main+19>:     ret
```

a. 0 *bytes*

b. 16 *bytes*

c. 17 *bytes*

d. No se puede determinar.

9. ¿Cuánto espacio se reserva para el marco de la pila en la función que se muestra en la imagen?:

```
0x00008dec <+0>:     push    {r11, lr}
0x00008df0 <+4>:     add     r11, sp, #4
0x00008df4 <+8>:     sub     sp, sp, #16
0x00008df8 <+12>:    sub     r3, r11, #20
0x00008dfc <+16>:    mov     r0, r3
0x00008e00 <+20>:    bl      0x8e48 <MyClass::MyClass()>
0x00008e04 <+24>:    ldr     r3, [pc, #48]    ; 0x8e3c <main()+80>
0x00008e08 <+28>:    str     r3, [r11, #-16]
0x00008e0c <+32>:    ldr     r3, [pc, #44]    ; 0x8e40 <main()+84>
0x00008e10 <+36>:    str     r3, [r11, #-12]
0x00008e14 <+40>:    ldr     r3, [pc, #40]    ; 0x8e44 <main()+88>
0x00008e18 <+44>:    str     r3, [r11, #-8]
0x00008e1c <+48>:    sub     r3, r11, #20
0x00008e20 <+52>:    mov     r0, r3
0x00008e24 <+56>:    bl      0x8d78 <MyClass::foo_public()>
0x00008e28 <+60>:    mov     r3, #0
0x00008e2c <+64>:    mov     r0, r3
0x00008e30 <+68>:    sub     sp, r11, #4
0x00008e34 <+72>:    pop     {r11, lr}
0x00008e38 <+76>:    bx      lr
0x00008e3c <+80>:    tstne   r1, r1, lsl r1
0x00008e40 <+84>:    andsne  r1, r2, #536870913       ; 0x20000001
0x00008e44 <+88>:    tstne   r3, #1275068416 ; 0x4c000000
```

a. 0x0 *bytes*

b. 0x4 *bytes*

c. 0x10 *bytes*

d. 20 *bytes*

10. ¿Cuántos argumentos se les pasan a la función *<MyClass::foo_public()>* que se muestra en la siguiente imagen?:

```
0x804841d <main()>:       push   ebp
0x804841e <main()+1>:     mov    ebp,esp
0x8048420 <main()+3>:     sub    esp,0x14
0x8048423 <main()+6>:     mov    DWORD PTR [ebp-0xc],0x11111111
0x804842a <main()+13>:    mov    DWORD PTR [ebp-0x8],0x12121212
0x8048431 <main()+20>:    mov    DWORD PTR [ebp-0x4],0x13131313
0x8048438 <main()+27>:    lea    eax,[ebp-0xc]
0x804843b <main()+30>:    mov    DWORD PTR [esp],eax
0x804843e <main()+33>:    call   0x80483dc <MyClass::foo_public()>
0x8048443 <main()+38>:    mov    eax,0x0
0x8048448 <main()+43>:    leave
0x8048449 <main()+44>:    ret
```

    a. 1
    b. 2
    c. 3
    d. 4

4.5.2 Soluciones

1. d

2. a

3. e

4. d

5. c

6. b

7. c

8. b

9. c

10. a

4.6 EJERCICIOS PROPUESTOS

1. Reconstruir el siguiente código objeto a código fuente en C:

```
0x80483dc <main>:        push    ebp
0x80483dd <main+1>:      mov     ebp,esp
0x80483df <main+3>:      sub     esp,0x10
0x80483e2 <main+6>:      mov     BYTE PTR [ebp-0x5],0x43
0x80483e6 <main+10>:     movsx   eax,BYTE PTR [ebp-0x5]
0x80483ea <main+14>:     cmp     eax,0x42
0x80483ed <main+17>:     je      0x8048410 <main+52>
0x80483ef <main+19>:     cmp     eax,0x42
0x80483f2 <main+22>:     jg      0x80483fb <main+31>
0x80483f4 <main+24>:     cmp     eax,0x41
0x80483f7 <main+27>:     je      0x8048407 <main+43>
0x80483f9 <main+29>:     jmp     0x8048430 <main+84>
0x80483fb <main+31>:     cmp     eax,0x43
0x80483fe <main+34>:     je      0x8048419 <main+61>
0x8048400 <main+36>:     cmp     eax,0x44
0x8048403 <main+39>:     je      0x804841f <main+67>
0x8048405 <main+41>:     jmp     0x8048430 <main+84>
0x8048407 <main+43>:     mov     DWORD PTR [ebp-0x4],0x0
0x804840e <main+50>:     jmp     0x8048431 <main+85>
0x8048410 <main+52>:     mov     DWORD PTR [ebp-0x4],0xa
0x8048417 <main+59>:     jmp     0x8048431 <main+85>
0x8048419 <main+61>:     add     DWORD PTR [ebp-0x4],0x5
0x804841d <main+65>:     jmp     0x8048431 <main+85>
0x804841f <main+67>:     mov     edx,DWORD PTR [ebp-0x4]
0x8048422 <main+70>:     mov     eax,edx
0x8048424 <main+72>:     shl     eax,0x2
0x8048427 <main+75>:     add     eax,edx
0x8048429 <main+77>:     add     eax,eax
0x804842b <main+79>:     mov     DWORD PTR [ebp-0x4],eax
0x804842e <main+82>:     jmp     0x8048431 <main+85>
0x8048430 <main+84>:     nop
0x8048431 <main+85>:     mov     eax,DWORD PTR [ebp-0x4]
0x8048434 <main+88>:     leave
0x8048435 <main+89>:     ret
```

2. Reconstruir el siguiente código objeto a código fuente en C:

```
0x804849c <main>:        push    ebp
0x804849d <main+1>:      mov     ebp,esp
0x804849f <main+3>:      and     esp,0xfffffff0
0x80484a2 <main+6>:      sub     esp,0x20
0x80484a5 <main+9>:      mov     DWORD PTR [esp+0x1c],0x0
0x80484ad <main+17>:     lea     eax,[esp+0x14]
0x80484b1 <main+21>:     mov     DWORD PTR [esp+0x4],eax
0x80484b5 <main+25>:     mov     DWORD PTR [esp],0x80485f0
0x80484bc <main+32>:     call    0x80483a0 <__isoc99_scanf@plt>
0x80484c1 <main+37>:     mov     DWORD PTR [esp],0x80485f3
0x80484c8 <main+44>:     call    0x8048370 <puts@plt>
0x80484cd <main+49>:     mov     DWORD PTR [esp+0x18],0x1
0x80484d5 <main+57>:     jmp     0x80484fd <main+97>
0x80484d7 <main+59>:     mov     eax,DWORD PTR [esp+0x1c]
0x80484db <main+63>:     mov     DWORD PTR [esp],eax
0x80484de <main+66>:     call    0x804850e <fun>
0x80484e3 <main+71>:     mov     DWORD PTR [esp+0x4],eax
0x80484e7 <main+75>:     mov     DWORD PTR [esp],0x80485fe
0x80484ee <main+82>:     call    0x8048360 <printf@plt>
0x80484f3 <main+87>:     add     DWORD PTR [esp+0x1c],0x1
0x80484f8 <main+92>:     add     DWORD PTR [esp+0x18],0x1
0x80484fd <main+97>:     mov     eax,DWORD PTR [esp+0x14]
0x8048501 <main+101>:    cmp     DWORD PTR [esp+0x18],eax
0x8048505 <main+105>:    jle     0x80484d7 <main+59>
0x8048507 <main+107>:    mov     eax,0x0
0x804850c <main+112>:    leave
0x804850d <main+113>:    ret
0x804850e <fun>:         push    ebp
0x804850f <fun+1>:       mov     ebp,esp
0x8048511 <fun+3>:       push    ebx
0x8048512 <fun+4>:       sub     esp,0x14
0x8048515 <fun+7>:       cmp     DWORD PTR [ebp+0x8],0x0
0x8048519 <fun+11>:      jne     0x8048522 <fun+20>
0x804851b <fun+13>:      mov     eax,0x0
0x8048520 <fun+18>:      jmp     0x804854f <fun+65>
0x8048522 <fun+20>:      cmp     DWORD PTR [ebp+0x8],0x1
0x8048526 <fun+24>:      jne     0x804852f <fun+33>
0x8048528 <fun+26>:      mov     eax,0x1
0x804852d <fun+31>:      jmp     0x804854f <fun+65>
0x804852f <fun+33>:      mov     eax,DWORD PTR [ebp+0x8]
0x8048532 <fun+36>:      sub     eax,0x1
0x8048535 <fun+39>:      mov     DWORD PTR [esp],eax
0x8048538 <fun+42>:      call    0x804850e <fun>
0x804853d <fun+47>:      mov     ebx,eax
0x804853f <fun+49>:      mov     eax,DWORD PTR [ebp+0x8]
0x8048542 <fun+52>:      sub     eax,0x2
0x8048545 <fun+55>:      mov     DWORD PTR [esp],eax
0x8048548 <fun+58>:      call    0x804850e <fun>
0x804854d <fun+63>:      add     eax,ebx
0x804854f <fun+65>:      add     esp,0x14
0x8048552 <fun+68>:      pop     ebx
0x8048553 <fun+69>:      pop     ebp
0x8048554 <fun+70>:      ret
```

Dato adicional:

```
gdb-peda$ x/s 0x80485f0
0x80485f0:        "%d"
gdb-peda$ x/s 0x80485f3
0x80485f3:        "Resultado:"
gdb-peda$ x/s 0x80485fe
0x80485fe:        "%d\n"
```

3. Reconstruir el siguiente código objeto a código fuente en C:

```
0x804847c <main>:       push    ebp
0x804847d <main+1>:     mov     ebp,esp
0x804847f <main+3>:     and     esp,0xfffffff0
0x8048482 <main+6>:     sub     esp,0x30
0x8048485 <main+9>:     cmp     DWORD PTR [ebp+0x8],0x1
0x8048489 <main+13>:    jg      0x80484a7 <main+43>
0x804848b <main+15>:    mov     eax,DWORD PTR [ebp+0xc]
0x804848e <main+18>:    mov     eax,DWORD PTR [eax]
0x8048490 <main+20>:    mov     DWORD PTR [esp+0x4],eax
0x8048494 <main+24>:    mov     DWORD PTR [esp],0x8048590
0x804849b <main+31>:    call    0x8048340 <printf@plt>
0x80484a0 <main+36>:    mov     eax,0xffffffff
0x80484a5 <main+41>:    jmp     0x80484fc <main+128>
0x80484a7 <main+43>:    mov     eax,DWORD PTR [ebp+0xc]
0x80484aa <main+46>:    add     eax,0x4
0x80484ad <main+49>:    mov     eax,DWORD PTR [eax]
0x80484af <main+51>:    add     eax,0x2
0x80484b2 <main+54>:    movzx   eax,BYTE PTR [eax]
0x80484b5 <main+57>:    cmp     al,0x4f
0x80484b7 <main+59>:    jne     0x80484eb <main+111>
0x80484b9 <main+61>:    mov     eax,DWORD PTR [ebp+0xc]
0x80484bc <main+64>:    add     eax,0x4
0x80484bf <main+67>:    mov     eax,DWORD PTR [eax]
0x80484c1 <main+69>:    add     eax,0x3
0x80484c4 <main+72>:    movzx   eax,BYTE PTR [eax]
0x80484c7 <main+75>:    cmp     al,0x4b
0x80484c9 <main+77>:    jne     0x80484eb <main+111>
0x80484cb <main+79>:    mov     eax,DWORD PTR [ebp+0xc]
0x80484ce <main+82>:    add     eax,0x4
0x80484d1 <main+85>:    mov     eax,DWORD PTR [eax]
0x80484d3 <main+87>:    mov     DWORD PTR [esp+0x4],eax
0x80484d7 <main+91>:    lea     eax,[esp+0x10]
0x80484db <main+95>:    mov     DWORD PTR [esp],eax
0x80484de <main+98>:    call    0x8048350 <strcpy@plt>
0x80484e3 <main+103>:   nop
0x80484e4 <main+104>:   mov     eax,0x0
0x80484e9 <main+109>:   jmp     0x80484fc <main+128>
0x80484eb <main+111>:   mov     DWORD PTR [esp],0x80485a4
0x80484f2 <main+118>:   call    0x8048360 <puts@plt>
0x80484f7 <main+123>:   mov     eax,0xffffffff
0x80484fc <main+128>:   leave
0x80484fd <main+129>:   ret
```

Dato adicional:

```
gdb-peda$ x/s 0x8048590
0x8048590:        "Uso: %s argumento\n"
gdb-peda$ x/s 0x80485a4
0x80485a4:        "Formato incorrecto de argumento."
```

Cuestiones adicionales:

- ¿Hay alguna vulnerabilidad en el código anterior?
- ¿Qué modificaciones se pueden hacer para evitar problemas de seguridad?

5

FORMATOS DE FICHEROS BINARIOS
Y ENLAZADORES DINÁMICOS

Introducción

En esta unidad se explicarán los detalles característicos de los ficheros binarios PE y ELF. Sus estructuras internas, detalles de implementación así como los detalles del cargador dinámico, implicado en el proceso de carga del fichero en memoria para su posterior ejecución por parte del sistema operativo.

Objetivos

Cuando el alumno finalice la unidad será capaz de interpretar un fichero binario sin más herramientas que un editor hexadecimal. El conocimiento adquirido le permitirá acceder a cualquier sección del fichero para su extracción y/o modificación. También será capaz de analizar el proceso de carga dinámica, lo que le permitirá analizar el fichero binario desde antes de que este sea cargado totalmente.

5.1 CONCEPTOS PRELIMINARES

Cuando se lleva a cabo la compilación de un código fuente, y se obtiene el código objeto, en el caso de **gcc** normalmente ficheros con extensión *.o*. Estos que contienen la traducción de código fuente a código objeto, no pueden ser ejecutados por el sistema operativo tal y como están. Esto es debido a que el sistema operativo necesita preparar el entorno de ejecución previamente a su ejecución. Para eso es necesario conocer bastantes detalles adicionales al introducido en el código objeto.

La reutilización de código, es un gran avance en temas de desarrollo de *software*. Poder usar funciones y código desarrollado por terceros, que hacen lo que deben y que, aunque no se conozcan los detalles de su implementación, sea posible utilizarlos para cumplir con acciones concretas de manera correcta, es sin duda una utilidad vital para cualquier *software*. Escribir un código desde cero, incluido la gestión de memoria, manejo de cadenas, gestión protocolos de red, de gestión de ficheros y demás, impediría poder desarrollar *software* avanzado o *software* básico en un tiempo razonable.

Es por esto que se hace uso de librerías. Estas son ficheros objeto que exportan funciones para que puedan ser utilizadas por terceros, simplemente incluyendo una referencia a ellas en el fichero binario ejecutable. En enlazador dinámico es el encargado de crear el fichero binario ejecutable e introducir esta información, para que el sistema operativo al tratar de ejecutarlo, pueda obtener dicha información, localizar dichas librerías en el ordenador en el que se trata de ejecutar y de pasar el control finalmente al código objeto.

Este proceso, aunque puede resultar trivial, conlleva la solución a varios problemas. Uno de ellos y más evidente, es el hecho de que cada librería pueden ser cargada en memoria en direcciones diferentes, por lo que hacer un salto a una función en concreto, cuando en un ordenador con un sistema operativo concreto está en una dirección y en otro ordenador con un sistema operativo idéntico esa misma librería se carga en otra dirección, es un problema a resolver por el enlazador dinámico y la información contenida en los formatos de ficheros binarios.

Hoy día debido a los sistemas antiexplotación, es especialmente importante poder localizar las funciones, ya que, ya no de un ordenador a otro, sino en un mismo ordenador cada vez que se reinicia o ejecuta de nuevo en el caso de Linux, es posible que las librerías se carguen en direcciones diferentes y esto, desde el punto de vista de unir funciones para poder ejecutar un *software* completo, puede ser un gran problema.

Es importante también destacar la portabilidad entre distintas arquitecturas de *hardware* siempre y cuando mantengan el mismo sistema operativo. Esto es gracias a la interfaz binaria de aplicación **ABI** (*Application Binary Interface*) que describe la interfaz de bajo nivel entre una aplicación y el sistema operativo, entre una aplicación y sus bibliotecas, o entre partes componentes de una aplicación.

Un ABI es distinto de una interfaz de programación de aplicaciones **API** (*Application Programming Interface*) en que un API define la interfaz entre el código fuente y bibliotecas, por esto ese mismo código fuente compilará en cualquier sistema que soporte esa API, mientras que un ABI permite que un código objeto compilado funcione sin cambios sobre cualquier sistema usando un ABI compatible.

A continuación vamos a estudiar tanto los formatos de ficheros binarios, como los cargadores dinámicos utilizados por el sistema operativo para cada uno de ellos, que se encargan de analizar el fichero binario para proporcionar las librerías requeridas para su ejecución, así como de reservar memoria para cargar el proceso en memoria y pasarle el flujo del programa finalmente.

Cabe destacar que este texto no pretende ser una guía detallada sobre el formato de ficheros, sino un enfoque práctico mediante el cual el lector pueda familiarizarse con los formatos de fichero binarios y cargadores dinámicos, desde un punto de vista práctico y no tan solo teórico como puede ser una guía completa de referencia sobre los mismos.

5.2 BINARIOS ELF

El formato **ELF** (*Executable and Linkable Format*) es un formato de archivo para ejecutables, código objeto, bibliotecas compartidas y volcados de memoria. Fue desarrollado por *Unix System Laboratories* como parte de la ABI. En principio fue desarrollado para plataformas de 32 bits, a pesar de que hoy en día se usa en gran variedad de sistemas.

Es el formato ejecutable usado mayoritariamente en los sistemas tipo UNIX como GNU/Linux, BSD, Solaris, Irix. Existen otros formatos soportados en algunos de estos sistemas como COFF o *a.out*, pero ELF es sin duda el más usado.

El formato **COFF**, también llamado *Common Object File Format*, es una especificación de formato para archivos ejecutables, código objeto y bibliotecas compartidas, usada en sistemas Unix. Se introdujo en Unix System V, remplazando al formato *a.out* usado anteriormente, y constituyó la base para especificaciones extendidas como XCOFF y ECOFF, antes de ser reemplazado en gran medida por ELF, introducida por SVR4. COFF y sus variantes siguen siendo usados en algunos sistemas Unix-like, en Microsoft Windows, en entornos EFI y en algunos sistemas de desarrollo embebidos.

El formato **a.out** es un formato de archivo usado en versiones antiguas de sistemas operativos tipo Unix, para ejecutables, código objeto, y –en sistemas posteriores– bibliotecas compartidas. Su nombre proviene de la contracción de la expresión en inglés *assembler output*, de acuerdo a lo dicho por Dennis Ritchie en su trabajo *The Development of the C Language*; a.out sigue siendo el nombre de archivo de salida por defecto para ejecutables creados por ciertos compiladores/enlazadores cuando no se especifica un nombre de archivo de salida, aunque estos ejecutables ya no estén en el formato *a.out*.

El siguiente enlace contiene todos los detalles sobre el formato de fichero ELF así como detalles del cargador dinámico utilizado por el sistema operativo para cargar el fichero ejecutable:

✔ *http://docs.oracle.com/cd/E19253-01/817-1984/chapter6-46512/index.html*

5.2.1 Formato de fichero

Debido al gran trabajo de **Ange Albertini** (*http://corkami.com*) en cuanto a condensación de información sobre formatos de ficheros, se va a hacer uso aquí de estas imágenes, un resumen de los formatos de fichero para que el lector las conozca y pueda hacer uso de ellas.

En este caso que nos ocupa, vemos el formato de fichero ELF:

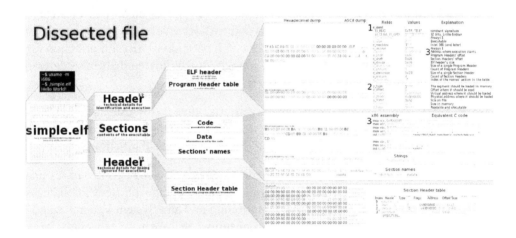

Los ficheros binarios ELF pueden ser tres tipos de objetos:

▶ **Objeto reubicable:** un fichero objeto reubicable tiene secciones que contienen código y datos. Este archivo está preparado para ser enlazado con otros ficheros objeto reubicables, para crear archivos ejecutables dinámicos, archivos de objetos compartidos u otro objeto reubicable

▶ **Ejecutable dinámico:** este tipo de fichero es un programa que está listo para ejecutarse. El archivo especifica cómo el cargador dinámico debe crear la imagen del proceso en memoria. Normalmente depende de objetos compartidos que deben ser resueltos en tiempo de ejecución para crear una imagen final del proceso en memoria.

▼ **Objeto compartido:** un fichero de objeto compartido contiene código y datos que pueden ser enlazados. El enlazador puede procesar este archivo con otros ficheros objeto reubicables y ficheros de objetos compartidos para crear otros ficheros objeto. El enlazador es capaz, en tiempo de ejecución, de combinar este archivo con un fichero ejecutable dinámico u otros ficheros de objetos compartidos, para crear una imagen del proceso en memoria.

Un fichero ELF está organizado en varias secciones. Una vez cargado en memoria, estas secciones pueden ir juntas en varios segmentos de memoria, tal y como se puede ver en la siguiente imagen:

Linking view	Execution view
ELF header	ELF header
Program header table (optional)	Program header table
Section 1	Segment 1
. . .	
Section n	Segment 2
. . .	
. . .	. . .
Section header table	Section header table (optional)

Vamos a partir de un ejemplo básico cuyo código fuente incluya la utilización de funciones de librerías externas, para ver de qué modo se genera el binario ELF y cómo el cargador dinámico lee la información del binario para cargar la imagen en memoria, resolver las dependencias de librerías externas y finalmente ejecutar el código.

El código fuente del ejemplo que vamos a analizar, es el siguiente:

```c
1  #include <stdio.h>
2
3  int main(void)
4  {
5      char *texto = "Hola Mundo!\n";
6
7      printf("%s", texto);
8
9      return 0;
10
11 }
12
```

Ilustración 22. helloworld.c

Compilamos el código en 32 bits:

```
$ gcc -m32 helloworld.c
```

Y nos genera por defecto un fichero cuyo nombre es a.out. Apoyándonos en este documento, donde se detalla la estructura de los binarios ELF:

✓ *http://docs.oracle.com/cd/E19253-01/817-1984/chapter6-46512/index.html*

▼ **Cabecera ELF**

Vamos a analizar el fichero generado. Ya que lo primero que se encuentra en él es la cabecera ELF, cuya estructura para 32 bits es la siguiente:

```
#define EI_NIDENT       16

typedef struct {
        unsigned char   e_ident[EI_NIDENT];
        Elf32_Half      e_type;
        Elf32_Half      e_machine;
        Elf32_Word      e_version;
        Elf32_Addr      e_entry;
        Elf32_Off       e_phoff;
        Elf32_Off       e_shoff;
        Elf32_Word      e_flags;
        Elf32_Half      e_ehsize;
        Elf32_Half      e_phentsize;
        Elf32_Half      e_phnum;
        Elf32_Half      e_shentsize;
        Elf32_Half      e_shnum;
        Elf32_Half      e_shstrndx;
} Elf32_Ehdr;
```

Vamos a analizar dicha estructura directamente del fichero generado con el siguiente comando:

```
$ readelf -h a.out; hd a.out | head -4
```

De esta forma podemos mostrar la información en detalle con '*readelf*' y literal en hexadecimal, con el comando '*hd*':

```
ELF Header:
  Magic:    7f 45 4c 46 01 01 01 00 00 00 00 00 00 00 00 00
  Class:                             ELF32
  Data:                              2's complement, little endian
  Version:                           1 (current)
  OS/ABI:                            UNIX - System V
  ABI Version:                       0
  Type:                              EXEC (Executable file)
  Machine:                           Intel 80386
  Version:                           0x1
  Entry point address:               0x8048330
  Start of program headers:          52 (bytes into file)
  Start of section headers:          1996 (bytes into file)
  Flags:                             0x0
  Size of this header:               52 (bytes)
  Size of program headers:           32 (bytes)
  Number of program headers:         8
  Size of section headers:           40 (bytes)
  Number of section headers:         31
  Section header string table index: 28
00000000 7f 45 4c 46 01 01 01 00 00 00 00 00 00 00 00 00  |.ELF............|
00000010 02 00 03 00 01 00 00 00 30 83 04 08 34 00 00 00  |........0...4...|
00000020 cc 07 00 00 00 00 00 00 34 00 20 00 08 00 28 00  |........4.....(.|
00000030 1f 00 1c 00 06 00 00 00 34 00 00 00 34 80 04 08  |........4...4...|
```

Para una mayor claridad, vamos a seguir este mismo código de colores, para relacionar la estructura del formato de cabecera ELF, (localizable en */usr/include/ elf.h*) con la imagen anterior:

```
/* The ELF file header.  This appears at the start of every ELF file.  */

#define EI_NIDENT (16)

typedef struct
{
    unsigned char e_ident[EI_NIDENT]; /* Magic number and other info */
    Elf32_Half    e_type;             /* Object file type */
    Elf32_Half    e_machine;          /* Architecture */
    Elf32_Word    e_version;          /* Object file version */
    Elf32_Addr    e_entry;            /* Entry point virtual address */
    Elf32_Off e_phoff;            /* Program header table file offset */
    Elf32_Off e_shoff;            /* Section header table file offset */
    Elf32_Word    e_flags;            /* Processor-specific flags */
    Elf32_Half    e_ehsize;           /* ELF header size in bytes */
    Elf32_Half    e_phentsize;            /* Program header table entry size */
    Elf32_Half    e_phnum;            /* Program header table entry count */
    Elf32_Half    e_shentsize;            /* Section header table entry size */
    Elf32_Half    e_shnum;            /* Section header table entry count */
    Elf32_Half    e_shstrndx;         /* Section header string table index */
} Elf32_Ehdr;
```

La interpretación de *e_ident* la podemos extraer de las constantes del fichero *elf.h*.

Con esta información podemos localizar el resto de secciones accediendo a las cabeceras correspondientes, tanto las de programa como las de sección.

▼ SEGMENTOS

Por orden de aparición en la estructura anterior, vamos a acceder en primer lugar a la cabecera de programa (*Program header*) para ello volvamos a ver los datos de la cabecera del fichero ELF:

```
ELF Header:
  Magic:   7f 45 4c 46 01 01 01 00 00 00 00 00 00 00 00 00
  Class:                             ELF32
  Data:                              2's complement, little endian
  Version:                           1 (current)
  OS/ABI:                            UNIX - System V
  ABI Version:                       0
  Type:                              EXEC (Executable file)
  Machine:                           Intel 80386
  Version:                           0x1
  Entry point address:               0x8048330
  Start of program headers:          52 (bytes into file)
  Start of section headers:          1996 (bytes into file)
  Flags:                             0x0
  Size of this header:               52 (bytes)
  Size of program headers:           32 (bytes)
  Number of program headers:         8
  Size of section headers:           40 (bytes)
  Number of section headers:         31
  Section header string table index: 28
```

En vista de ejecución, se refieren a segmentos y las características de cada uno de ellos se almacenan en forma de *array* de estructuras de cabecera de programa (*Program header*), donde vemos que la primera cabecera comienza en el *offset* 52 (inmediatamente después de la cabera de fichero ELF), que hay un total de ocho segmentos y que cada uno ocupa 32 *bytes*.

Tal y como hicimos antes, partiendo de la estructura que define los segmentos:

```c
/* Program segment header. */

typedef struct
{
  Elf32_Word    p_type;        /* Segment type */
  Elf32_Off p_offset;          /* Segment file offset */
  Elf32_Addr    p_vaddr;       /* Segment virtual address */
  Elf32_Addr    p_paddr;       /* Segment physical address */
  Elf32_Word    p_filesz;      /* Segment size in file */
  Elf32_Word    p_memsz;       /* Segment size in memory */
  Elf32_Word    p_flags;       /* Segment flags */
  Elf32_Word    p_align;       /* Segment alignment */
} Elf32_Phdr;
```

Vamos a leer dicha información del binario con el comando *readelf* y luego lo comprobaremos sobre el volcado en hexadecimal el mismo fichero binario:

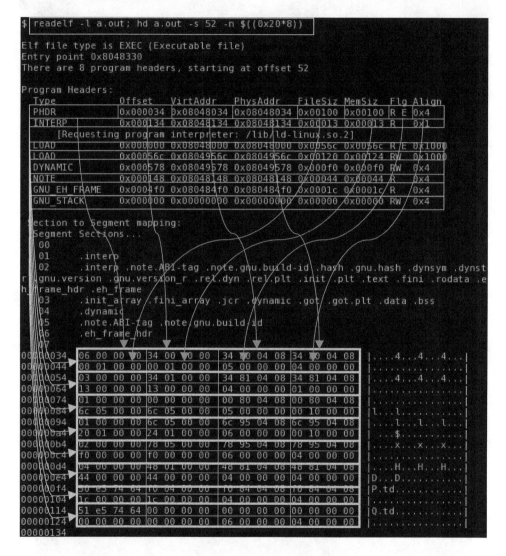

Para volcar el contenido en hexadecimal, utilizamos el comando remarcado en amarillo, que salta hasta el *byte* 52 (obtenido de la cabecera ELF) y muestra los siguientes 0x20 (tamaño de un segmento) por 8 (número de segmentos identificados en la cabecera ELF). Cada entrada contiene el *offset* o desplazamiento de fichero donde se almacena el contenido del segmento.

En la zona del centro de la imagen:

```
Section to Segment mapping:
 Segment Sections...
  00
  01     .interp
  02     .interp .note.ABI-tag .note.gnu.build-id .hash .gnu.hash .dynsym .dynst
r .gnu.version .gnu.version_r .rel.dyn .rel.plt .init .plt .text .fini .rodata .e
h_frame_hdr .eh_frame
  03     .init_array .fini_array .jcr .dynamic .got .got.plt .data .bss
  04     .dynamic
  05     .note.ABI-tag .note.gnu.build-id
  06     .eh_frame_hdr
  07
```

Se muestran los nombres de las secciones que lo contienen, habiendo varios casos en los que se contienen varias secciones.

Nótese que el segmento 01 cuyo *offset* es 0x30 y *size* 0x100, es precisamente el *Program Header* denotado con la constante PHDR (*Process Header*). También Nótese que la sección 02 tiene como *offset* 0x000000 y *size* 0x0000056c, esto indica que incluye los segmentos 00 y 01.

▼ **SECCIONES**

Para poder interpretar las secciones, vamos a ver la cabecera de secciones que se indica en la cabecera ELF:

```
ELF Header:
  Magic:   7f 45 4c 46 01 01 01 00 00 00 00 00 00 00 00 00
  Class:                             ELF32
  Data:                              2's complement, little endian
  Version:                           1 (current)
  OS/ABI:                            UNIX - System V
  ABI Version:                       0
  Type:                              EXEC (Executable file)
  Machine:                           Intel 80386
  Version:                           0x1
  Entry point address:               0x8048330
  Start of program headers:          52 (bytes into file)
  Start of section headers:          1996 (bytes into file)
  Flags:                             0x0
  Size of this header:               52 (bytes)
  Size of program headers:           32 (bytes)
  Number of program headers:         8
  Size of section headers:           40 (bytes)
  Number of section headers:         31
  Section header string table index: 28
```

Ilustración 23. ELF Header, Secciones

Aquí podemos ver que la cabecera de secciones está localizada en el *offset* 1996 del fichero binario; que el tamaño que ocupa cada sección es de 40 *bytes*; que hay un total de 31 secciones y que la sección número 28 contiene la tabla de nombres de secciones.

Partiendo de la estructura de la cabecera de sección:

```
/* Section header.  */

typedef struct
{
  Elf32_Word      sh_name;            /* Section name (string tbl index) */
  Elf32_Word      sh_type;            /* Section type */
  Elf32_Word      sh_flags;           /* Section flags */
  Elf32_Addr      sh_addr;            /* Section virtual addr at execution */
  Elf32_Off sh_offset;          /* Section file offset */
  Elf32_Word      sh_size;            /* Section size in bytes */
  Elf32_Word      sh_link;            /* Link to another section */
  Elf32_Word      sh_info;            /* Additional section information */
  Elf32_Word      sh_addralign;        /* Section alignment */
  Elf32_Word      sh_entsize;         /* Entry size if section holds table */
} Elf32_Shdr;
```

Vamos a leer dicha información del binario con el comando *readelf* y luego lo comprobaremos sobre el volcado en hexadecimal el mismo fichero binario. Respecto al volcado en hexadecimal vamos a acceder al *offset 1996* del fichero para leer la tabla de secciones, y leeremos 40 *bytes* por sección. Dichos valores los hemos obtenido de la cabecera ELF, tal y como se puede ver en la **Ilustración 23**.

Si quisiéramos acceder a la primera de las secciones, podríamos hacerlo de la siguiente forma:

```
$ hd a.out -s $((1996+40* )) -n 40
```

A la segunda sección lo haríamos con:

```
$ hd a.out -s $((1996+40* )) -n 40
```

Y así sucesivamente hasta la sección 31:

```
$ hd a.out -s $((1996+40*   )) -n 40
```

O bien podemos mostrar la cabecera del fichero ELF más las 31 secciones seguidas con el siguiente comando:

```
$ readelf -S a.out; hd a.out -s 1996 -n $((40*31))
```

```
There are 31 section headers, starting at offset 0x7cc:

Section Headers:
  [Nr] Name              Type            Addr     Off    Size   ES Flg Lk Inf Al
  [ 0]                   NULL            00000000 000000 000000 00       0   0  0
  [ 1] .interp           PROGBITS        08048134 000134 000013 00   A   0   0  1
  [ 2] .note.ABI-tag     NOTE            08048148 000148 000020 00   A   0   0  4
  [ 3] .note.gnu.build-i NOTE            08048168 000168 000024 00   A   0   0  4
  [ 4] .hash             HASH            0804818c 00018c 000028 04   A   6   0  4
  [ 5] .gnu.hash         GNU_HASH        080481b4 0001b4 000020 04   A   6   0  4
  [ 6] .dynsym           DYNSYM          080481d4 0001d4 000050 10   A   7   1  4
  [ 7] .dynstr           STRTAB          08048224 000224 00004c 00   A   0   0  1
  [ 8] .gnu.version      VERSYM          08048270 000270 00000a 02   A   6   0  2
  [ 9] .gnu.version_r    VERNEED         0804827c 00027c 000020 00   A   7   1  4
  [10] .rel.dyn          REL             0804829c 00029c 000008 08   A   6   0  4
  [11] .rel.plt          REL             080482a4 0002a4 000018 08   A   6  13  4
  [12] .init             PROGBITS        080482bc 0002bc 000026 00   AX  0   0  4
  [13] .plt              PROGBITS        080482f0 0002f0 000040 04   AX  0   0 16
  [14] .text             PROGBITS        08048330 000330 000190 00   AX  0   0 16
  [15] .fini             PROGBITS        080484c0 0004c0 000017 00   AX  0   0  4
  [16] .rodata           PROGBITS        080484d8 0004d8 000018 00   A   0   0  4
  [17] .eh_frame_hdr     PROGBITS        080484f0 0004f0 00001c 00   A   0   0  4
  [18] .eh_frame         PROGBITS        0804850c 00050c 000060 00   A   0   0  4
  [19] .init_array       INIT_ARRAY      0804956c 00056c 000004 00   WA  0   0  4
  [20] .fini_array       FINI_ARRAY      08049570 000570 000004 00   WA  0   0  4
  [21] .jcr              PROGBITS        08049574 000574 000004 00   WA  0   0  4
  [22] .dynamic          DYNAMIC         08049578 000578 0000f0 08   WA  7   0  4
  [23] .got              PROGBITS        08049668 000668 000004 04   WA  0   0  4
  [24] .got.plt          PROGBITS        0804966c 00066c 000018 04   WA  0   0  4
  [25] .data             PROGBITS        08049684 000684 000008 00   WA  0   0  4
  [26] .bss              NOBITS          0804968c 00068c 000004 00   WA  0   0  4
  [27] .comment          PROGBITS        00000000 00068c 000038 01   MS  0   0  1
  [28] .shstrtab         STRTAB          00000000 0006c4 000106 00       0   0  1
  [29] .symtab           SYMTAB          00000000 000ca4 000430 10      30  45  4
  [30] .strtab           STRTAB          00000000 0010d4 000258 00       0   0  1
Key to Flags:
  W (write), A (alloc), X (execute), M (merge), S (strings)
  I (info), L (link order), G (group), T (TLS), E (exclude), x (unknown)
  O (extra OS processing required) o (OS specific) p (processor specific)
000007cc  00 00 00 00 00 00 00 00  00 00 00 00 00 00 00 00  |................|
*
000007ec  00 00 00 00 00 00 00 00  1b 00 00 00 01 00 00 00  |................|
000007fc  02 00 00 00 34 81 04 08  34 01 00 00 13 00 00 00  |....4...4.......|
0000080c  00 00 00 00 00 00 00 00  01 00 00 00 00 00 00 00  |................|
0000081c  23 00 00 00 07 00 00 00  02 00 00 00 48 81 04 08  |#...........H...|
0000082c  48 01 00 00 20 00 00 00  00 00 00 00 00 00 00 00  |H... ...........|
0000083c  04 00 00 00 00 00 00 00  31 00 00 00 07 00 00 00  |........1.......|
0000084c  02 00 00 00 68 81 04 08  68 01 00 00 24 00 00 00  |....h...h...$...|
0000085c  00 00 00 00 00 00 00 00  04 00 00 00 00 00 00 00  |................|
0000086c  48 00 00 00 05 00 00 00  02 00 00 00 8c 81 04 08  |H...........|
0000087c  8c 01 00 00 28 00 00 00  00 00 00 00 00 00 00 00  |....(...........|
0000088c  04 00 00 00 04 00 00 00  44 00 00 00 f6 ff ff 6f  |........D......o|
0000089c  02 00 00 00 b4 81 04 08  b4 01 00 00 20 00 00 00  |............ ...|
```

Por motivos de espacio se ha recortado la salida, tan solo se han preservado las primeras secciones. Se ha pretendido separar por secciones en verde y dentro de cada sección los diferentes elementos en rojo.

El primer elemento, *sh_name*, es el *offset* sobre la sección de tabla de cadenas de nombres de secciones (sección 28 tal y como se indica en la cabecera ELF, cuyo nombre es *.shstrtab*), en este caso 0x0000001b. Para poder extraer el nombre de la sección, vamos a acceder al desplazamiento 0x1b de la sección 28. Para ello deberemos acceder a la tabla de secciones (1996) más la sección 28 donde cada sección ocupa 40 *bytes* (40*28), al elemento *sh_offset* (que ocupa el desplazamiento 16 dentro de la estructura) y dentro de dicha sección (*.shstrtab*), el desplazamiento 0x1b. Esto podemos hacerlo en varios pasos con el siguiente comando:

```
$ hd a.out -s $((1996+40*28+16)) -n 4
```

Obteniendo el siguiente valor (*offset* en el fichero binario de la sección *.shstrtab*):

```
00000c3c  c4 06 00 00                                      |....|
00000c40
```

Accedemos a la sección 28, ya que es la que se indica en la cabecera ELF que contiene los nombres de secciones, tal y como se puede ver en la **Ilustración 23**. El valor obtenido indica el inicio de la sección con los nombre de sección, 0x6c4, que coincide con la sección:

```
[28] .shstrtab        STRTAB        00000000 0006c4 000106 00      0   0  1
```

Si accedemos al *offset* 0x1b, veremos finalmente el nombre que buscábamos para la sección [1] que estamos analizando:

```
$ hd a.out -s $((0x6c4+0x1b)) -n 10
000006df  2e 69 6e 74 65 72 70 00  2e 6e              |.interp.n|
000006e9
```

De esta forma podemos acceder a cualquier sección, como por ejemplo la sección *.text* que es la que contiene el código asm:

```
[14] .text            PROGBITS      08048330 000330 000190 00  AX  0   0 16
```

Y cuyo contenido se puede volcar así:

```
$ hd -s 0x330 -n $((0x190)) a.out
00000330  31 ed 5e 89 e1 83 e4 f0  50 54 52 68 50 84 04 08  |1.^.....PTRhP...|
00000340  68 60 84 04 08 51 56 68  1c 84 04 08 e8 cf ff ff  |h'...QVh........|
00000350  ff f4 90 90 90 90 90 90  90 90 90 90 90 90 90 90  |................|
00000360  b8 8f 96 04 08 2d 8c 96  04 08 83 f8 06 77 02 f3  |.....-.......w..|
00000370  c3 b8 00 00 00 00 85 c0  74 f5 55 89 e5 83 ec 18  |........t.U.....|
00000380  c7 04 24 8c 96 04 08 ff  d0 c9 c3 90 8d 74 26 00  |..$..........t&.|
00000390  b8 8c 96 04 08 2d 8c 96  04 08 c1 f8 02 89 c2 c1  |.....-..........|
000003a0  ea 1f 01 d0 d1 f8 75 02  f3 c3 ba 00 00 00 00 85  |......u.........|
000003b0  d2 74 f5 55 89 e5 83 ec  18 89 44 24 04 c7 04 24  |.t.U......D$...$|
000003c0  8c 96 04 08 ff d2 c9 c3  90 8d b4 26 00 00 00 00  |...........&....|
000003d0  80 3d 8c 96 04 08 00 75  13 55 89 e5 83 ec 08 e8  |.=.....u.U......|
000003e0  7c ff ff ff c6 05 8c 96  04 08 01 c9 f3 c3 66 90  ||.............f.|
000003f0  a1 74 95 04 08 85 c0 74  1e b8 00 00 00 00 85 c0  |.t.....t........|
00000400  74 15 55 89 e5 83 ec 18  c7 04 24 74 95 04 08 ff  |t.U.......$t....|
00000410  d0 c9 e9 79 ff ff ff e9  74 ff ff ff 55 89 e5 83  |...y....t...U...|
00000420  e4 f0 83 ec 20 c7 44 24  1c e0 84 04 08 8b 44 24  |.... .D$......D$|
00000430  1c 89 44 24 04 c7 04 24  ed 84 04 08 e8 bf fe ff  |..D$...$........|
00000440  ff b8 00 00 00 c9 c3  90 90 90 90 90 90  |................|
00000450  55 89 e5 5d c3 8d 74 26  00 8d bc 27 00 00 00 00  |U..]..t&...'....|
00000460  55 89 e5 57 56 53 e8 4f  00 00 00 81 c3 01 12 00  |U..WVS.O........|
00000470  00 83 ec 1c e8 43 fe ff  ff 8d bb 04 ff ff ff 8d  |.....C..........|
00000480  83 00 ff ff ff 29 c7 c1  ff 02 85 ff 74 24 31 f6  |.....)....t$1.|
00000490  8b 45 10 89 44 24 08 8b  45 0c 89 44 24 04 8b 45  |.E..D$..E..D$..E|
000004a0  08 89 04 24 ff 94 b3 00  ff ff ff 83 c6 01 39 45  |...$.........9.|
000004b0  72 de 83 c4 1c 5b 5e 5f  5d c3 8b 1c 24 c3 90 90  |r....[^_]...$...|
000004c0
```

Para comprobar el contenido podemos utilizar el comando *objdump*, para mostrar el código ensamblador contenido en binario:

```
$ objdump -S a.out
...
08048330 <_start>:
 8048330:   31 ed               xor    %ebp,%ebp
 8048332:   5e                  pop    %esi
 8048333:   89 e1               mov    %esp,%ecx
 8048335:   83 e4 f0            and    $0xfffffff0,%esp
 8048338:   50                  push   %eax
 8048339:   54                  push   %esp
 804833a:   52                  push   %edx
 804833b:   68 50 84 04 08      push   $0x8048450
 8048340:   68 60 84 04 08      push   $0x8048460
 8048345:   51                  push   %ecx
 8048346:   56                  push   %esi
 8048347:   68 1c 84 04 08      push   $0x804841c
 804834c:   e8 cf ff ff ff      call   8048320 <__libc_start_main@plt>
 8048351:   f4                  hlt
 8048352:   90                  nop
 8048353:   90                  nop
```

Como se puede observar, los *opcodes* marcados con el recuadro rojo coinciden con los valores del recuadro rojo de la imagen previa a la anterior.

▼ **Tabla de símbolos**

Podemos seguir mostrando código ensamblador, hasta llegar a la función *main()* un poco más abajo de *_start()*.

```
0804841c <main>:
 804841c:    55                       push   %ebp
 804841d:    89 e5                    mov    %esp,%ebp
 804841f:    83 e4 f0                 and    $0xfffffff0,%esp
 8048422:    83 ec 20                 sub    $0x20,%esp
 8048425:    c7 44 24 1c e0 84 04     movl   $0x80484e0,0x1c(%esp)
 804842c:    08
 804842d:    8b 44 24 1c              mov    0x1c(%esp),%eax
 8048431:    89 44 24 04              mov    %eax,0x4(%esp)
 8048435:    c7 04 24 ed 84 04 08     movl   $0x80484ed,(%esp)
 804843c:    e8 bf fe ff ff           call   8048300 <printf@plt>
 8048441:    b8 00 00 00 00           mov    $0x0,%eax
 8048446:    c9                       leave
 8048447:    c3                       ret
 8048448:    90                       nop
 8048449:    90                       nop
 804844a:    90                       nop
 804844b:    90                       nop
 804844c:    90                       nop
 804844d:    90                       nop
 804844e:    90                       nop
 804844f:    90                       nop
```

En cuyo caso la dirección 0x0804841c tiene la etiqueta *<main>*. Esta cadena de caracteres se extrae de otra sección denominada tabla de símbolos y cuyo nombre de sección es *.symtab*. Realmente se sabe que es la tabla de símbolos, por el tipo SYMTAB, el nombre podría variar, pero el tipo debe ser ese. Dicha sección contiene un *array* de estructuras *Elf32_Sym* que se define a continuación:

```c
/* Symbol table entry.  */

typedef struct
{
  Elf32_Word      st_name;      /* Symbol name (string tbl index) */
  Elf32_Addr      st_value;     /* Symbol value */
  Elf32_Word      st_size;      /* Symbol size */
  unsigned char   st_info;      /* Symbol type and binding */
  unsigned char   st_other;     /* Symbol visibility */
  Elf32_Section   st_shndx;     /* Section index */
} Elf32_Sym;
```

Si vemos en las cabeceras ELF dicha sección aparece en el *offset* 0xca4:

```
.symtab              SYMTAB              00000000 000ca4 000430 10    30  4
```

Y si analizamos los datos hexadecimales en esa dirección basándonos en la estructura anterior, vemos lo siguiente:

```
$ hd a.out -s $((0xca4))
00000ca4  00 00 00 00 00 00 00 00  00 00 00 00 00 00 00 00  |................|
00000cb4  00 00 00 00 34 81 04 08  00 00 00 00 03 00 01 00  |....4...........|
00000cc4  00 00 00 00 48 81 04 08  00 00 00 00 03 00 02 00  |....H...........|
00000cd4  00 00 00 00 68 81 04 08  00 00 00 00 03 00 03 00  |....h...........|
00000ce4  00 00 00 00 8c 81 04 08  00 00 00 00 03 00 04 00  |................|
00000cf4  00 00 00 00 b4 81 04 08  00 00 00 00 03 00 05 00  |................|
00000d04  00 00 00 00 d4 81 04 08  00 00 00 00 03 00 06 00  |................|
00000d14  00 00 00 00 24 82 04 08  00 00 00 00 03 00 07 00  |....$...........|
00000d24  00 00 00 00 70 82 04 08  00 00 00 00 03 00 08 00  |....p...........|
00000d34  00 00 00 00 7c 82 04 08  00 00 00 00 03 00 09 00  |....|...........|
00000d44  00 00 00 00 9c 82 04 08  00 00 00 00 03 00 0a 00  |................|
00000d54  00 00 00 00 a4 82 04 08  00 00 00 00 03 00 0b 00  |................|
...truncated
              st_name    st_value
00001064  0e 02 00 00 d8 84 04 08  04 00 00 00 11 00 10 00  |................|
00001074  07 02 00 00 8c 96 04 08  10 00 00 00 10 00 f1 ff  |................|
00001084  13 02 00 00 1c 84 04 08  2c 00 00 00 12 00 0e 00  |................|
00001094  18 02 00 00 00 00 00 00  00 00 00 00 20 00 00 00  |................|
000010a4  2c 02 00 00 8c 96 04 08  00 00 00 00 11 02 19 00  |,...............|
000010b4  38 02 00 00 00 00 00 00  00 00 00 00 20 00 00 00  |8...............|
000010c4  52 02 00 00 bc 82 04 08  00 00 00 00 12 00 0c 00  |R...............|
```

Vemos cómo cada línea contiene una estructura, y casi al final en el *offset* 0x1084 aparece una estructura cuyo elemento *st_value* es la dirección de la etiqueta *<main>* visto con el comando *objdump -S a.out* y en la imagen anterior:

```
0804841c <main>:
 804841c:    55                      push   %ebp
 804841d:    89 e5                   mov    %esp,%ebp
 804841f:    83 e4 f0                and    $0xfffffff0,%esp
 8048422:    83 ec 20                sub    $0x20,%esp
 8048425:    c7 44 24 1c e0 84 04    movl   $0x80484e0,0x1c(%esp)
 804842c:    08
 804842d:    8b 44 24 1c             mov    0x1c(%esp),%eax
 8048431:    89 44 24 04             mov    %eax,0x4(%esp)
 8048435:    c7 04 24 ed 84 04 08    movl   $0x80484ed,(%esp)
 804843c:    e8 bf fe ff ff          call   8048300 <printf@plt>
 8048441:    b8 00 00 00 00          mov    $0x0,%eax
 8048446:    c9                      leave
 8048447:    c3                      ret
 8048448:    90                      nop
 8048449:    90                      nop
 804844a:    90                      nop
 804844b:    90                      nop
 804844c:    90                      nop
 804844d:    90                      nop
 804844e:    90                      nop
 804844f:    90                      nop
```

Para saber qué nombre tiene la etiqueta localizada en la dirección 0x0804841c, vamos al *offset* 0x00000213 (obtenido del elemento *st_name* anterior) de la sección *.strtab* localizado en 0x10d4, y vemos el contenido de dicha dirección:

```
$ hd a.out -s $((0x10d4+0x213)) -n 10
000012e7  6d 61 69 6e 00 5f 4a 76  5f 52              |main.Jv_R|
000012f1
```

Este ejemplo muestra cómo es posible moverse entre las secciones, resolviendo los nombres almacenados, así como la consulta a la tabla de símbolos, útiles por múltiples propósitos.

Aunque hay más peculiaridades con las secciones, se recomienda al lector analizarla detenidamente y leer la documentación oficial al respecto para un mayor entendimiento.

5.2.2 Cargador dinámico

Al compilar el binario, se puede decidir si compilarlo de forma **estática**, para que introduzca el código de las librerías necesarias en el fichero resultante, de forma que el binario sea independiente y pueda ejecutarse sin necesidad de ninguna librería externa; o bien, como suele ser más normal, compilarse de forma **dinámica**, donde se indican las referencias necesarias para que el cargador dinámico sepa qué funciones de qué librerías necesita el código, y pueda cargar las direcciones correctas de los mismos en la imagen de memoria al ejecutar el proceso. Esto es lo más conveniente, ya que se pretende centralizar el código de forma que cualquier modificación por mejoras y/o correcciones de errores afecten a todos los binarios que hacen uso de ellos, sin tener que recompilar dichos binarios. Además del ahorro de espacio en disco, ya que no es necesario duplicar código constantemente.

A modo de ejemplo, vamos a compilar el ejemplo de la **Ilustración 22** de forma estática y de forma dinámica:

```
$ gcc —m32 —o static.a.out —static helloworld.c
$ gcc —m32 —o a.out helloworld.c
$ ls —alFht
-rwxr-xr-x 1 user user   4908 may 12 12:35 a.out
-rwxr-xr-x 1 user user 590528 may 12 12:37 static.a.out
```

Como se puede observar, la versión estática ocupa bastante más espacio en disco. Si tratamos de consular las librerías necesarias para ejecutar el binario:

```
$ ldd a.out
    linux-gate.so.1 =>   (0xf7778000)
    libc.so.6=>/lib/i386-linux-gnu/i686/cmov/libc.so.6 (0xf75f4000)
    /lib/ld-linux.so.2 (0xf7779000)
$ ldd static.a.out
    not a dynamic executable
```

Vemos que en la versión estática, como era de esperar no necesita ninguna librería externa.

▶ Acciones llevadas a cabo por el cargador dinámico

    a. Analiza la sección de información dinámica del binario contenida en la sección denominada (*.dynamic*) y determina que dependencias son requeridas.

    b. Localiza y carga estas dependencias y analiza cada una de ellas para determinar si estas requieren de otras nuevas dependencias, a través de sus secciones de información dinámica.

    c. Lleva a cabo la reubicación de los objetos para preparar el proceso de ejecución.

    d. Pide cualquier función de inicialización proporcionados por las dependencias.

    e. Pasa el control a la aplicación.

    f. Puede ser llamado durante la ejecución de la aplicación, para realizar cualquier función retardada vinculante.

    g. Puede ser llamado por la aplicación, para solicitar objetos adicionales con *dlopen()*, y se unan a los símbolos dentro de estos objetos con *dlsym()*.

Los procesos en Unix nacen de alguna de las variantes de la syscall *fork(2)*. Este bifurca el proceso padre en una nueva imagen del proceso, una nueva entrada en la estructura *proc_t*, y mediante *exec(2)* desplaza esta imagen para crear el mapeo y la estructuras en memoria para el nuevo proceso ejecutado. Tras este paso, y si este está compilado de manera dinámica, es invocado el cargador dinámico (*Runtime Linker*), en este caso */lib/ld-linux.so.2* (**Ilustración 24**), para así poder efectuar el enlace con todas las otras librerías que el objeto requiera, como por ejemplo, *libc. so.6*. Los datos del cargador están contenidos en el propio binario en la sección *.interp,* como se muestra a continuación:

```
$ readelf -S a.out; hd a.out -s 0x134 -n 32
There are 31 section headers, starting at offset 0x7cc:

Section Headers:
  [Nr] Name              Type            Addr     Off    Size   ES Flg Lk Inf Al
  [ 0]                   NULL            00000000 000000 000000 00      0   0  0
  [ 1] .interp           PROGBITS        08048134 000134 000013 00   A  0   0  1
  [ 2] .note.ABI-tag     NOTE            08048148 000148 000020 00   A  0   0  4
  [ 3] .note.gnu.build-i NOTE            08048168 000168 000024 00   A  0   0  4
  [ 4] .hash             HASH            0804818c 00018c 000028 04   A  6   0  4
  [ 5] .gnu.hash         GNU_HASH        080481b4 0001b4 000020 04   A  6   0  4
  [ 6] .dynsym           DYNSYM          080481d4 0001d4 000050 10   A  7   1  4
  [ 7] .dynstr           STRTAB          08048224 000224 00004c 00   A  0   0  1
  [ 8] .gnu.version      VERSYM          08048270 000270 00000a 02   A  6   0  2
  [ 9] .gnu.version_r    VERNEED         0804827c 00027c 000020 00   A  7   1  4
  [10] .rel.dyn          REL             0804829c 00029c 000008 08   A  6   0  4
  [11] .rel.plt          REL             080482a4 0002a4 000018 08   A  6  13  4
  [12] .init             PROGBITS        080482bc 0002bc 000026 00  AX  0   0  4
  [13] .plt              PROGBITS        080482f0 0002f0 000040 04  AX  0   0 16
  [14] .text             PROGBITS        08048330 000330 000190 00  AX  0   0 16
  [15] .fini             PROGBITS        080484c0 0004c0 000017 00  AX  0   0  4
  [16] .rodata           PROGBITS        080484d8 0004d8 000018 00   A  0   0  4
  [17] .eh_frame_hdr     PROGBITS        080484f0 0004f0 00001c 00   A  0   0  4
  [18] .eh_frame         PROGBITS        0804850c 00050c 000060 00   A  0   0  4
  [19] .init_array       INIT_ARRAY      0804956c 00056c 000004 00  WA  0   0  4
  [20] .fini_array       FINI_ARRAY      08049570 000570 000004 00  WA  0   0  4
  [21] .jcr              PROGBITS        08049574 000574 000004 00  WA  0   0  4
  [22] .dynamic          DYNAMIC         08049578 000578 0000f0 08  WA  7   0  4
  [23] .got              PROGBITS        08049668 000668 000004 04  WA  0   0  4
  [24] .got.plt          PROGBITS        0804966c 00066c 000018 04  WA  0   0  4
  [25] .data             PROGBITS        08049684 000684 000008 00  WA  0   0  4
  [26] .bss              NOBITS          0804968c 00068c 000004 00  WA  0   0  4
  [27] .comment          PROGBITS        00000000 00068c 000038 01  MS  0   0  1
  [28] .shstrtab         STRTAB          00000000 0006c4 000106 00      0   0  1
  [29] .symtab           SYMTAB          00000000 000ca4 000430 10     30  45  4
  [30] .strtab           STRTAB          00000000 0010d4 000258 00      0   0  1
Key to Flags:
  W (write), A (alloc), X (execute), M (merge), S (strings)
  I (info), L (link order), G (group), T (TLS), E (exclude), x (unknown)
  O (extra OS processing required) o (OS specific), p (processor specific)
00000134  2f 6c 69 62 2f 6c 64 2d  6c 69 6e 75 78 2e 73 6f  |/lib/ld-linux.so|
00000144  2e 32 00 00 04 00 00 00  10 00 00 00 01 00 00 00  |.2..............|
00000154
```

Ilustración 24. Referencia al cargador dinámico en el binario

De manera práctica, podemos analizar un poco el cargador dinámico con el siguiente comando, que monitoriza las llamadas a las librerías en modo de notificación de mensajes de mayor nivel de detalle:

```
$ ltrace -D7 ./a.out
```

Tras analizar la configuración de *ltrace*, se ve las acciones tomadas sobre el binario:

```
DEBUG: elf.c:34: Reading ELF from ./a.out...
DEBUG: elf.c:313: ./a.out 3 PLT relocations
DEBUG: elf.c:347: addr: 0x8048300, symbol: "printf"
DEBUG: elf.c:347: addr: 0x8048310, symbol: "__gmon_start__"
DEBUG: elf.c:347: addr: 0x8048320, symbol: "__libc_start_main"
DEBUG: breakpoints.c:27: symbol=__libc_start_main, addr=0x8048320
DEBUG: dict.c:101: new dict entry at 0x7ac370[194]: (0x8048320,0x77d270)
DEBUG: breakpoints.c:27: symbol=__gmon_start__, addr=0x8048310
DEBUG: dict.c:101: new dict entry at 0x7ac370[178]: (0x8048310,0x77d0a0)
DEBUG: breakpoints.c:27: symbol=printf, addr=0x8048300
DEBUG: dict.c:101: new dict entry at 0x7ac370[162]: (0x8048300,0x77d0f0)
DEBUG: execute_program.c:71: Executing './a.out'...
DEBUG: execute_program.c:86: PID=11127
```

En primer lugar, y tras analizar la cabecera ELF, se ve como accede a PLT para enumerar las diferentes funciones necesarias para la ejecución del binario. Y luego establece un punto de interrupción para poder monitorizar su ejecución y así poder obtener las variables y valores de retorno, tal y como se puede ver, si quitamos los mensajes de DEBUG:

```
$ ltrace ./a.out
__libc_start_main(0x804841c, 1, 0xffa76d24, 0x8048460, 0x8048450 <unfinished ...>
printf("%s", "Hola Mundo!\n"Hola Mundo!
)                                                                        = 12
+++ exited (status 0) +++
```

De forma más detallada podemos analizar el proceso de carga dinámica con el comando *strace* de la siguiente forma:

```
$ strace ./a.out
execve("./a.out", ["./a.out"], [/* 30 vars */]) = 0
[ Process PID=12616 runs in 32 bit mode. ]
brk(0)                                  = 0x96d5000
access("/etc/ld.so.nohwcap", F_OK)      = -1 ENOENT (No such file or directory)
mmap2(NULL, 8192, PROT_READ|PROT_WRITE, MAP_PRIVATE|MAP_ANONYMOUS, -1, 0) = 0xfffffffff7737000
access("/etc/ld.so.preload", R_OK)      = -1 ENOENT (No such file or directory)
open("/etc/ld.so.cache", O_RDONLY)      = 4
fstat64(4, {st_mode=S_IFREG|0644, st_size=119151, ...}) = 0
mmap2(NULL, 119151, PROT_READ, MAP_PRIVATE, 4, 0) = 0xfffffffff7719000
close(4)                                = 0
access("/etc/ld.so.nohwcap", F_OK)      = -1 ENOENT (No such file or directory)
open("/lib/i386-linux-gnu/i686/cmov/libc.so.6", O_RDONLY) = 4
read(4, "\177ELF\1\1\1\0\0\0\0\0\0\0\0\0\3\0\3\0\1\0\0\0\240\1\0004\0\0\0"..., 512) = 512
fstat64(4, {st_mode=S_IFREG|0755, st_size=1446056, ...}) = 0
mmap2(NULL, 1456504, PROT_READ|PROT_EXEC, MAP_PRIVATE|MAP_DENYWRITE, 4, 0) = 0xfffffffff75b5000
mmap2(0xf7713000, 12288, PROT_READ|PROT_WRITE, MAP_PRIVATE|MAP_FIXED|MAP_DENYWRITE, 4, 0x15e) = 0xfffffffff7713000
mmap2(0xf7716000, 10616, PROT_READ|PROT_WRITE, MAP_PRIVATE|MAP_FIXED|MAP_ANONYMOUS, -1, 0) = 0xfffffffff7716000
close(4)                                = 0
mmap2(NULL, 4096, PROT_READ|PROT_WRITE, MAP_PRIVATE|MAP_ANONYMOUS, -1, 0) = 0xfffffffff75b4000
set_thread_area(0xff8d14d8)             = 0
mprotect(0xf7713000, 8192, PROT_READ)   = 0
mprotect(0xf7756000, 4096, PROT_READ)   = 0
munmap(0xf7719000, 119151)              = 0
fstat64(1, {st_mode=S_IFCHR|0620, st_rdev=makedev(136, 5), ...}) = 0
mmap2(NULL, 4096, PROT_READ|PROT_WRITE, MAP_PRIVATE|MAP_ANONYMOUS, -1, 0) = 0xfffffffff7736000
write(1, "Hola Mundo!\n", 12Hola Mundo!
)                                       = 12
exit_group(0)                           = ?
```

De esta forma se observa cómo comienza todo con un *execve()* tal y como se explicó previamente. Al invocar al *fork(2)* es por lo que se observa el mensaje:

```
[ Process PID=12616 runs in 32 bit mode. ]
```

Luego vemos cómo accede a varios archivos relacionados con el cargador dinámico, marcado en rojo.

Se continúa (cuadro verde) abriendo el fichero *libc.so.6* con *open()* y seguidamente se accede a él con *read()*, para analizar las dependencias. Se observa cómo se utiliza *mmap2()*, que sirve para reservar memoria en espacio del proceso, esto se hace para cargar los segmentos de la librería *libc.so.6* en el proceso actual.

Finalmente, tras varias gestiones con regiones de memoria del proceso, se ejecuta *write()*, función importada de *libc.so.6*, para mostrar el mensaje del programa *a.out*.

El cargador dinámico, permite establecer unas variables de entorno, mediante las cuáles podemos interactuar para obtener información de depuración. Podemos utilizar variable LD_DEBUG para solicitar ayuda al respecto:

```
$ LD_DEBUG=help ./a.out
Valid options for the LD_DEBUG environment variable are:

    libs        display library search paths
    reloc       display relocation processing
    files       display progress for input file
    symbols     display symbol table processing
    bindings    display information about symbol binding
    versions    display version dependencies
    all         all previous options combined
    statistics  display relocation statistics
    unused      determined unused DSOs
    help        display this help message and exit

To direct the debugging output into a file instead of standard output
a filename can be specified using the LD_DEBUG_OUTPUT environment variable.
```

Para el caso que estamos viendo, y para no abrumar al lector con demasiada información, vamos a utilizar simplemente la opción *reloc*, para visualizar el paso del cargador dinámico por las diferentes zonas del binario:

```
$ LD_DEBUG=reloc ./a.out
     14779:
     14779:     relocation processing: /lib/i386-linux-gnu/i686/cmov/libc.so.6 (lazy)
     14779:
     14779:     relocation processing: ./a.out (lazy)
     14779:
     14779:     relocation processing: /lib/ld-linux.so.2
     14779:
     14779:     calling init: /lib/i386-linux-gnu/i686/cmov/libc.so.6
     14779:
     14779:
     14779:     initialize program: ./a.out
     14779:
     14779:
     14779:     transferring control: ./a.out
     14779:
Hola Mundo!
     14779:
     14779:     calling fini: ./a.out [0]
     14779:
```

Esta imagen muestra de manera resumida el proceso a grandes rasgos que lleva a cabo el cargador dinámico.

▼ Información dinámica en el fichero binario ELF

Ahora vamos a analizar el fichero binario para obtener información dinámica del formato de fichero ELF. Para ello vamos a centrarnos primero en la sección *.dynamic* que contiene la información sobre la carga del proceso. Este contiene una lista de estructuras *Elf32_Dyn* definido como sigue:

```
/* Dynamic section entry.  */

typedef struct
{
    Elf32_Sword    d_tag;              /* Dynamic entry type */
    union
    {
        Elf32_Word d_val;              /* Integer value */
        Elf32_Addr d_ptr;             /* Address value */
    } d_un;
} Elf32_Dyn;
```

▼ Con el comando *readelf* vamos a consultar la información dinámica contenida en la sección:

```
[22] .dynamic          DYNAMIC          08049578 000578 0000f0 08   WA   7   0   4
```

Paralelamente al volcado del contenido en binario:

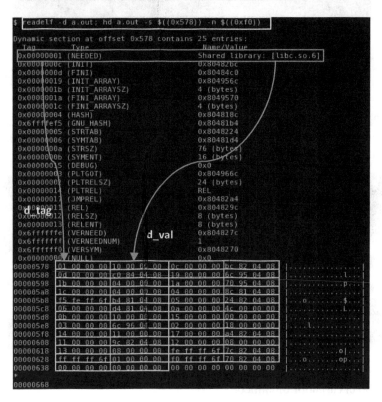

En la imagen se ha enmarcado en verde cada una de las 25 entradas de la sección, donde cada sección tiene dos elementos, separados por una línea roja.

La primera entrada es de tipo NEEDED (0x00000001)

```
/* Legal values for d_tag (dynamic entry type).  */

#define DT_NULL      0      /* Marks end of dynamic section */
#define DT_NEEDED    1      /* Name of needed library */
#define DT_PLTRELSZ  2      /* Size in bytes of PLT relocs */
#define DT_PLTGOT    3      /* Processor defined value */
```

Cuyo valor es 0x00000010. Esto no es más que el índice hacia la tabla de símbolos de la sección .*dynstr*:

```
[ 7] .dynstr            STRTAB         08048224 000224 00004c 00   A  0   0  1
```

Es decir, el elemento número 0x10 de la tabla .*dynstr*. Esta tabla son cadenas de caracteres separados por NULL (\x00) y podemos acceder a la cadena de caracteres que deseemos con el *offset* que lo refiere, en este caso 0x10:

```
$ readelf -S a.out; hd a.out -s $((0x224+0x10)) -n 32
There are 31 section headers, starting at offset 0x7cc:

Section Headers:
  [Nr] Name              Type            Addr     Off    Size   ES Flg Lk Inf Al
  [ 0]                   NULL            00000000 000000 000000 00      0   0  0
  [ 1] .interp           PROGBITS        08048134 000134 000013 00   A  0   0  1
  [ 2] .note.ABI-tag     NOTE            08048148 000148 000020 00   A  0   0  4
  [ 3] .note.gnu.build-i NOTE            08048168 000168 000024 00   A  0   0  4
  [ 4] .hash             HASH            0804818c 00018c 000028 04   A  6   0  4
  [ 5] .gnu.hash         GNU_HASH        080481b4 0001b4 000020 04   A  6   0  4
  [ 6] .dynsym           DYNSYM          080481d4 0001d4 000050 10   A  7   1  4
  [ 7] .dynstr           STRTAB          08048224 000224 00004c 00   A  0   0  1
  [ 8] .gnu.version      VERSYM          08048270 000270 00000a 02   A  6   0  2
  [ 9] .gnu.version_r    VERNEED         0804827c 00027c 000020 00   A  7   1  4
  [10] .rel.dyn          REL             0804829c 00029c 000008 08   A  6   0  4
  [11] .rel.plt          REL             080482a4 0002a4 000018 08   A  6  13  4
  [12] .init             PROGBITS        080482bc 0002bc 000026 00   AX 0   0  4
  [13] .plt              PROGBITS        080482f0 0002f0 000040 04   AX 0   0 16
  [14] .text             PROGBITS        08048330 000330 000190 00   AX 0   0 16
  [15] .fini             PROGBITS        080484c0 0004c0 000017 00   AX 0   0  4
  [16] .rodata           PROGBITS        080484d8 0004d8 000018 00   A  0   0  4
  [17] .eh_frame_hdr     PROGBITS        080484f0 0004f0 00001c 00   A  0   0  4
  [18] .eh_frame         PROGBITS        0804850c 00050c 000060 00   A  0   0  4
  [19] .init_array       INIT_ARRAY      0804956c 00056c 000004 00   WA 0   0  4
  [20] .fini_array       FINI_ARRAY      08049570 000570 000004 00   WA 0   0  4
  [21] .jcr              PROGBITS        08049574 000574 000004 00   WA 0   0  4
  [22] .dynamic          DYNAMIC         08049578 000578 0000f0 08   WA 7   0  4
  [23] .got              PROGBITS        08049668 000668 000004 04   WA 0   0  4
  [24] .got.plt          PROGBITS        0804966c 00066c 000018 04   WA 0   0  4
  [25] .data             PROGBITS        08049684 000684 000008 00   WA 0   0  4
  [26] .bss              NOBITS          0804968c 00068c 000004 00   WA 0   0  4
  [27] .comment          PROGBITS        00000000 00068c 000038 01   MS 0   0  1
  [28] .shstrtab         STRTAB          00000000 0006c4 000106 00      0   0  1
  [29] .symtab           SYMTAB          00000000 000ca4 000430 10      30 45  4
  [30] .strtab           STRTAB          00000000 0010d4 000258 00      0   0  1
Key to Flags:
  W (write), A (alloc), X (execute), M (merge), S (strings)
  I (info), L (link order), G (group), T (TLS), E (exclude), x (unknown)
  O (extra OS processing required) o (OS specific), p (processor specific)
00000234  6c 69 62 63 2e 73 6f 2e  36 00 5f 49 4f 5f 73 74  |libc.so.6._IO_st|
00000244  64 69 6e 5f 75 73 65 64  00 70 72 69 6e 74 66 00  |din_used.printf.|
00000254
```

Ahora que ya sabemos las dependencias requeridas por el binario, vamos a pasar a determinar que funciones de esa librería es necesario identificar.

Para esto es necesario analizar las secciones GOT (*Global Offset Table*) y PLT (*Procedure Linkage Table*). La tabla GOT reserva espacio para cada función requerida de una librería utilizada en el código, y el cargador dinámico, cuando tiene la librería compartida cargada en el proceso, escribe en dicho hueco la dirección de memoria final de la función. PLT forma parte del código y son unos esquemas de código (*stubs*), es decir, instrucciones en ensamblador, a donde saltará el programa cuando se invoque a dicha función para que desde aquí se salte a la dirección almacenada en GOT por el cargador dinámico. Estas porciones de código se encuentran en la sección *.plt* y se pueden mostrar como código ensamblador con el comando (*objdump -S a.out*):

```
Disassembly of section .plt:

080482f0 <printf@plt-0x10>:
 80482f0:       ff 35 70 96 04 08       pushl   0x8049670
 80482f6:       ff 25 74 96 04 08       jmp     *0x8049674
 80482fc:       00 00                   add     %al,(%eax)
        ...

08048300 <printf@plt>:
 8048300:       ff 25 78 96 04 08       jmp     *0x8049678
 8048306:       68 00 00 00 00          push    $0x0
 804830b:       e9 e0 ff ff ff          jmp     80482f0 <_init+0x34>

08048310 <__gmon_start__@plt>:
 8048310:       ff 25 7c 96 04 08       jmp     *0x804967c
 8048316:       68 08 00 00 00          push    $0x8
 804831b:       e9 d0 ff ff ff          jmp     80482f0 <_init+0x34>

08048320 <__libc_start_main@plt>:
 8048320:       ff 25 80 96 04 08       jmp     *0x8049680
 8048326:       68 10 00 00 00          push    $0x10
 804832b:       e9 c0 ff ff ff          jmp     80482f0 <_init+0x34>
```

Donde *0x08049674* contiene la dirección final de *printf()* en la librería *libc.so.6*. El flujo de ejecución sería como en la imagen siguiente:

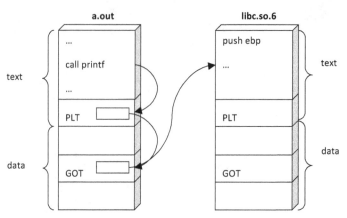

Nótese que PLT contiene código ejecutable que realiza el salto a la dirección que contenga GOT.

Se deja en manos del lector recorrer estas secciones para ver de qué manera están formadas y practicar con el manejo e interpretación de la tabla de símbolos y cadenas.

5.3 FICHEROS BINARIOS PE

El formato **PE** (*Portable Executable*) es un formato de archivo para archivos ejecutables, de código objeto, bibliotecas de enlace dinámico (DLL), archivos ejecutables (EXE), y otros usados en versiones de 32 bit y 64 bit del sistema operativo Microsoft Windows. El término portable, refiere a la versatilidad del formato en numerosos ambientes de arquitecturas de *software* de sistema operativo. Al igual que los ficheros ELF, este formato PE contiene unas estructuras que encapsulan la información necesaria para el cargador dinámico de Windows, y poder así ejecutar el código en cualquier máquina con ese sistema operativo. Esta información incluye las referencias hacia las bibliotecas de enlace dinámico para el enlazado, la importación y exportación de las tablas de la API, gestión de los datos de los recursos y los datos de almacenamiento local de subprocesos (datos de TLS). En sistemas operativos basados en Windows NT, el formato PE es usado para EXE, DLL, SYS (controladores de dispositivo), y otros tipos de archivo. La especificación *Extensible Firmware Interface* (EFI) indica que PE es el formato estándar para ejecutables en entornos EFI. PE es una versión modificada del formato COFF de Unix. Además, PE/COFF es un nombre alternativo en el desarrollo de Windows.

En sistemas operativos Windows NT, actualmente PE soporta los conjuntos de instrucciones (ISA) de IA-32, IA-64, y x86-64 (AMD/Intel64). Previo a Windows 2000, Windows NT (y por tanto PE) soportaban los conjuntos de instrucciones MIPS, DEC Alpha y PowerPC. Ya que PE es usado en Windows CE, este continúa soportando diversas variantes de las arquitecturas MIPS, ARM (incluyendo a Thumb), y SuperH.

5.3.1 Formato de fichero

Como en el apartado anterior, para estudiar el formato de fichero vamos a hacer referencia a este gran resumen visual sobre el formato de fichero de **Ange Albertini** (*http://corkami.com*) para el formato **PE**:

PE 101 a windows executable walk-through

Aunque no es posible visualizarlo completamente debido al espacio, sí se observa claramente las secciones principales.

La especificación oficial del formato de fichero binario PE se puede consultar visitando el siguiente enlace:

✓ *https://msdn.microsoft.com/en-us/windows/hardware/gg463119.aspx*

Como se puede ver en este documento, un binario PE se compone de las siguientes partes:

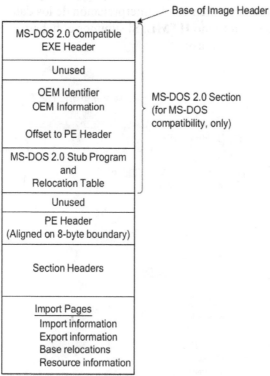

A continuación vamos a analizar cada una de ellas para conocerlas más en profundidad y entender cómo trabaja el cargador dinámico con ellas.

Para poder trabajar correctamente vamos a hacer uso de una gran librería de análisis de ficheros de formato PE escrita en Python, PE File. Se puede instalar desde los repositorios oficiales con:

```
$ sudo apt-get install python-pefile
```

O bien desde el repositorio de Python, que suele estar más actualizado:

```
$ sudo pip install pefile
```

Ahora vamos a compilar nuestro ejemplo de la **Ilustración 22**, que tan solo muestra un mensaje por pantalla. Para ello podemos compilarlo desde Linux con Mingw, o bien utilizar cualquier otro compilador desde Windows, como Visual Studio (vc) o DevCpp. Aquí se ha optado por usar Mingw como *cross-compiler* con gcc, para mostrar esta posibilidad.

Para dar un enfoque más didáctico, vamos a utilizar un recurso, publicado en Internet, que hace uso de PE File. Esta página web, permite subir ficheros binarios PE, y genera una salida con la interpretación de los datos del fichero PE, de manera estructurada en formato **HTML**. Si subimos el fichero *a.exe* que generamos anteriormente, veríamos algo así:

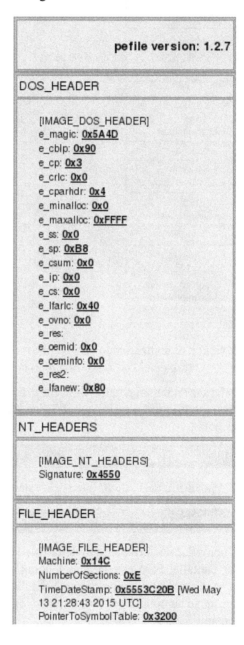

NumberOfSymbols: <u>0x16C</u>
SizeOfOptionalHeader: <u>0xE0</u>
Characteristics: <u>0x107</u>
Flags: IMAGE_FILE_32BIT_MACHINE,
IMAGE_FILE_EXECUTABLE_IMAGE,
IMAGE_FILE_LINE_NUMS_STRIPPED,
IMAGE_FILE_RELOCS_STRIPPED

OPTIONAL_HEADER

[IMAGE_OPTIONAL_HEADER]
Magic: <u>0x10B</u>
MajorLinkerVersion: <u>0x2</u>
MinorLinkerVersion: <u>0x38</u>
SizeOfCode: <u>0x600</u>
SizeOfInitializedData: <u>0x800</u>
SizeOfUninitializedData: <u>0x200</u>
AddressOfEntryPoint: <u>0x1130</u>
BaseOfCode: <u>0x1000</u>
BaseOfData: <u>0x2000</u>
ImageBase: <u>0x400000</u>
SectionAlignment: <u>0x1000</u>
FileAlignment: <u>0x200</u>
MajorOperatingSystemVersion: <u>0x4</u>
MinorOperatingSystemVersion: <u>0x0</u>
MajorImageVersion: <u>0x1</u>
MinorImageVersion: <u>0x0</u>
MajorSubsystemVersion: <u>0x4</u>
MinorSubsystemVersion: <u>0x0</u>
Reserved1: <u>0x0</u>
SizeOfImage: <u>0xF000</u>
SizeOfHeaders: <u>0x400</u>
CheckSum: <u>0x1494D</u>
Subsystem: <u>0x3</u>
DllCharacteristics: <u>0x0</u>
SizeOfStackReserve: <u>0x200000</u>
SizeOfStackCommit: <u>0x1000</u>
SizeOfHeapReserve: <u>0x100000</u>
SizeOfHeapCommit: <u>0x1000</u>
LoaderFlags: <u>0x0</u>
NumberOfRvaAndSizes: <u>0x10</u>
DllCharacteristics:

PE Sections

[IMAGE_SECTION_HEADER]
Name: .text
Misc: **0x5F0**
Misc_PhysicalAddress: **0x5F0**
Misc_VirtualSize: **0x5F0**
VirtualAddress: **0x1000**
SizeOfRawData: **0x600**
PointerToRawData: **0x400**
PointerToRelocations: **0x0**
PointerToLinenumbers: **0x0**
NumberOfRelocations: **0x0**
NumberOfLinenumbers: **0x0**
Characteristics: **0x6050 0020**
Flags: IMAGE_SCN_ALIGN_1BYTES,
IMAGE_SCN_ALIGN_4BYTES,
IMAGE_SCN_ALIGN_MASK,
IMAGE_SCN_ALIGN_8BYTES,
IMAGE_SCN_ALIGN_4096BYTES,
IMAGE_SCN_ALIGN_32BYTES,
IMAGE_SCN_ALIGN_16BYTES,
IMAGE_SCN_CNT_CODE,
IMAGE_SCN_ALIGN_8192BYTES,
IMAGE_SCN_ALIGN_256BYTES,
IMAGE_SCN_MEM_EXECUTE,
IMAGE_SCN_ALIGN_64BYTES,
IMAGE_SCN_ALIGN_2048BYTES,
IMAGE_SCN_ALIGN_1024BYTES,
IMAGE_SCN_MEM_READ
Entropy: 5.472351 (Min=0.0, Max=8.0)

[IMAGE_SECTION_HEADER]
Name: .data
Misc: **0x2C**
Misc_PhysicalAddress: **0x2C**
Misc_VirtualSize: **0x2C**
VirtualAddress: **0x2000**
SizeOfRawData: **0x200**
PointerToRawData: **0xA00**
PointerToRelocations: **0x0**
PointerToLinenumbers: **0x0**

...

IMAGE_SCN_MEM_READ
Entropy: 0.101910 (Min=0.0, Max=8.0)

Directories

[IMAGE_DIRECTORY_ENTRY_EXPORT]
VirtualAddress: 0x0
Size: 0x0
[IMAGE_DIRECTORY_ENTRY_IMPORT]
VirtualAddress: 0x5000
Size: 0x218
[IMAGE_DIRECTORY_ENTRY_RESOURCE]
VirtualAddress: 0x0
Size: 0x0
[IMAGE_DIRECTORY_ENTRY_EXCEPTION]
VirtualAddress: 0x0
Size: 0x0
[IMAGE_DIRECTORY_ENTRY_SECURITY]
VirtualAddress: 0x0
Size: 0x0
[IMAGE_DIRECTORY_ENTRY_BASERELOC]
VirtualAddress: 0x0
Size: 0x0
[IMAGE_DIRECTORY_ENTRY_DEBUG]
VirtualAddress: 0x0
Size: 0x0

...

Size: **0x0**

Imported symbols

[IMAGE_IMPORT_DESCRIPTOR]
OriginalFirstThunk: **0x5040**
Characteristics: **0x5040**
TimeDateStamp: **0x0** [Thu Jan 1 00:00:00 1970 UTC]
ForwarderChain: **0x0**
Name: **0x51D0**
FirstThunk: **0x508C**

KERNEL32.dll.ExitProcess Ord[156]
KERNEL32.dll.GetModuleHandleA Ord[337]
KERNEL32.dll.GetProcAddress Ord[364]
KERNEL32.dll.SetUnhandledExceptionFilter Ord[739]

[IMAGE_IMPORT_DESCRIPTOR]
OriginalFirstThunk: **0x5058**
Characteristics: **0x5058**
TimeDateStamp: **0x0** [Thu Jan 1 00:00:00 1970 UTC]
ForwarderChain: **0x0**
Name: **0x520C**
FirstThunk: **0x50A4**

msvcrt.dll.__getmainargs Ord[39]
msvcrt.dll.__p__environ Ord[60]
msvcrt.dll.__p__fmode Ord[62]
msvcrt.dll.__set_app_type Ord[80]
msvcrt.dll._cexit Ord[121]
msvcrt.dll._iob Ord[233]
msvcrt.dll._onexit Ord[350]
msvcrt.dll._setmode Ord[388]
msvcrt.dll.atexit Ord[540]
msvcrt.dll.printf Ord[639]
msvcrt.dll.signal Ord[656]

Las zonas de las secciones y directorios se han cortado por falta de espacio.

▶ **Cabecera PE**

Las estructuras de las diferentes secciones del fichero, vienen definidas en *winnt.h.* Los primeros *bytes* del fichero corresponden a la estructura IMAGE_DOS_HEADER definida así:

```
typedef struct _IMAGE_DOS_HEADER {
    WORD   e_magic;      /* 00: MZ Header signature */
    WORD   e_cblp;       /* 02: Bytes on last page of file */
    WORD   e_cp;         /* 04: Pages in file */
    WORD   e_crlc;       /* 06: Relocations */
    WORD   e_cparhdr;    /* 08: Size of header in paragraphs */
    WORD   e_minalloc;   /* 0a: Minimum extra paragraphs needed */
    WORD   e_maxalloc;   /* 0c: Maximum extra paragraphs needed */
    WORD   e_ss;         /* 0e: Initial (relative) SS value */
    WORD   e_sp;         /* 10: Initial SP value */
    WORD   e_csum;       /* 12: Checksum */
    WORD   e_ip;         /* 14: Initial IP value */
    WORD   e_cs;         /* 16: Initial (relative) CS value */
    WORD   e_lfarlc;     /* 18: File address of relocation table */
    WORD   e_ovno;       /* 1a: Overlay number */
    WORD   e_res[4];     /* 1c: Reserved words */
    WORD   e_oemid;      /* 24: OEM identifier (for e_oeminfo) */
    WORD   e_oeminfo;    /* 26: OEM information; e_oemid specific */
    WORD   e_res2[10];   /* 28: Reserved words */
    DWORD  e_lfanew;     /* 3c: Offset to extended header */
} IMAGE_DOS_HEADER, *PIMAGE_DOS_HEADER;
```

Donde el primer elemento es el característico 'MZ' inicial de los ficheros PE. Esto según se dice, es debido a Mark Zbikowski, uno de los empleados más antiguos de Microsoft y diseñador del *DOS executable fileformat,* es decir, el responsable de que esta sección continúe existiendo y lleve sus iniciales.

Si obtenemos los primeros *bytes* del binario a.exe y lo interpretamos, obtendremos que:

```
$ hd a.exe -n $((0x80))
00000000  4d 5a 90 00 03 00 00 00  04 00 00 00 ff ff 00 00  |MZ..............|
00000010  b8 00 00 00 00 00 00 00  40 00 00 00 00 00 00 00  |........@.......|
00000020  00 00 00 00 00 00 00 00  00 00 00 00 00 00 00 00  |................|
00000030  00 00 00 00 00 00 00 00  00 00 00 00 80 00 00 00  |................|
00000040  0e 1f ba 0e 00 b4 09 cd  21 b8 01 4c cd 21 54 68  |........!..L.!Th|
00000050  69 73 20 70 72 6f 67 72  61 6d 20 63 61 6e 6e 6f  |is program canno|
00000060  74 20 62 65 20 72 75 6e  20 69 6e 20 44 4f 53 20  |t be run in DOS |
00000070  6d 6f 64 65 2e 0d 0d 0a  24 00 00 00 00 00 00 00  |mode....$.......|
00000080
```

El mensaje que aparece se estableció con la entrada de las primeras versiones de Windows para que se mostrara dicho mensaje al ser ejecutado el binario por línea de comandos.

Sin duda, el elemento más importante de esta estructura es *e_lfanew*, que apunta al *offset* del fichero, donde comienza la cabecera PE cuya estructura se denomina IMAGE_NT_HEADERS y se define así:

```
typedef struct _IMAGE_NT_HEADERS {
  DWORD Signature; /* "PE"\0\0 */    /* 0x00 */
  IMAGE_FILE_HEADER FileHeader;      /* 0x04 */
  IMAGE_OPTIONAL_HEADER32 OptionalHeader;    /* 0x18 */
} IMAGE_NT_HEADERS32, *PIMAGE_NT_HEADERS32;
```

En nuestro caso, como se puede ver en el volcado hexadecimal anterior, la sección IMAGE_NT_HEADERS está en el *offset* 0x00000080. Si visualizamos datos a partir de este *offset*, aplicando el elemento *DWORD Signature*, vemos:

```
a.exe -s 0x80 -n 4
0080  50 45 00 00                                        |PE..|
```

Y posteriormente, si aplicamos la estructura IMAGE_FILE_HEADER tal y como se define aquí:

```
typedef struct _IMAGE_FILE_HEADER {
  WORD   Machine;
  WORD   NumberOfSections;
  DWORD  TimeDateStamp;
  DWORD  PointerToSymbolTable;
  DWORD  NumberOfSymbols;
  WORD   SizeOfOptionalHeader;
  WORD   Characteristics;
} IMAGE_FILE_HEADER, *PIMAGE_FILE_HEADER;
```

Vemos los siguientes datos:

```
$ hd a.exe -s 0x84 -n $((0x14))
00000084  4c 01 0e 00 0b c2 53 55  00 32 00 00 6c 01 00 00  |L.....SU.2..l...|
00000094  e0 00 07 01                                       |....|
00000098
```

Nótese que se piden tan solo los 0x14 *bytes*, que son la suma del tipo de los elementos de la estructura (WORD=2 *bytes*, DWORD=4 *bytes* -> 4*WORD + 3*DWORD = 4*2 + 3*4 = 0x14)

▼ *Machine* indica el tipo de la máquina. En el caso de la plataforma Intel este valor equivale a la constante:

```
#define IMAGE_FILE_MACHINE_I386        0x014c
```

▼ *NumberOfSections* contiene el número de secciones del fichero. Esta variable es importante cuando se quiere añadir una sección nueva al fichero.

▼ *TimeDateStamp* se usa para almacenar la hora y fecha de creación del fichero.

▼ *PointerToSymbolTable* y *NumberOfSymbols*, para tareas de depuración.

▼ *SizeOfOptionalHeader* indica el tamaño de la estructura *OptionalHeader*.

▼ *Characteristics,* indica características del fichero, por ejemplo si es un EXE o una DLL.

La última parte de IMAGE_NT_HEADER, en concreto la estructura IMAGE_OPTIONAL_HEADER32, se define con la siguiente estructura:

```
typedef struct _IMAGE_OPTIONAL_HEADER {

  /* Standard fields */

  WORD   Magic; /* 0x10b or 0x107 */ /* 0x00 */
  BYTE   MajorLinkerVersion;
  BYTE   MinorLinkerVersion;
  DWORD  SizeOfCode;
  DWORD  SizeOfInitializedData;
  DWORD  SizeOfUninitializedData;
  DWORD  AddressOfEntryPoint;        /* 0x10 */
  DWORD  BaseOfCode;
  DWORD  BaseOfData;

  /* NT additional fields */

  DWORD  ImageBase;
  DWORD  SectionAlignment;      /* 0x20 */
  DWORD  FileAlignment;
  WORD   MajorOperatingSystemVersion;
  WORD   MinorOperatingSystemVersion;
  WORD   MajorImageVersion;
  WORD   MinorImageVersion;
  WORD   MajorSubsystemVersion;      /* 0x30 */
  WORD   MinorSubsystemVersion;
  DWORD  Win32VersionValue;
  DWORD  SizeOfImage;
  DWORD  SizeOfHeaders;
  DWORD  CheckSum;            /* 0x40 */
  WORD   Subsystem;
  WORD   DllCharacteristics;
  DWORD  SizeOfStackReserve;
  DWORD  SizeOfStackCommit;
  DWORD  SizeOfHeapReserve;       /* 0x50 */
  DWORD  SizeOfHeapCommit;
  DWORD  LoaderFlags;
  DWORD  NumberOfRvaAndSizes;
  IMAGE_DATA_DIRECTORY DataDirectory[IMAGE_NUMBEROF_DIRECTORY_ENTRIES]; /* 0x60 */
  /* 0xE0 */
} IMAGE_OPTIONAL_HEADER32, *PIMAGE_OPTIONAL_HEADER32;
```

El espacio que ocupa esta, venía definido en la variable *SizeOfOptionalHeader*, (**0xE0** en nuestro caso) por lo que vamos a leer ese número de *bytes* a partir del *offset* 0x84+0x14 = **0x98**:

```
$ hd a.exe -s 0x98 -n $((0xe0))
00000098  0b 01 02 38 00 06 00 00  00 08 00 00 00 02 00 00  |...8............|
000000a8  30 11 00 00 00 10 00 00  00 20 00 00 00 00 40 00  |0........ ....@.|
000000b8  00 10 00 00 00 02 00 00  04 00 00 00 01 00 00 00  |................|
000000c8  04 00 00 00 00 00 00 00  00 f0 00 00 00 04 00 00  |................|
000000d8  4d 49 01 00 03 00 00 00  00 00 20 00 00 10 00 00  |MI........ .....|
000000e8  00 00 10 00 00 10 00 00  00 00 00 00 10 00 00 00  |................|
000000f8  00 00 00 00 00 00 00 00  00 50 00 00 18 02 00 00  |.........P......|
00000108  00 00 00 00 00 00 00 00  00 00 00 00 00 00 00 00  |................|
*
00000178
```

Uno de los elementos más importantes de esta estructura es *AddressOfEntrypoint*, posteriormente denominado *Program Entry Point*, que es una RVA de la primera instrucción del código de programa que arrancará su ejecución.

Y por otro lado *ImageBase,* que representa la dirección de carga preferida para el fichero PE. El valor establecido por defecto es 0x00400000.

Su efecto lo podemos comprobar al abrir el binario compilado con un *debugger*. Para ello vamos a abrirlo con uno basado en OllyDbg, de la empresa de seguridad Immunity Inc. Es gratuito y permite interacción mediante *scripts* escritos en Python. El enlace de descarga es:

✔ *http://debugger.immunityinc.com/ID_register.py*

Si procedemos a abrir el binario con este *debugger*, veríamos lo siguiente:

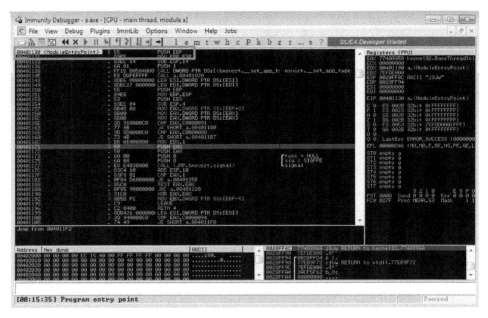

Como se puede ver en la imagen, el *debugger* está en parada justo en la dirección 0x00401130, cuya dirección está nombrada como *ModuleEntryPoint*.

En los sistemas operativos multitarea, los procesos no se ejecutan en paralelo, o al menos, no del todo. La cuestión es que el flujo de ejecución va saltando de un proceso a otro, según de planificador de tareas del sistema operativo. Esto permite que varios procesos puedan tener la misma imagen base, sin sobrescribirse unos con otros. En el caso de que al tratar de cargarlo esta dirección de memoria ya estuviera ocupada, se le asignaría otra dirección base, pero gracias a la RVA (*Relative Virtual Address*) resulta posible cargar el resto del fichero binario sin tener que modificar nada más, ya que el resto de direcciones son *offsets* respecto a esta dirección de base de la imagen.

Otros elementos importantes de esta estructura son:

- *SectionAligment*, que determina el alineamiento de las secciones en memoria. Normalmente se define con el valor 0x1000, lo que indica que cada sección debe comenzar en una dirección de memoria múltiplo de 0x1000. Por lo tanto, si la primera sección comenzara en la dirección 0x00407000, por ejemplo, aunque su tamaño fuera un solo *byte*, la segunda sección empezaría en la dirección 0x00408000.

- *FileAligment,* que tiene una interpretación bastante parecida a la anterior, solo que se refiere al alineamiento físico de las secciones individuales directamente en el fichero en lugar de en memoria. Por defecto viene con un valor de 0x200. Esta alineación es especialmente importante para los virus para conseguir que el tamaño del binario infectado no resulte mayor que el original, haciendo uso de los espacios sin ocupar por el alineamiento.

- *MajorSubsystemsVersion* y *MinorSubsystemVersion,* determinan la version del subsistema Win32.

- *SizeOfImage*, que contiene el tamaño total de la imagen del fichero tras haberse cargado en memoria, se define como la suma de todas las cabeceras y secciones, alineamiento incluido.

- *SizeOfHeaders* representa la suma de todas las cabeceras, incluyendo la sección DOS, y tabla de secciones. Constituye, por tanto, la ubicación de la primera sección en el fichero.

- *Subsystem* indica el subsistema NT al que va destinado el fichero. La mayoría de los programas Win32 definen el valor Windows GUI o Windows CUI (*Graphic/Console User Interface*)

- *DataDirectory*, elemento de la estructura IMAGE_DATA_ DIRECTORY con RVAs de estructuras importantes del fichero PE, por ejemplo, las tablas de importación o exportación.

▼ Tabla de secciones

Seguidamente a la estructura IMAGE_OPTIONAL_HEADER, se encuentra la tabla de secciones que está representada en el fichero PE por la estructura IMAGE_SECTION_HEADER. El número de ítems en este elemento y, por tanto, también el número de estas estructuras se guarda en el elemento *NumberOfSections* de la estructura IMAGE_ FILE_HEADER.

La definición de la estructura IMAGE_SECTION_HEADER es:

```
typedef struct _IMAGE_SECTION_HEADER {
  BYTE   Name[IMAGE_SIZEOF_SHORT_NAME];
  union {
    DWORD PhysicalAddress;
    DWORD VirtualSize;
  } Misc;
  DWORD VirtualAddress;
  DWORD SizeOfRawData;
  DWORD PointerToRawData;
  DWORD PointerToRelocations;
  DWORD PointerToLinenumbers;
  WORD  NumberOfRelocations;
  WORD  NumberOfLinenumbers;
  DWORD Characteristics;
} IMAGE_SECTION_HEADER, *PIMAGE_SECTION_HEADER;
```

Donde:

```
#define IMAGE_SIZEOF_SHORT_NAME          8
```

Por lo que el tamaño de la estructura es de:

$8 + 4 + 4 + 4 + 4 + 4 + 4 + 2 + 2 + 4 = 40 = \mathbf{0x28}$

Si extraemos el número de secciones de la cabecera PE concretamente en *NumberOfSections* dentro de IMAGE_FILE_HEADER, obtenemos **0x0e**:

```
$  hd a.exe -s 0x84 -n $((0x14))
00000084  4c 01 0e 00 0b c2 53 55  00 32 00 00 6c 01 00 00  |L.....SU.2..l...|
00000094  e0 00 07 01                                        |....|
00000098
```

Por lo que ya tenemos los datos para volcar las cabeceras de las diferentes secciones. Partiendo del *offset* justo tras IMAGE_OPTIONAL_HEADER localizado en 0x98+0xe0 = **0x178,** podemos extraer los *bytes* para interpretar las cabeceras de las secciones:

```
$ hd a.exe -s $((0x178)) -n $((0x28*0x0e))
00000178  2e 74 65 78 74 00 00 00  f0 05 00 00 00 10 00 00  |.text...........|
00000188  00 06 00 00 00 04 00 00  00 00 00 00 00 00 00 00  |................|
00000198  00 00 00 00 20 00 50 60  2e 64 61 74 61 00 00 00  |.... .P`.data...|
000001a8  2c 00 00 00 00 20 00 00  00 02 00 00 00 0a 00 00  |,.... ..........|
000001b8  00 00 00 00 00 00 00 00  00 00 00 00 40 00 30 c0  |............@.0.|
000001c8  2e 72 64 61 74 61 00 00  34 00 00 00 00 30 00 00  |.rdata..4....0..|
000001d8  00 02 00 00 00 0c 00 00  00 00 00 00 00 00 00 00  |................|
000001e8  00 00 00 00 40 00 30 40  2e 62 73 73 00 00 00 00  |....@.0@.bss....|
000001f8  60 00 00 00 00 40 00 00  00 00 00 00 00 00 00 00  |`....@..........|
00000208  00 00 00 00 00 00 00 00  00 00 00 00 80 00 30 c0  |..............0.|
00000218  2e 69 64 61 74 61 00 00  18 02 00 00 00 50 00 00  |.idata.......P..|
00000228  00 04 00 00 00 0e 00 00  00 00 00 00 00 00 00 00  |................|
00000238  00 00 00 00 40 00 30 c0  2f 34 00 00 00 00 00 00  |....@.0./4......|
00000248  20 00 00 00 00 60 00 00  00 02 00 00 00 12 00 00  | ....`..........|
00000258  00 00 00 00 00 00 00 00  00 00 00 00 00 10 42     |...............B|
00000268  2f 31 39 00 00 00 00 00  66 00 00 00 00 70 00 00  |/19.....f....p..|
00000278  00 02 00 00 00 14 00 00  00 00 00 00 00 00 00 00  |................|
00000288  00 00 00 00 00 10 42     2f 33 35 00 00 00 00 00  |......B/35......|
00000298  c5 09 00 00 00 80 00 00  00 0a 00 00 00 16 00 00  |................|
000002a8  00 00 00 00 00 00 00 00  00 00 00 00 00 10 42     |...............B|
000002b8  2f 34 37 00 00 00 00 00  2c 02 00 00 00 90 00 00  |/47.....,.......|
000002c8  00 04 00 00 00 20 00 00  00 00 00 00 00 00 00 00  |..... ..........|
000002d8  00 00 00 00 00 10 42     2f 36 31 00 00 00 00 00  |......B/61......|
000002e8  44 02 00 00 00 a0 00 00  00 04 00 00 00 24 00 00  |D............$..|
000002f8  00 00 00 00 00 00 00 00  00 00 00 00 00 10 42     |...............B|
00000308  2f 37 33 00 00 00 00 00  dc 00 00 00 00 b0 00 00  |/73.............|
00000318  00 02 00 00 00 28 00 00  00 00 00 00 00 00 00 00  |.....(..........|
00000328  00 00 00 00 00 10 42     2f 38 36 00 00 00 00 00  |......B/86......|
00000338  10 00 00 00 00 c0 00 00  00 02 00 00 00 2a 00 00  |.............*..|
00000348  00 00 00 00 00 00 00 00  00 00 00 00 00 10 42     |...............B|
00000358  2f 39 37 00 00 00 00 00  24 02 00 00 00 d0 00 00  |/97.....$.......|
00000368  00 04 00 00 00 2c 00 00  00 00 00 00 00 00 00 00  |.....,..........|
00000378  00 00 00 00 00 10 42     2f 31 30 38 00 00 00 00  |......B/108....|
00000388  18 00 00 00 00 e0 00 00  00 02 00 00 00 30 00 00  |.............0..|
00000398  00 00 00 00 00 00 00 00  00 00 00 00 00 10 42     |...............B|
000003a8
```

Cada sección está indicada en verde y a la derecha, se puede ver el elemento *Name* de la estructura IMAGE_SECTION_HEADER, que tiene 8 *bytes* de longitud y debe terminar con un carácter nulo. Respecto al resto de elementos, se explican brevemente:

- *Misc*, se utiliza con *VirtualSize* y contine el tamaño de la sección en memoria sin alineamiento, según el valor *SectionAlignment*.

- *VirtualAddress*, determina el valor RVA de la sección.

- *SizeOfRawData* determina el tamaño real de la sección en el fichero, incluyendo el alineamiento *FileAligment*.

- *PointerToRawData* es un puntero al principio de la sección correspondiente en el fichero.

- *Characteristics* describe las características de los datos de la sección, por ejemplo, de solo lectura, lectura y escritura, código ejecutable, etc.

Con esto ya tendríamos todas las cabeceras de las secciones perfectamente identificadas.

Se pueden ver estas secciones con la opción **Memory (Alt+M)** del *debugger*:

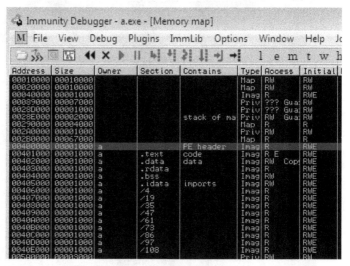

Si se hace doble clic sobre la sección *PE header*, se observa la estructura completa:

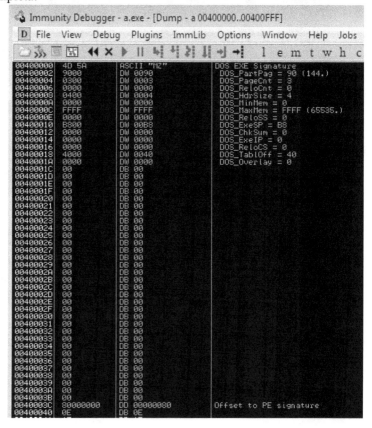

```
0040007F  00              DB 00
00400080  50 45 00 00     ASCII "PE"          PE signature (PE)
00400084  4C01            DW 014C             Machine = IMAGE_FILE_MACHINE_I386
00400086  0E00            DW 000E             NumberOfSections = E (14.)
00400088  0BC25355        DD 5553C20B         TimeDateStamp = 5553C20B
0040008C  00320000        DD 00003200         PointerToSymbolTable = 3200
00400090  6C010000        DD 0000016C         NumberOfSymbols = 16C (364.)
00400094  E000            DW 00E0             SizeOfOptionalHeader = E0 (224.)
00400096  0701            DW 0107             Characteristics = EXECUTABLE_IMAGE|32BIT_MACH
00400098  0B01            DW 010B             MagicNumber = PE32
0040009A  02              DB 02               MajorLinkerVersion = 2
0040009B  38              DB 38               MinorLinkerVersion = 38 (56.)
0040009C  00060000        DD 00000600         SizeOfCode = 600 (1536.)
004000A0  00030000        DD 00000300         SizeOfInitializedData = 800 (2048.)
004000A4  00020000        DD 00000400         SizeOfUninitializedData = 200 (512.)
004000A8  30110000        DD 00001130         AddressOfEntryPoint = 1130
004000AC  00100000        DD 00001000         BaseOfCode = 1000
004000B0  00200000        DD 00002000         BaseOfData = 2000
004000B4  00004000        DD 00400000         ImageBase = 400000
004000B8  00100000        DD 00001000         SectionAlignment = 1000
004000BC  00020000        DD 00000200         FileAlignment = 200
004000C0  0400            DW 0004             MajorOSVersion = 4
004000C2  0000            DW 0000             MinorOSVersion = 0
004000C4  0100            DW 0001             MajorImageVersion = 1
004000C6  0000            DW 0000             MinorImageVersion = 0
004000C8  0400            DW 0004             MajorSubsystemVersion = 4
004000CA  0000            DW 0000             MinorSubsystemVersion = 0
004000CC  00000000        DD 00000000         Reserved
004000D0  00F00000        DD 0000F000         SizeOfImage = F000 (61440.)
004000D4  00040000        DD 00000400         SizeOfHeaders = 400 (1024.)
004000D8  4D490100        DD 0001494D         CheckSum = 1494D
004000DC  0300            DW 0003             Subsystem = IMAGE_SUBSYSTEM_WINDOWS_CUI
004000DE  0000            DW 0000             DLLCharacteristics = 0
004000E0  00002000        DD 00200000         SizeOfStackReserve = 200000 (2097152.)
004000E4  00100000        DD 00001000         SizeOfStackCommit = 1000 (4096.)
004000E8  00001000        DD 00100000         SizeOfHeapReserve = 100000 (1048576.)
004000EC  00100000        DD 00001000         SizeOfHeapCommit = 1000 (4096.)
004000F0  00000000        DD 00000000         LoaderFlags = 0
004000F4  10000000        DD 00000010         NumberOfRvaAndSizes = 10 (16.)
004000F8  00000000        DD 00000000         Export Table address = 0
004000FC  00000000        DD 00000000         Export Table size = 0
00400100  00500000        DD 00005000         Import Table address = 5000
00400104  18020000        DD 00000218         Import Table size = 218 (536.)
00400108  00000000        DD 00000000         Resource Table address = 0
0040010C  00000000        DD 00000000         Resource Table size = 0
00400110  00000000        DD 00000000         Exception Table address = 0
00400114  00000000        DD 00000000         Exception Table size = 0
00400118  00000000        DD 00000000         Certificate File pointer = 0
```

[Contenido acortado por motivos de espacio]

```
00400178  2E 74 65 78     ASCII ".text"       SECTION
00400180  F0050000        DD 000005F0         VirtualSize = 5F0 (1520.)
00400184  00100000        DD 00001000         VirtualAddress = 1000
00400188  00060000        DD 00000600         SizeOfRawData = 600 (1536.)
0040018C  00040000        DD 00000400         PointerToRawData = 400
00400190  00000000        DD 00000000         PointerToRelocations = 0
00400194  00000000        DD 00000000         PointerToLineNumbers = 0
00400198  0000            DW 0000             NumberOfRelocations = 0
0040019A  0000            DW 0000             NumberOfLineNumbers = 0
0040019C  20005060        DD 60500020         Characteristics = CODE|ALIGN_16|EXECUTE|READ
004001A0  2E 64 61 74     ASCII ".data"       SECTION
004001A8  2C000000        DD 0000002C         VirtualSize = 2C (44.)
004001AC  00200000        DD 00002000         VirtualAddress = 2000
004001B0  00020000        DD 00000200         SizeOfRawData = 200 (512.)
004001B4  000A0000        DD 00000A00         PointerToRawData = A00
004001B8  00000000        DD 00000000         PointerToRelocations = 0
004001BC  00000000        DD 00000000         PointerToLineNumbers = 0
004001C0  0000            DW 0000             NumberOfRelocations = 0
004001C2  0000            DW 0000             NumberOfLineNumbers = 0
004001C4  400030C0        DD C0300040         Characteristics = INITIALIZED_DATA|ALIGN_4|READ|WRITE
004001C8  2E 72 64 61     ASCII ".rdata"      SECTION
004001D0  34000000        DD 00000034         VirtualSize = 34 (52.)
004001D4  00300000        DD 00003000         VirtualAddress = 3000
004001D8  00020000        DD 00000200         SizeOfRawData = 200 (512.)
004001DC  000C0000        DD 00000C00         PointerToRawData = C00
004001E0  00000000        DD 00000000         PointerToRelocations = 0
004001E4  00000000        DD 00000000         PointerToLineNumbers = 0
004001E8  0000            DW 0000             NumberOfRelocations = 0
004001EA  0000            DW 0000             NumberOfLineNumbers = 0
004001EC  40003040        DD 40300040         Characteristics = INITIALIZED_DATA|ALIGN_4|READ
004001F0  2E 62 73 73     ASCII ".bss"        SECTION
004001F8  60000000        DD 00000060         VirtualSize = 60 (96.)
004001FC  00400000        DD 00004000         VirtualAddress = 4000
00400200  00000000        DD 00000000         SizeOfRawData = 0
00400204  00000000        DD 00000000         PointerToRawData = 0
00400208  00000000        DD 00000000         PointerToRelocations = 0
0040020C  00000000        DD 00000000         PointerToLineNumbers = 0
00400210  0000            DW 0000             NumberOfRelocations = 0
00400212  0000            DW 0000             NumberOfLineNumbers = 0
00400214  800030C0        DD C0300080         Characteristics = UNINITIALIZED_DATA|ALIGN_4|READ|WRITE
00400218  2E 69 64 61     ASCII ".idata"      SECTION
00400220  18020000        DD 00000218         VirtualSize = 218 (536.)
00400224  00500000        DD 00005000         VirtualAddress = 5000
00400228  00040000        DD 00000400         SizeOfRawData = 400 (1024.)
0040022C  000E0000        DD 00000E00         PointerToRawData = E00
00400230  00000000        DD 00000000         PointerToRelocations = 0
```

▼ **Tabla de importaciones**

La tabla de funciones importadas o, más brevemente, importaciones, y especialmente las funciones de importación en sí, constituyen una de las piedras angulares de la arquitectura de la plataforma Win32. Una función importada consiste en una función invocada por el fichero PE, sin que el propio fichero la contenga. La tabla de importaciones del fichero contendrá toda la información necesaria para emplear las funciones importadas (nombre de la función, librería DLL, etc.) pero no la propia función, es decir, no el código objeto de la misma.

Para que un fichero PE importe una función, otro fichero PE debe exportarla. Normalmente las funciones se suelen exportar mediante librerías DLL, ciertamente muy extendidas.

El último campo de la estructura IMAGE_OPTIONAL_HEADER, contenida dentro de IMAGE_NT_HEADERS, incluye un campo de 16 estructuras IMAGE_DATA_DIRECTORY denominado *DataDirectory*. Cada una de estas estructuras contiene información sobre el tamaño y RVA de algunas posiciones importantes del fichero. La definición de estructura IMAGE_DATA_DIRECTORY se muestra a continuación:

```
typedef struct _IMAGE_DATA_DIRECTORY {
    DWORD VirtualAddress;
    DWORD Size;
} IMAGE_DATA_DIRECTORY, *PIMAGE_DATA_DIRECTORY;
```

VirtualAddress es la RVA de la estructura correspondiente, y Size su tamaño. No confundir VirtualAddress con Relative Virtual Address (RVA). Ya que a la primera debe sumársele el ImageBase.

La siguiente tabla muestra los ítems más importantes del campo DataDirectory de estructuras IMAGE_DATA_DIRECTORY específicas y la información sobre los datos que contenga:

Elemento	Información
0	Tabla de exportaciones
1	Tabla de importaciones
2	Recursos
3	Excepción
5	Reubicación base
6	Depuración
7	Derechos de autor
9	Tabla TLS
10	Cargar configuración
11	Vínculo de importación

Estas estructuras, se pueden ver claramente con los detalles del *debugger*, donde aparecen seleccionadas en azul:

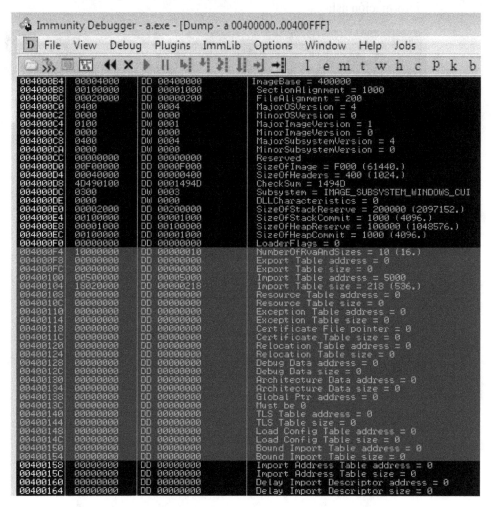

Se puede extraer esta información haciendo un volcado de *bytes* del fichero, para ello debemos saber la longitud del *array DataDirectory*:

```
#define IMAGE_NUMBEROF_DIRECTORY_ENTRIES 16
```

Por lo que 16*8 = 128 = **0x80** Y sabemos que este *array* comienza en 0x98+0x60 respecto al inicio del fichero, y de ahí podemos extraer la información así:

```
$ hd a.exe -s $((0x98+0x60)) -n $((16*8))
000000f8  00 00 00 00 00 00 00 00  00 50 00 00 18 02 00 00  |.........P......|
00000108  00 00 00 00 00 00 00 00  00 00 00 00 00 00 00 00  |................|
*
00000178
```

Como casi todo son ceros, la salida del comando ha sido recortada. Como se puede observar, los campos de "*Import Table Address = 5000*" e "*Import Table size = 218*" de la imagen del *debugger*, coinciden con el volcado de *bytes*.

Téngase en cuenta que el *debugger* muestra todos los valores en hexadecimal, aunque no lo indique con el prefijo "0x".

La segunda estructura, contiene información sobre la tabla de importaciones. El valor de *VirtualAddress* en esta estructura será la RVA de la tabla de importaciones. Dicha tabla se define con la estructura siguiente:

```
/* Import module directory */

typedef struct _IMAGE_IMPORT_DESCRIPTOR {
    union {
        DWORD   Characteristics; /* 0 for terminating null import descriptor */
        DWORD   OriginalFirstThunk; /* RVA to original unbound IAT */
    } DUMMYUNIONNAME;
    DWORD   TimeDateStamp;   /* 0 if not bound,
                            * -1 if bound, and real date\time stamp
                            *    in IMAGE_DIRECTORY_ENTRY_BOUND_IMPORT
                            * (new BIND)
                            * otherwise date/time stamp of DLL bound to
                            * (Old BIND)
                            */
    DWORD   ForwarderChain; /* -1 if no forwarders */
    DWORD   Name;
    /* RVA to IAT (if bound this IAT has actual addresses) */
    DWORD   FirstThunk;
} IMAGE_IMPORT_DESCRIPTOR,*PIMAGE_IMPORT_DESCRIPTOR;
```

Si nos dirigimos a la dirección 0x5000, cuyo valor con ImageBase es 0x00405000, se observa lo siguiente:

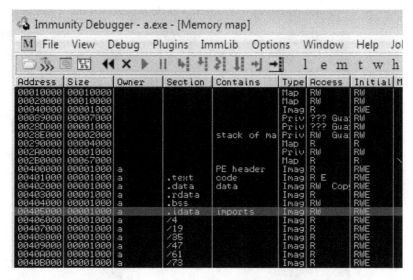

Una sección denominada *.idata* que contiene *imports*. La tabla de importaciones finaliza con una estructura llena de caracteres nulos.

Cada estructura IMAGE_IMPORT_DESCRIPTOR contiene información sobre la librería desde la que se importarán las funciones, de manera que si el fichero importa diez librerías, la tabla de importaciones IMAGE_IMPORT_DESCRIPTOR contendrá diez estructuras más una estructura final rellena con caracteres nulos.

El primer elemento de la estructura IMAGE_DESCRIPTOR será sustituido por *OriginalFirstThunk*. Esta variable contiene la RVA de IMAGE_THUNK_DATA que a su vez apunta a las estructuras IMAGE_IMPORT_BY_NAME (una por cada librería) y se define así:

```
/* Import name entry */
typedef struct _IMAGE_IMPORT_BY_NAME {
    WORD    Hint;
    BYTE    Name[1];
} IMAGE_IMPORT_BY_NAME,*PIMAGE_IMPORT_BY_NAME;
```

Name contiene el nombre de la función en formato **ASCII** de tamaño flexible. Cuando las funciones importadas carecen de estructuras IMAGE_IMPORT_BY_NAME, se les denominan funciones ordinales y no se les importa según su nombre, sino su posición.

A modo de ejemplo se ve una parte de la tabla de importaciones:

```
$ hd a.exe -s 0x5000 -n 3000
00005000  5f 6c 69 62 6d 73 76 63  72 74 5f 61 00 5f 5f 69  | libmsvcrt_a.__i|
00005010  6d 61 67 65 5f 62 61 73  65 5f 5f 00 5f 5f 73 65  |mage_base__.__se|
00005020  63 74 69 6f 6e 5f 61 6c  69 67 6e 6d 65 6e 74 5f  |ction_alignment_|
00005030  5f 00 5f 5f 52 55 4e 54  49 4d 45 5f 50 53 45 55  |_.__RUNTIME_PSEU|
00005040  44 4f 5f 52 45 4c 4f 43  5f 4c 49 53 54 5f 5f 00  |DO_RELOC_LIST__.|
00005050  5f 5f 69 6d 70 5f 5f 5f  5f 70 5f 5f 66 6d 6f 64  |__imp____p__fmod|
00005060  65 00 5f 45 78 69 74 50  72 6f 63 65 73 73 40 34  |e._ExitProcess@4|
00005070  00 5f 5f 64 61 74 61 5f  65 6e 64 5f 5f 00 5f 5f  |.__data_end__.__|
00005080  5f 67 65 74 6d 61 69 6e  61 72 67 73 00 5f 5f 43  |_getmainargs.__C|
00005090  54 4f 52 5f 4c 49 53 54  5f 5f 00 5f 5f 73 65  |TOR_LIST__.__se|
000050a0  74 5f 61 70 70 5f 74 79  70 65 00 5f 5f 62 73 73  |t_app_type.__bss|
000050b0  5f 65 6e 64 5f 5f 00 5f  5f 43 52 54 5f 66 6d 6f  |_end__.__CRT_fmo|
000050c0  64 65 00 5f 5f 5f 63 72  74 5f 78 63 5f 65 6e 64  |de.___crt_xc_end|
000050d0  5f 5f 00 5f 5f 5f 63 72  74 5f 78 63 5f 73 74 61  |__.___crt_xc_sta|
000050e0  72 74 5f 5f 00 5f 5f 5f  43 54 4f 52 5f 4c 49 53  |rt__.___CTOR_LIS|
000050f0  54 5f 5f 00 5f 5f 66 69  6c 65 5f 61 6c 69 67 6e  |T__.__file_align|
00005100  6d 65 6e 74 5f 5f 00 5f  5f 6d 61 6a 6f 72 5f 6f  |ment__.__major_o|
00005110  73 5f 76 65 72 73 69 6f  6e 5f 5f 00 5f 5f 69 6d  |s_version__.__im|
00005120  70 5f 5f 47 65 74 4d 6f  64 75 6c 65 48 61 6e 64  |p__GetModuleHand|
00005130  6c 65 41 40 34 00 5f 5f  44 54 4f 52 5f 4c 49 53  |leA@4.__DTOR_LIS|
00005140  54 5f 5f 00 5f 5f 73 69  7a 65 5f 6f 66 5f 68 65  |T__.__size_of_he|
00005150  61 70 5f 72 65 73 65 72  76 65 5f 5f 00 5f 5f 5f  |ap_reserve__.___|
00005160  63 72 74 5f 78 74 5f 73  74 61 72 74 5f 5f 00 5f  |crt_xt_start__._|
00005170  5f 5f 49 6d 61 67 65 42  61 73 65 00 5f 5f 73 75  |__ImageBase.__su|
00005180  62 73 79 73 74 65 6d 5f  5f 00 5f 5f 4a 76 5f 52  |bsystem__.__Jv_R|
00005190  65 67 69 73 74 65 72 43  6c 61 73 73 65 73 00 5f  |egisterClasses._|
000051a0  5f 69 6d 70 5f 5f 5f 5f  67 65 74 6d 61 69 6e 61  |_imp____getmaina|
000051b0  72 67 73 00 5f 5f 5f 74  6c 73 5f 65 6e 64 5f 5f  |rgs.___tls_end__|
000051c0  00 5f 5f 69 6d 70 5f 5f  45 78 69 74 50 72 6f 63  |.__imp__ExitProc|
000051d0  65 73 73 40 34 00 5f 5f  5f 63 70 75 5f 66 65 61  |ess@4.___cpu_fea|
000051e0  74 75 72 65 73 00 5f 5f  69 6d 70 5f 53 65 74  |tures.__imp_Set|
000051f0  55 6e 68 61 6e 64 6c 65  64 45 78 63 65 70 74 69  |UnhandledExcepti|
00005200  6f 6e 46 69 6c 74 65 72  40 34 00 5f 5f 6d 61 6a  |onFilter@4.__maj|
00005210  6f 72 5f 69 6d 61 67 65  5f 76 65 72 73 69 6f 6e  |or_image_version|
00005220  5f 5f 00 5f 5f 6c 6f 61  64 65 72 5f 66 6c 61 67  |__.__loader_flag|
00005230  73 5f 5f 00 5f 5f 43 52  54 5f 67 6c 6f 62 00 5f  |s__.__CRT_glob._|
00005240  5f 73 65 74 6d 6f 64 65  00 5f 5f 69 6d 70 5f 5f  |_setmode.__imp__|
00005250  70 72 69 6e 74 66 00 5f  5f 68 65 61 64 5f 6c 69  |printf.__head_li|
00005260  62 6b 65 72 6e 65 6c 33  32 5f 61 00 5f 5f 69 6d  |bkernel32_a.__im|
00005270  70 5f 5f 5f 63 65 78 69  74 00 5f 5f 6d 69 6e 6f  |p___cexit.__mino|
00005280  72 5f 73 75 62 73 79 73  74 65 6d 5f 76 65 72 73  |r_subsystem_vers|
00005290  69 6f 6e 5f 5f 00 5f 5f  6d 69 6e 6f 72 5f 69 6d  |ion__.__minor_im|
000052a0  61 67 65 5f 76 65 72 73  69 6f 6e 5f 5f 00 5f 5f  |age_version__.__|
000052b0  69 6d 70 5f 5f 5f 5f 73  65 74 5f 61 70 70 5f 74  |imp____set_app_t|
000052c0  79 70 65 00 5f 5f 52 55  4e 54 49 4d 45 5f 50 53  |ype.__RUNTIME_PS|
000052d0  45 55 44 4f 5f 52 45 4c  4f 43 5f 4c 49 53 54 5f  |EUDO_RELOC_LIST_|
000052e0  45 4e 44 5f 5f 00 5f 5f  6c 69 62 6b 65 72 6e 65  |END__.__libkerne|
000052f0  6c 33 32 5f 61 5f 69 6e  61 6d 65 00 5f 5f 5f 63  |l32_a_iname.___c|
00005300  72 74 5f 78 74 5f 65 6e  64 5f 5f 00  |rt_xt_end__.|
```

Si usamos el *debugger*, podemos ver tanto las direcciones reales de la tabla de importaciones, así como el nombre de las funciones, tras haberlas detectado el cargador dinámico. Para ello, una vez en la ventana de código (**Alt**+**C**) se pincha en la ventana Dump; luego se pulsa **Ctrl**+**G** y se introduce 405000:

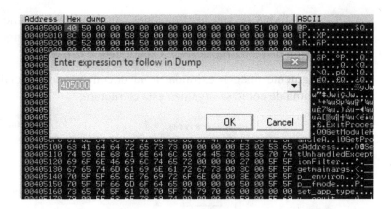

Una vez cargado, se pincha con el botón derecho sobre las direcciones en la izquierda y se pincha con el botón derecho y se selecciona "Long->Address with ASCII dump":

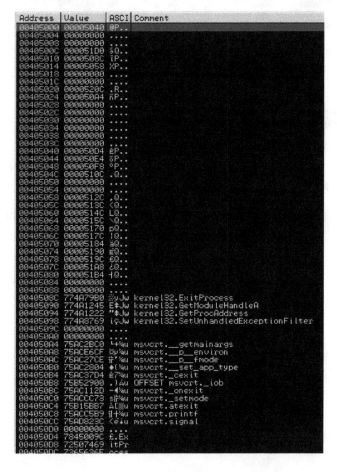

De esta forma se ven las funciones importadas, así como las librerías que lo contienen. Esto es posible porque esta vista, cuando detecta una dirección de memoria, accede a la etiqueta y la muestra.

La siguiente imagen extraída de la documentación oficial muestra un diagrama de cómo se organiza esta estructura:

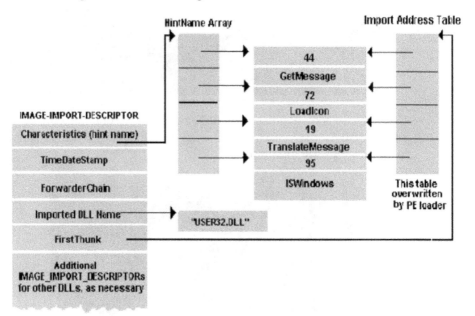

▼ Tabla de exportaciones

Por último, en la tabla de exportaciones, normalmente utilizada por las DLL, se utiliza la estructura IMAGE_EXPORT_DATA_DIRECTORY que se define así:

```
/* Export module directory */

typedef struct _IMAGE_EXPORT_DIRECTORY {
    DWORD    Characteristics;
    DWORD    TimeDateStamp;
    WORD     MajorVersion;
    WORD     MinorVersion;
    DWORD    Name;
    DWORD    Base;
    DWORD    NumberOfFunctions;
    DWORD    NumberOfNames;
    DWORD    AddressOfFunctions;
    DWORD    AddressOfNames;
    DWORD    AddressOfNameOrdinals;
} IMAGE_EXPORT_DIRECTORY,*PIMAGE_EXPORT_DIRECTORY;
```

Y se accede e interpreta del mismo modo que las importaciones. En este caso, como no hay ninguna librería, dicha tabla está vacía. No obstante podemos ver el diagrama extraído de la documentación oficial:

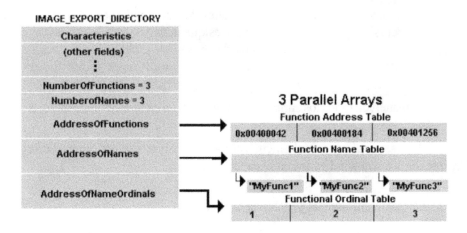

5.3.2 Cargador dinámico

El cargador dinámico de Windows es el encargado de gestionar las tablas de exportación e importación de los procesos cargados en memoria, además del propio proceso en sí. Para entenderlo un poco mejor, vamos a describir los pasos relacionados con la carga de un proceso en memoria previamente a su ejecución:

1. En primer lugar se leen las cabeceras DOS, PE y de secciones.

2. Se examina la dirección indicada en *ImageBase* del fichero binario para comprobar que esté disponible, si no es así, se reserva otra dirección disponible.

3. Se utiliza la información de las cabeceras de las secciones para crear el mapa de memoria y colocar la información del fichero en las zonas de memoria reservadas.

4. Si el fichero no ha sido emplazado en la dirección de memoria base indicada en el binario por *ImageBase*, realiza las modificaciones necesarias en el resto de direcciones de memoria de manera que queden reubicadas correctamente.

5. Se navega a través de las secciones de librerías importadas, de manera recursiva, para cargar las secciones que no hayan sido ya cargadas hasta que todas las secciones requeridas haya sido cargadas en la imagen del proceso.

Se resuelven todos los símbolos de importación en la sección de importación.

Se reserva el espacio de memoria para las estructuras de memoria *Stack* y *Heap* según los datos indicados en la cabecera PE.

Se crea el hilo inicial y se inicia el proceso.

La parte más importante y de mayor interés para la ingeniería inversa es la carga de las librerías y la resolución dinámica de sus direcciones de memoria. El proceso no es trivial y conlleva la ejecución de funciones del sistema operativo que residen en ntdll.dll y son invocadas mediante otras funciones que encapsulan su ejecución y conforman la denominada API (*Application Programming Interface*). De esta forma es posible reutilizar código de usuario en diferentes versiones del sistema operativo aunque se modifiquen las implementaciones internas de las funciones de *ntdll.dll*. Estas funciones internas no están documentadas por Microsoft. Alguna de estas funciones encapsuladas son las conocidas, como por ejemplo *GetProcAddress* de la librería *kernel32.dll* son simplemente una capa de abstracción (*wrapper*) de *LdrGetProcAddress* de la librería *ntdll.dll*

Para una visión un poco más práctica de este proceso, vamos a utilizar Windbg el depurador de código de Microsoft.

Si abrimos el binario *a.exe*, y establecemos un punto de interrupción (*BreakPoint*) justo en el *EntryPoint* (indicado en la cabecera PE del binario) podemos ver la invocación a funciones desde *ntdll.dll*:

Como se puede observar en la pila de llamadas, la primera llamada es *ntdll!_RtlUserThreadStart*, que es justo el último paso del cargador dinámico. Si queremos ver las invocaciones justo antes de esta función, podemos seguir paso a paso el código desde su carga del binario, donde la pila de llamadas queda así:

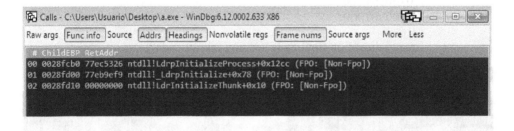

5.4 CUESTIONES RESUELTAS

5.4.1 Enunciados

1. ¿Qué estructura es la más adecuada para interpretar el siguiente volcado de memoria?:

```
00000000  7f 45 4c 46 02 01 01 00  00 00 00 00 00 00 00 00  |.ELF............|
00000010  02 00 3e 00 01 00 00 00  00 04 40 00 00 00 00 00  |..>.......@.....|
00000020  40 00 00 00 00 00 00 00  40 0a 00 00 00 00 00 00  |@.......@.......|
00000030  00 00 00 00 40 00 38 00  08 00 40 00 1f 00 1c 00  |....@.8...@.....|
00000040  06 00 00 00 05 00 00 00  40 00 00 00 00 00 00 00  |........@.......|
00000050  40 00 40 00 00 00 00 00  40 00 40 00 00 00 00 00  |@.@.....@.@.....|
00000060  c0 01 00 00 00 00 00 00  c0 01 00 00 00 00 00 00  |................|
```

    a. _IMAGE_NT_HEADERS
    b. EI_IDENT
    c. Elf32_Ehdr
    d. _IMAGE_OPTIONAL_HEADER
    e. Elf32_Phdr

2. ¿Qué valor tiene la variable EntryPoint partiendo de los datos proporcionados?:

```
00000000  7f 45 4c 46 02 01 01 00  00 00 00 00 00 00 00 00  |.ELF............|
00000010  02 00 3e 00 01 00 00 00  00 04 40 00 00 00 00 00  |..>.......@.....|
00000020  40 00 00 00 00 00 00 00  40 0a 00 00 00 00 00 00  |@.......@.......|
00000030  00 00 00 00 40 00 38 00  08 00 40 00 1f 00 1c 00  |....@.8...@.....|
00000040  06 00 00 00 05 00 00 00  40 00 00 00 00 00 00 00  |........@.......|
00000050  40 00 40 00 00 00 00 00  40 00 40 00 00 00 00 00  |@.@.....@.@.....|
00000060  c0 01 00 00 00 00 00 00  c0 01 00 00 00 00 00 00  |................|
```

    a. 0x40001000
    b. 0x00401000
    c. 0x00400400
    d. 0x00801000
    e. 0x00802000

3. ¿En qué dirección finaliza la sección identificada?:

```
00000000  7f 45 4c 46 02 01 01 00  00 00 00 00 00 00 00 00  |.ELF............|
00000010  02 00 3e 00 01 00 00 00  00 04 40 00 00 00 00 00  |..>.......@.....|
00000020  40 00 00 00 00 00 00 00  40 0a 00 00 00 00 00 00  |@.......@.......|
00000030  00 00 00 00 40 00 38 00  08 00 40 00 1f 00 1c 00  |....@.8...@.....|
00000040  06 00 00 00 05 00 00 00  40 00 00 00 00 00 00 00  |........@.......|
00000050  40 00 40 00 00 00 00 00  40 00 40 00 00 00 00 00  |@.@.....@.@.....|
00000060  c0 01 00 00 00 00 00 00  c0 01 00 00 00 00 00 00  |................|
```

    a. 0x00000027

    b. 0x00000040

    c. 0x0000002F

    d. 0x0000003F

    e. 0x0000005f

4. ¿En qué estructura de datos estarían contenidos los siguiente *bytes*?:

```
00000000  4d 5a 90 00 03 00 00 00  04 00 00 00 ff ff 00 00  |MZ..............|
00000010  b8 00 00 00 00 00 00 00  40 00 00 00 00 00 00 00  |........@.......|
00000020  00 00 00 00 00 00 00 00  00 00 00 00 00 00 00 00  |................|
00000030
```

    a. _IMAGE_MZ_HEADER

    b. _IMAGE_OPTIONAL_HEADER

    c. _IMAGE_NT_HEADER

    d. _IMAGE_PE_HEADER

    e. _IMAGE_DOS_HEADER

5. La siguiente estructura de datos, ¿en qué dirección daría comienzo?:

```
00000000  4d 5a 90 00 03 00 00 00  04 00 00 00 ff ff 00 00  |MZ..............|
00000010  b8 00 00 00 00 00 00 00  40 00 00 00 00 00 00 00  |........@.......|
00000020  00 00 00 00 00 00 00 00  00 00 00 00 00 00 00 00  |................|
00000030
```

    a. 0x7F

    b. 0x80

    c. 0x81

    d. 0x30

    e. 0x2F

6. ¿En qué dirección comenzará la ejecución tras cargarse el binario en memoria?:

```
00000098  0b 01 02 38 00 06 00 00  00 08 00 00 00 02 00 00  |...8............|
000000a8  30 11 00 00 00 10 00 00  00 20 00 00 00 00 40 00  |0........ ....@.|
000000b8  00 10 00 00 00 02 00 00  04 00 00 00 01 00 00 00  |................|
000000c8  04 00 00 00 00 00 00 00  00 f0 00 00 00 04 00 00  |................|
000000d8  4d 49 01 00 03 00 00 00  00 f0 20 00 00 10 00 00  |MI........ .....|
000000e8  00 00 10 00 00 10 00 00  00 00 00 00 10 00 00 00  |................|
```

    a. 0x00401130

    b. 0x00003011

    c. 0x40001130

    d. 0x00403011

    e. 0x00001130

7. La portabilidad entre distintas arquitecturas de *hardware* siempre y cuando mantengan el mismo sistema operativo, ¿a qué es debido?:

    a. API

    b. EAPI

    c. ABEI

    d. ABI

8. ¿Qué define la interfaz entre el código fuente y las bibliotecas?:

    a. API

    b. EAPI

    c. ABEI

    d. ABI

9. ¿Qué tipo de objeto no puede ser un fichero binario ELF?:

    a. Objeto reubicable

    b. Librería portable

    c. Ejecutable dinámico

    d. Objeto compartido

10. ¿Qué tipo de ficheros binarios no están derivados del formato COFF?:

    a. PE

    b. ELF

    c. DEX

5.4.2 Soluciones

1. c

2. c

3. d

4. e

5. b

6.- a

7. d

8. a

9. b

10. c

5.5 EJERCICIOS PROPUESTOS

1. Implementar en el lenguaje que se desee, un programa para detectar el tipo de fichero binario. Si fuera ELF o PE, extraer las cabeceras principales:

2. Implementar en el lenguaje que se desee, un programa para detectar qué funciones externas necesita el binario para ser ejecutado:

ANÁLISIS ESTÁTICO: DESENSAMBLADORES Y RECONSTRUCTORES DE CÓDIGO

Introducción

En esta unidad didáctica se explicará el concepto de análisis estático aplicado a la ingeniería inversa. También el concepto de desensamblador y reconstructor de código, así como una enumeración de herramientas capaces de automatizar estas tareas.

Objetivos

Cuando el alumno finalice la unidad didáctica será capaz de implementar un desensamblador basándose en las especificaciones del fabricante, así como utilizar diversas herramientas para el desensamblado y reconstrucción automático de código, pudiendo interactuar con estos procesos para llevar a cabo diferentes acciones.

6.1 CONCEPTOS INICIALES

Al llevar a cabo labores de ingeniería inversa, se pueden realizar varios tipos de enfoques:

► **Análisis estático:** que es el tipo de análisis que vamos a cubrir en esta unidad, y que trata de analizar el binario sin llevar a cabo la ejecución del mismo. Esto es posible gracias a los desensambladores (*disassemblers*) que convierte el código binario a código ensamblador. Es decir, interpretan los *opcodes* y muestran su interpretación en mnemónicos y operandos. Este tipo de análisis es necesario cuando no es posible ejecutar el código, ya sea porque es algún tipo de *malware*, porque no se dispone de la arquitectura que lo pueda ejecutar, porque el *software* tenga comportamientos diferentes según el entorno donde se ejecute para evitar su depuración, o por cualquier otro motivo.

▼ **Análisis dinámico:** este tipo de análisis lo veremos en la siguiente unidad, y consta de llevar a cabo la ejecución del código para poder determinar qué es lo que hace y cómo lo hace. Para ello se utilizan depuradores de código, que permiten ejecutar el código pudiendo parar en cualquier momento y analizar el estado de los registros y la memoria, pudiendo así analizar de qué manera manipula los datos. En este tipo de análisis se encuadra el denominado análisis de comportamiento, que trata de observar el comportamiento en cuanto a qué recursos utiliza, qué tráfico de red realiza, qué ficheros y de dónde los lee y/o escribe, qué funciones del sistema ejecuta, si es o no automodificable, si se comporta de una manera u otra dependiendo de si se ejecuta en un entorno u otro, etc.

A menudo se llevan a cabo análisis mixtos. Es normal llevar a cabo un análisis dinámico tras un análisis estático, pero no siempre que se hace un análisis dinámico se lleva a cabo uno estático. Esto es debido a que los análisis dinámicos suelen estar automatizados para poder analizar miles de muestras en poco tiempo, como es el caso del análisis de *malware*. Sin embargo, para otros entornos donde se pueden tardar días, semanas o incluso meses en tareas de ingeniería inversa con un solo *software*, lo normal es realizar análisis estático, luego dinámico e ir intercalando y mezclando los análisis, para poder extraer información aplicable a cada uno de los análisis. Este es el caso por ejemplo de la construcción de herramientas libres a partir de *software* o protocolos privados, el análisis de vulnerabilidades o análisis de *malware* entre otros.

6.2 DESENSAMBLADORES

Los desensambladores propiamente dichos son las herramientas capaces de traducir el código binario en instrucciones de lenguaje ensamblador, es decir, interpretar los *opcodes* y traducir a nemónicos y operandos. Esta tarea está ampliamente extendida y es relativamente sencilla de implementar.

6.2.1 Conceptos básicos

Para poder desensamblar un código binario, han de tenerse en cuenta diversas cuestiones:

▼ **Formato de fichero binario:** esto es lo primero a tener en cuenta, ya que el código ejecutable no suele comenzar al inicio de un fichero, sino que está contenido en un fichero con un formato binario concreto que especifica la arquitectura para la que debe ejecutare, así como información de dependencias y demás opciones que preparan el entorno de ejecución del binario.

▼ **Especificación de la arquitectura objetivo:** una vez conocida la arquitectura para la cual se ha creado el código binario ejecutable, es imprescindible conocer los detalles de dicha arquitectura, para poder interpretar los *opcodes* correspondientes, además del tipo de alineación y detalles específicos de la arquitectura. Este tipo de información en teoría la proporciona el fabricante, aunque en la práctica, en demasiadas ocasiones, es información obtenida mediante ingeniería inversa hacia los propios microprocesadores, ya que aunque si se publican ciertos detalles, no suelen liberar toda la información de manera libre, sino que se les proporciona a las empresas que desarrollan compiladores de manera preferente previo pago. A continuación se muestra la especificación oficial del fabricante de procesadores Intel:

Intel 64 & IA-32
http://www.intel.com/content/dam/www/public/us/en/documents/manuals/64-ia-32-architectures-software-developer-vol-2a-manual.pdf
http://www.intel.com/content/dam/www/public/us/en/documents/manuals/64-ia-32-architectures-software-developer-vol-2b-manual.pdf
http://www.intel.com/content/dam/www/public/us/en/documents/manuals/64-ia-32-architectures-software-developer-vol-2c-manual.pdf

Con esta información ya se puede desensamblar el código binario que se necesite. Esta labor se lleva a cabo conociendo el tamaño del *opcode* y luego en función del que sea se analizan los operandos o el siguiente *opcode*.

Para una mejor comprensión del proceso vamos a poner el siguiente ejemplo. Partimos de una serie de *bytes*:

```
55 31 D2 89 E5 8B 45 08 56 8B 75 0C
53 8D 58 FF 0F B6 0C 16 88 4C 13 01
83 C2 01 84 C9 75 F1 5B 5E 5D C3
```

Sin ningún tipo de información, esto podría ser cualquier cosa, un bloque de una imagen JPEG, una parte de un fichero de audio, etc Pero si sabemos que es código ensamblador para un procesador *i386* podemos consultar los *opcodes* de esta arquitectura y podremos traducir estos valores en hexadecimal a código ensamblador. Para ello vamos a consultar la documentación proporcionada anteriormente. En ella se puede ver en *Vol. 2B 4-271* (segundo PDF, página 273) la siguiente tabla:

Opcode*	Instruction	Op/En	64-Bit Mode	Compat/Leg Mode	Description
FF /6	PUSH r/m16	M	Valid	Valid	Push r/m16.
FF /6	PUSH r/m32	M	N.E.	Valid	Push r/m32.
FF /6	PUSH r/m64	M	Valid	N.E.	Push r/m64.
50+rw	PUSH r16	O	Valid	Valid	Push r16.
50+rd	PUSH r32	O	N.E.	Valid	Push r32.
50+rd	PUSH r64	O	Valid	N.E.	Push r64.
6A ib	PUSH imm8	I	Valid	Valid	Push imm8.
68 iw	PUSH imm16	I	Valid	Valid	Push imm16.
68 id	PUSH imm32	I	Valid	Valid	Push imm32.
0E	PUSH CS	NP	Invalid	Valid	Push CS.
16	PUSH SS	NP	Invalid	Valid	Push SS.
1E	PUSH DS	NP	Invalid	Valid	Push DS.
06	PUSH ES	NP	Invalid	Valid	Push ES.
0F A0	PUSH FS	NP	Valid	Valid	Push FS.
0F A8	PUSH GS	NP	Valid	Valid	Push GS.

NOTES:

* See IA-32 Architecture Compatibility section below.

Instruction Operand Encoding

Op/En	Operand 1	Operand 2	Operand 3	Operand 4
M	ModRM:r/m (r)	NA	NA	NA
O	opcode + rd (r)	NA	NA	NA
I	imm8/16/32	NA	NA	NA
NP	NA	NA	NA	NA

No vemos el 55, pero sí vemos un "50 + rd". Esto significa que el 50 indica PUSH r32 y r32 será el registro cuyo valor coincida en la siguiente tabla (primer PDF, página 36):

Table 2-2. 32-Bit Addressing Forms with the ModR/M Byte

	AL	CL	DL	BL	AH	CH	DH	BH
r8(/r)	AX	CX	DX	BX	SP	BP	SI	DI
r16(/r)	EAX	ECX	EDX	EBX	ESP	EBP	ESI	EDI
r32(/r)	MM0	MM1	MM2	MM3	MM4	MM5	MM6	MM7
mm(/r)	XMM0	XMM1	XMM2	XMM3	XMM4	XMM5	XMM6	XMM7
xmm(/r)								
(In decimal) /digit (Opcode)	0	1	2	3	4	5	6	7
(In binary) REG =	000	001	010	011	100	101	110	111

Es decir, que si tenemos un 50 + rd = 55 entonces rd = 5 (EBP), por lo que la instrucción es:

PUSH EBP

Esto se entiende mejor si lo analizamos en formato de bits, donde los bits más significativos son los que indican el tipo de operación, y los de menos peso el registro:

MSB	LSB
0101 = PUSH reg	
	0101 = EBP
5	5

Luego pasaríamos a analizar el **31 (0011 0001)**, si observamos en la siguiente tabla *Vol. 2C B-17* (tercer PDF, página 90):

XOR – Logical Exclusive OR	
register1 to register2	0011 000w: 11 reg1 reg2
register2 to register1	0011 001w: 11 reg1 reg2
memory to register	0011 001w: mod reg r/m
register to memory	0011 000w: mod reg r/m
immediate to register	1000 00sw: 11 110 reg : immediate data
immediate to AL, AX, or EAX	0011 010w: immediate data
immediate to memory	1000 00sw: mod 110 r/m : immediate data

Como podemos ver, se trata de la instrucción **XOR** con dos registros. Para ello vamos a tener que leer otro *byte* más que nos indica qué registros son, y el siguiente es el **D2**. Si vemos de nuevo la tabla (primer PDF, página 36) pero de manera completa:

Table 2-2. 32-Bit Addressing Forms with the ModR/M Byte

r8(/r) r16(/r) r32(/r) mm(/r) xmm(/r) (In decimal) /digit (Opcode) (In binary) REG =			AL AX EAX MMO XMMO 0 000	CL CX ECX MM1 XMM1 1 001	DL DX EDX MM2 XMM2 2 010	BL BX EBX MM3 XMM3 3 011	AH SP ESP MM4 XMM4 4 100	CH BP EBP MM5 XMM5 5 101	DH SI ESI MM6 XMM6 6 110	BH DI EDI MM7 XMM7 7 111
Effective Address	Mod	R/M	Value of ModR/M Byte (in Hexadecimal)							
[EAX] [ECX] [EDX] [EBX] [--][--]¹ disp32² [ESI] [EDI]	00	000 001 010 011 100 101 110 111	00 01 02 03 04 05 06 07	08 09 0A 0B 0C 0D 0E 0F	10 11 12 13 14 15 16 17	18 19 1A 1B 1C 1D 1E 1F	20 21 22 23 24 25 26 27	28 29 2A 2B 2C 2D 2E 2F	30 31 32 33 34 35 36 37	38 39 3A 3B 3C 3D 3E 3F
[EAX]+disp8³ [ECX]+disp8 [EDX]+disp8 [EBX]+disp8 [--][--]+disp8 [EBP]+disp8 [ESI]+disp8 [EDI]+disp8	01	000 001 010 011 100 101 110 111	40 41 42 43 44 45 46 47	48 49 4A 4B 4C 4D 4E 4F	50 51 52 53 54 55 56 57	58 59 5A 5B 5C 5D 5E 5F	60 61 62 63 64 65 66 67	68 69 6A 6B 6C 6D 6E 6F	70 71 72 73 74 75 76 77	78 79 7A 7B 7C 7D 7E 7F
[EAX]+disp32 [ECX]+disp32 [EDX]+disp32 [EBX]+disp32 [--][--]+disp32 [EBP]+disp32 [ESI]+disp32 [EDI]+disp32	10	000 001 010 011 100 101 110 111	80 81 82 83 84 85 86 87	88 89 8A 8B 8C 8D 8E 8F	90 91 92 93 94 95 96 97	98 99 9A 9B 9C 9D 9E 9F	A0 A1 A2 A3 A4 A5 A6 A7	A8 A9 AA AB AC AD AE AF	B0 B1 B2 B3 B4 B5 B6 B7	B8 B9 BA BB BC BD BE BF
EAX/AX/AL/MMO/XMM0 ECX/CX/CL/MM1/XMM1 EDX/DX/DL/MM2/XMM2 EBX/BX/BL/MM3/XMM3 ESP/SP/AH/MM4/XMM4 EBP/BP/CH/MM5/XMM5 ESI/SI/DH/MM6/XMM6 EDI/DI/BH/MM7/XMM7	11	000 001 010 011 100 101 110 111	C0 C1 C2 C3 C4 C5 C6 C7	C8 C9 CA CB CC CD CE CF	D0 D1 D2 D3 D4 D5 D6 D7	D8 D9 DA DB DC DD DE DF	E0 E1 E2 E3 E4 E5 E6 E7	E8 E9 EA EB EC ED EE EF	F0 F1 F2 F3 F4 F5 F6 F7	F8 F9 FA FB FC FD FE FF

Vemos cómo register 1 (fila) = **EDX** y register2 (columna) = **EDX** por lo que los *bytes* **31 d2** se interpretan como:

XOR EDX, EDX

Así podríamos continuar hasta el final de manera sistemática y se podría desensamblar todos los *bytes* proporcionados.

Nótese que si esos *bytes* fueran interpretados con unos *bytes* de desfase, es decir, en lugar de leer 55 31 D2 … se leyera directamente D2 …, el *opcode* de D2 es **ROR** y esto cambiaría por completo el contexto de la ejecución, y D2 pasaría de ser un operando a un mnemónico. Esto es importante tenerlo en cuenta sobre todo a la hora de descifrar código automodificable o cifrado. Con tan solo desplazar un *byte* el origen, el resultado de las operaciones es totalmente diferente.

6.2.2 Herramientas disponibles

Vamos a mostrar una pequeña lista de herramientas disponibles para realizar el desensamblado de manera automática y efectiva. El orden de presentación es totalmente arbitrario, no implica ningún orden de importancia ni preferencia.

▼ **ODA** – *The Online Disassembler*

Es un desensamblador de uso libre basado en web y que soporta una gran variedad de arquitecturas. Se puede utilizar en vivo y ver el código desensamblado en tiempo real, ya sea copiando una serie de *bytes* o subiendo un fichero. El proyecto aún está en fase beta, pero se espera que mejore con el tiempo. La URL del sitio es:

✓ *https://www.onlinedisassembler.com/odaweb/*

Explicamos en primer lugar esta herramienta, para continuar con la explicación anterior con el ejemplo de los *bytes*. Si vamos a la web e introducimos los *bytes* anteriores:

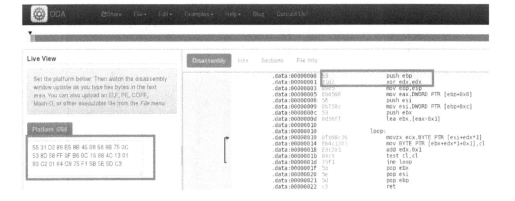

Como se observa en la imagen, las dos instrucciones desensambladas se han desensamblado correctamente.

Si se pincha en el icono rojo (Platform: i386) se pueden establecer opciones de desensamblado:

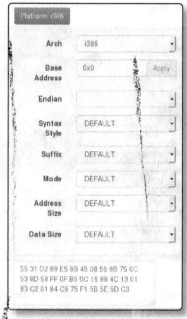

De entre las que se pueden seleccionar multitud de arquitecturas. Si con los mismos *bytes*, establecemos otra arquitectura por ejemplo armv5:

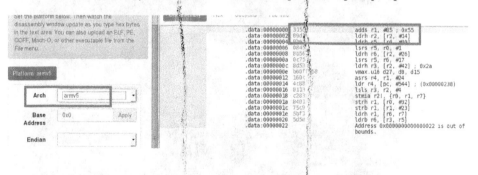

Vemos como además de no ser las mismas instrucciones, ni siquiera parecen hacer lo mismo: comienza sumando un valor al registro y luego leyendo otro registro que no tienen nada que ver lo que hacía antes. Además, si se observan los *bytes* se ve como se leen en orden inverso: **31 55** y **89 D2**. Esto es porque este procesador lee las instrucciones en orden inverso debido al Endianness.

▼ Objdump

Esta herramienta que ya hemos utilizado en unidades anteriores, es básica en Unix y permite entre otras cosas mostrar el desensamblado de un binario. Para ello debemos utilizar la opción -S y nos permite escoger entre varias arquitecturas así como sintaxis y direccionamiento:

```
objdump: supported targets: elf64-x86-64 elf32-i386 elf32-x86-64 a.out-i386-linux
 pei-i386 pei-x86-64 elf64-llom elf64-klom elf64-little elf64-big elf32-little el
f32-big plugin srec symbolsrec verilog tekhex binary ihex
objdump: supported architectures: i386 i386:x86-64 i386:x64-32 i8086 i386:intel i
386:x86-64:intel i386:x64-32:intel llom llom:intel klom klom:intel plugin

The following i386/x86-64 specific disassembler options are supported for use
with the -M switch (multiple options should be separated by commas):
  x86-64       Disassemble in 64bit mode
  i386         Disassemble in 32bit mode
  i8086        Disassemble in 16bit mode
  att          Display instruction in AT&T syntax
  intel        Display instruction in Intel syntax
  att-mnemonic
               Display instruction in AT&T mnemonic
  intel-mnemonic
               Display instruction in Intel mnemonic
  addr64       Assume 64bit address size
  addr32       Assume 32bit address size
  addr16       Assume 16bit address size
  data32       Assume 32bit data size
  data16       Assume 16bit data size
  suffix       Always display instruction suffix in AT&T syntax
Report bugs to <http://www.sourceware.org/bugzilla/>.
```

Si compilamos el ejemplo de la **Ilustración 22** y procedemos a su desensamblado, veremos esto:

```
$ gcc -m32 -ggdb helloworld.c && objdump -S a.out

a.out:     file format elf32-i386


Disassembly of section .init:

080482bc <_init>:
 80482bc:       55                      push   %ebp
 80482bd:       89 e5                   mov    %esp,%ebp
 80482bf:       53                      push   %ebx
 80482c0:       83 ec 04                sub    $0x4,%esp
 80482c3:       e8 00 00 00 00          call   80482c8 <_init+0xc>
 80482c8:       5b                      pop    %ebx
 80482c9:       81 c3 a4 13 00 00       add    $0x13a4,%ebx
 80482cf:       8b 93 fc ff ff ff       mov    -0x4(%ebx),%edx
 80482d5:       85 d2                   test   %edx,%edx
 80482d7:       74 05                   je     80482de <_init+0x22>
 80482d9:       e8 32 00 00 00          call   8048310 <__gmon_start__@plt>
 80482de:       58                      pop    %eax
 80482df:       5b                      pop    %ebx
 80482e0:       c9                      leave
 80482e1:       c3                      ret

Disassembly of section .plt:

080482f0 <printf@plt-0x10>:
 80482f0:       ff 35 70 96 04 08       pushl  0x8049670
 80482f6:       ff 25 74 96 04 08       jmp    *0x8049674
 80482fc:       00 00                   add    %al,(%eax)
```

Si queremos ver ese mismo desensamblado con sintaxis Intel en lugar de AT&T:

```
$ gcc -m32 -ggdb helloworld.c && objdump -S -M intel a.out

a.out:      file format elf32-i386

Disassembly of section .init:

080482bc <_init>:
 80482bc:       55                      push   ebp
 80482bd:       89 e5                   mov    ebp,esp
 80482bf:       53                      push   ebx
 80482c0:       83 ec 04                sub    esp,0x4
 80482c3:       e8 00 00 00 00          call   80482c8 <_init+0xc>
 80482c8:       5b                      pop    ebx
 80482c9:       81 c3 a4 13 00 00       add    ebx,0x13a4
 80482cf:       8b 93 fc ff ff ff       mov    edx,DWORD PTR [ebx-0x4]
 80482d5:       85 d2                   test   edx,edx
 80482d7:       74 05                   je     80482de <_init+0x22>
 80482d9:       e8 32 00 00 00          call   8048310 <__gmon_start__@plt>
 80482de:       58                      pop    eax
 80482df:       5b                      pop    ebx
 80482e0:       c9                      leave
 80482e1:       c3                      ret

Disassembly of section .plt:

080482f0 <printf@plt-0x10>:
 80482f0:           ff 35 70 96 04 08       push   DWORD PTR ds:0x8049670
 80482f6:           ff 25 74 96 04 08       jmp    DWORD PTR ds:0x8049674
 80482fc:           00 00                   add    BYTE PTR [eax],al
        ...
```

Como se puede observar los *bytes* son los mismos, pero la sintaxis del lenguaje ensamblador cambia.

▼ ndisasm

Este es el desensamblador por defecto de los sistemas Unix/Linux. El funcionamiento es muy básico. De las pocas cosas que permite, una es comenzar a desensamblar en un *offset* concreto o saltar *bytes*. Esto es especialmente útil para analizar porciones de código automodificables o extraído de sitios no comunes, como puede ser un *shellcode*. La sencillez de esta herramienta la hace ideal para ser utilizada por debajo en herramientas con otros propósitos.

▼ Capstone

Esta herramienta merece una mención especial por varios motivos:

● Es *open-source*.

● Soporta multitud de arquitecturas.

● Es muy robusto y estable.

● Se están llevando a cabo tareas de desarrollo muy exigentes que permiten tener versiones estables en muy poco tiempo. En menos de dos años ya van por una versión 3 estable recién liberada.

En su web se pueden leer más detalles sobre sus ventajas frente a otros:

Highlight features

- Multi-architectures: *Arm, Arm64 (Armv8), Mips, PowerPC, Sparc, SystemZ, XCore & X86* (include *X86_64*) (details).
- Clean/simple/lightweight/intuitive architecture-neutral API.
- Provide details on disassembled instruction (called "decomposer" by some others).
- Provide some semantics of the disassembled instruction, such as list of implicit registers read & written.
- Implemented in pure C language, with bindings for *Python, Ruby, C#, NodeJS, Java, GO, C++, OCaml, Lua, Rust & Vala* available.
- Native support for *Windows* & *nix (with *Mac OSX, iOS, Android, Linux,* *BSD & *Solaris* confirmed).
- Thread-safe by design.
- Special support for embedding into firmware or OS kernel.
- High performance & suitable for malware analysis (capable of handling various *X86* malware tricks).
- Distributed under the open source *BSD* license.

Para conocer más detalles del proyecto se puede visitar su página web:
✓ *http://www.capstone-engine.org/*

▼ IDA Pro

Esta herramienta es sin duda la herramienta por defecto de cualquiera que lleve a cabo labores de ingeniería inversa. Es un *framework* interactivo de desensamblado que permite al usuario intervenir en las diferentes fases del análisis y desensamblado, así como de los cargadores iniciales que permiten analizar binarios como PE, ELF, PlayStation, Gameboy, Java, Dalvik, etc., y por supuesto el depurador de código.

Además de poder interactuar con las distintas fases de la carga y desensamblado, permite una visualización en forma de gráficos de ejecución, basado en bloques básicos, que permite una mejor visualización del flujo de código que con código ensamblador mostrado de forma lineal. Véase la diferencia:

Código ensamblador de forma lineal.

```
08048460 <__libc_csu_init>:
 8048460:    55                      push   ebp
 8048461:    89 e5                   mov    ebp,esp
 8048463:    57                      push   edi
 8048464:    56                      push   esi
 8048465:    53                      push   ebx
 8048466:    e8 4f 00 00 00          call   80484ba <__i686.get_pc_thunk.bx>
 804846b:    81 c3 01 12 00 00       add    ebx,0x1201
 8048471:    83 ec 1c                sub    esp,0x1c
 8048474:    e8 43 fe ff ff          call   80482bc <_init>
 8048479:    8d bb 04 ff ff ff       lea    edi,[ebx-0xfc]
 804847f:    8d 83 00 ff ff ff       lea    eax,[ebx-0x100]
 8048485:    29 c7                   sub    edi,eax
 8048487:    c1 ff 02                sar    edi,0x2
 804848a:    85 ff                   test   edi,edi
 804848c:    74 24                   je     80484b2 <__libc_csu_init+0x52>
 804848e:    31 f6                   xor    esi,esi
 8048490:    8b 45 10                mov    eax,DWORD PTR [ebp+0x10]
 8048493:    89 44 24 08             mov    DWORD PTR [esp+0x8],eax
 8048497:    8b 45 0c                mov    eax,DWORD PTR [ebp+0xc]
```

```
8048497:        8b 45 0c                mov     eax,DWORD PTR [ebp+0xc]
804849a:        89 44 24 04             mov     DWORD PTR [esp+0x4],eax
804849e:        8b 45 08                mov     eax,DWORD PTR [ebp+0x8]
80484a1:        89 04 24                mov     DWORD PTR [esp],eax
80484a4:        ff 94 b3 00 ff ff ff    call    DWORD PTR [ebx+esi*4-0x100]
80484ab:        83 c6 01                add     esi,0x1
80484ae:        39 fe                   cmp     esi,edi
80484b0:        72 de                   jb      8048490 <__libc_csu_init+0x30>
80484b2:        83 c4 1c                add     esp,0x1c
80484b5:        5b                      pop     ebx
80484b6:        5e                      pop     esi
80484b7:        5f                      pop     edi
80484b8:        5d                      pop     ebp
80484b9:        c3                      ret
```

Código ensamblador mostrado de forma gráfica.

La diferencia es apreciable a simple vista. Esta forma de representación es más intuitiva y es aún de mayor ayuda cuando se utilizan los colores para marcar los bloques básicos ejecutados en una instancia, o simplemente para marcar los bloques básicos con algún tipo de interés para el usuario. En la imagen siguiente se ve la función anterior con los bloques básicos coloreados al haber sido ejecutados por el depurador de código en una ejecución concreta:

De esta forma, se focaliza la atención en los bloques básicos importantes para al análisis y evitan que se desvíe la atención con información superflua.

Además de las vistas, también es capaz de interpretar datos importantes como la pila:

En la parte de la izquierda, se ven los *offset* en relación al marco de pila, con el signo – y + que indica si está por encima o debajo de EBP. A esta información se accede simplemente pinchando dos veces sobre la variable local o argumento de función deseada. El valor del EBP anterior se nombra con la variable 's' y el valor de la dirección a la que volverá cuando se finalice esta función, es decir el valor de retorno de la función, se define como 'r'. Este es el valor a sobre escribir cuando se pretende explotar un fallo del tipo *Stack Overflow*.

La herramienta al abrir un nuevo fichero binario, va realizando pasadas por el código para ir interpretando la información que va detectando. Esto se ve en la barra superior, y una flecha que la va recorriendo. Una vez ya no puede obtener más información, se indica poniendo el valor de estado "completado" (un icono en forma de luz verde indica este estado), que es cuando se debe comenzar a trabajar con la herramienta.

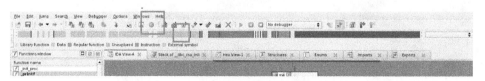

Otra de las características notables en este desensamblador, es la capacidad para detectar referencias cruzadas. Esto permite posicionarse sobre una función, variable o dirección de memoria, y poder obtener un listado de diferentes localizaciones donde se hace referencia a esta, además del tipo de referencia, si es de lectura o escritura. En la función anterior, si nos vamos a la función *printf* y pulsamos **Ctrl+X**, podemos ver esto:

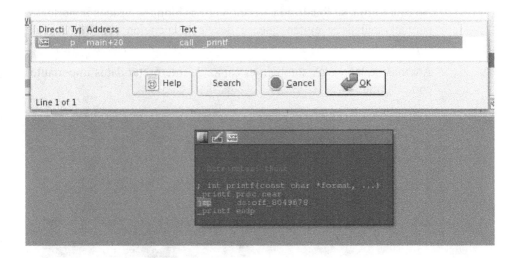

Una lista, en este caso de una sola línea, de localizaciones donde se ha hecho uso de *printf*.

Sin duda, el mayor potencial de IDA es la capacidad para interactuar con él de manera automatizada, ya sea mediante *plugins* escritos en C++, o bien mediante *scripts* en lenguaje IDC, un lenguaje de *scripting* diseñado por IDA para su automatización, o en las últimas versiones, Python, a través del *plugin* IDAPython, y que desde hace varias versiones forma ya parte de la herramienta. Se pueden escribir ficheros con extenso código para funciones específicas, o escribir directamente instrucciones en la línea de comandos que hay en la zona inferior de la herramienta, como se puede ver en la siguiente imagen:

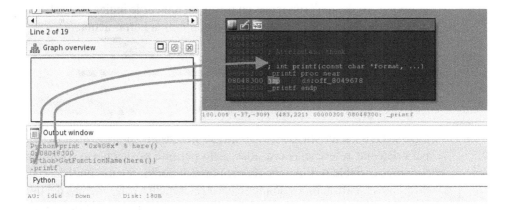

Se pueden ejecutar, no solo comandos de una línea, sino multilínea:

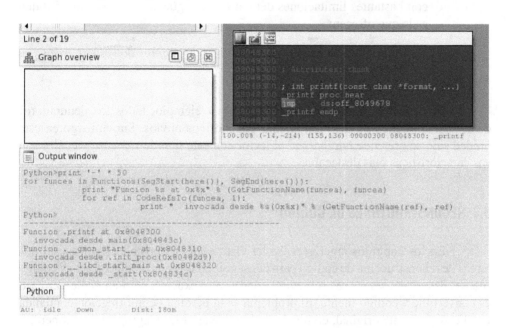

En este ejemplo de varias líneas se listan las funciones del segmento actual y desde donde son invocadas. Para ello solo hay que ir escribiendo y pulsar dos veces la tecla **Intro** para que se interprete el comando. No obstante la manera más común para ello, es mediante un *script* en *.py* para posteriormente abrirlo desde el menú o pulsando **Alt+F7**. Los comandos disponibles están documentados en la documentación oficial de IDAPython en su web, anteriormente citada. También es posible interactuar con el depurador de código mediante IDC y Python.

No se pretende hacer un manual sobre esta herramienta, simplemente destacar sus funcionalidades como desensamblador y por qué es el más utilizado.

IDA Pro se puede comprar en el siguiente enlace:

✓ *https://www.hex-rays.com/products/ida/order.shtml*

Existen versiones de prueba de IDA en su versión más actual con diferentes limitaciones que la hacen inviable para un uso práctico:

✓ *https://www.hex-rays.com/products/ida/support/download_demo.shtml*

Y por otro lado existe una versión *freeware*, totalmente operativa, pero con bastantes limitaciones debido a la antigüedad de la versión 5.0 que es la que ofrecen:

✓ *https://www.hex-rays.com/products/ida/support/download_freeware.shtml*

Hay muchos más desensambladores, por ejemplo, todos los depuradores de código contienen un desensamblador por motivos obvios. Sin embargo en esta unidad solo se pretende familiarizar al lector con este tipo de *software* y cuáles son sus características más destacables.

6.3 RECONSTRUCTORES DE CÓDIGO

En los capítulos anteriores, se ha visto cómo es posible llevar a cabo las tareas de reconstrucción de código para conseguir convertir el código objeto a código fuente. Estas tareas son más o menos sencillas y/o exactas, pero en cualquier caso es convertible a código fuente. El problema es la pérdida de información contenida en el código fuente original, como el nombre de variables y agrupaciones concretas de variables como estructuras, objetos u otras casuísticas, como el hecho de que el optimizador de código elimine o modifique determinadas instrucciones que originalmente fueran de otra manera en el código fuente.

Todas estas tareas de reconstrucción han sido identificadas e implementadas siendo posteriormente automatizadas, de esta forma, una labor manual que puede llevar días o semanas dependiendo de la cantidad de código binario, puede ser llevado a cabo de manera automática por determinados *software*. Además, la automatización evita errores humanos en el momento de la reconstrucción manual.

Este tipo de herramientas son indispensables en tareas de ingeniería inversa, y ayudan en gran medida a la rápida comprensión del funcionamiento del *software* analizado. En la mayoría de los casos, esto no evita la intervención humana, ya que el usuario de este tipo de herramientas, será capaz de agregar más contexto a la reconstrucción gracias a su conocimiento o información no extrapolable desde el binario. Como por ejemplo el conocimiento sobre el funcionamiento de funciones que la herramienta de reconstrucción de código no conoce. Esto es un caso común, ya que una persona es capaz de acceder rápidamente a la documentación de la API de una librería, o la búsqueda de información sobre una función concreta, mientras que una herramienta de reconstrucción de código, debe esperar a que actualicen sus firmas para agregar estos datos a la reconstrucción.

6.3.1 Herramientas disponibles

No hay una gran variedad de reconstructores de código disponibles, y muchos de los que hay, creados por universidades, o particulares, o no siguen mantenidos o su desarrollo es lento e incompleto para determinadas plataformas. Sin duda el desensamblador por excelencia es Hex-Rays:

✓ *https://www.hex-rays.com/products/decompiler/index.shtml*

Que viene en forma de *plugin* para el *framework* de desensamblado IDA Pro:

✓ *https://www.hex-rays.com/products/ida/index.shtml*

Que comentaremos como apartado especial de la unidad con más detalle. Sin embargo hay otros reconstructores de código que vamos a comentar someramente:

▼ **DCC**

Este es uno de los reconstructores de código más antiguos que existe. Sus inicios son de hace más de 20 años, cuando su autora Cristina Cifuentes preparaba su doctorado en la Universidad de Queensland en Australia durante los años 1991-1994. Su web original ya no existe, pero se puede consultar en el siguiente *mirror*:

✓ *https://web.archive.org/web/20131209235003/http://itee.uq.edu.au/~cristina/dcc.html*

En 2015, parece que el proyecto vuelve a estar en activo, donde se están llevando a cabo correcciones y cambios, por ejemplo relacionados con un *front-end* basado en Qt5:

✓ *https://github.com/nemerle/dcc*

▼ **Boomerang**

La autora de DCC, Cristina Cifuentes participó activamente en el compilador Boomerang, como un reconstructor de código de varios lenguajes máquinas a código C. El proyecto aunque estable tiene poca actividad.

La página web del proyecto es la siguiente:

✓ *https://github.com/nemerle/boomerang*

▼ ROSE source-to-source Compiler

En el año 2000, se publicó el siguiente *paper*:

> ✓ *http://rosecompiler.org/ROSE_ResearchPapers/2000-ROSECompile rSupportForObjectOrientedFrameworks-CPC.pdf*

Y dio comienzo al proyecto ROSE. Un *framework* de compilación *source-to-source* de código abierto, basado en representaciones y lenguajes intermedios. De esta forma, es capaz de pasar de varios lenguajes fuentes o binarios a otros lenguajes fuentes o binarios, tal y como muestras la siguiente imagen:

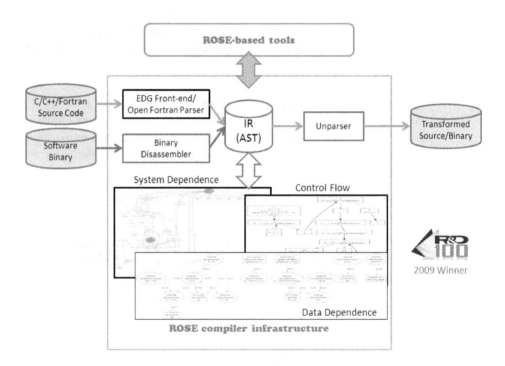

La página web del proyecto es la siguiente:

> ✓ *http://rosecompiler.org/*

▼ Retargetable Decompiler

Este caso es especialmente interesante porque, si bien no es posible acceder a su código ya que es un servicio web, al estar patrocinado por empresas privadas(AVG entre ellas), parece que tienen mayor actividad y los resultados son de bastante calidad. La idea de esta herramienta *online* es ser capaz de reconstruir código de varias plataformas y convertirla en código C o Python, tal y como se puede ver en las opciones de la siguiente imagen:

Aunque el código no es accesible, es posible utilizar la herramienta de manera automatizada a través de su API. Para ello hay que crearse una cuenta y utilizar el identificador para poder interactuar con la herramienta vía peticiones REST style. Se puede visitar la página oficial mediante el siguiente enlace:

✓ *https://retdec.com/*

- **MC-Sema + LLVM**

  LLVM es un *framework* de compilación muy potente y modular que permite trabajar con los lenguaje intermedio y conocido como bytecode. Estos bytecodes pueden ser traducidos a un lenguaje en C por LLVM:

```
$ llc -march=c helloworld.bc -o helloworld.c
```

  Cuya salida sería:

```
/* Global Variable Definitions and Initialization */
static _OC_str { unsigned char array[13]; } = { "Hola Mundo!\n" };
static _OC_str1 { unsigned char array[3]; } = { "%s" };

unsigned int main(void) {
  unsigned int llvm_cbe_tmp__1;    /* Address-exposed local */
  unsigned char *llvm_cbe_texto;    /* Address-exposed local */
  unsigned char *llvm_cbe_tmp__2;
  unsigned int llvm_cbe_tmp__3;

  CODE_FOR_MAIN();
  *(&llvm_cbe_tmp__1) = 0u;
  *(&llvm_cbe_texto) = ((&_OC_str.array[((signed int )0u)]));
  llvm_cbe_tmp__2 = *(&llvm_cbe_texto);
  llvm_cbe_tmp__3 = printf(((&_OC_str1.array[((signed int )0u)])), llvm_cbe_tmp__2);
  return 0u;
}
```

  Normalmente este código en bytecode es generado por el propio LLVM a partir del código en C, con la opción *-emit-llvm.* Pero como no tenemos el código en C, que es lo que tratamos de obtener; podemos utilizar MC-Sema para convertir el código ensamblador a bytecode interpretable por LLVM:

```
$ ./bin_descend -d -entry-symbol=main -i=a.out
```

- Lo que nos crea un fichero bytecodes que luego será posible convertir a C con LLVM tal y como hemos visto antes.

- Este método es muy potente, ya que permite no solo reconstruir código, sino manipularlo, ya que LLVM permite la ejecución de bytevodes, e incluso se podría insertar código en el binario.

6.3.2 Hex-Rays Decompiler

Ya que este es el reconstructor de código por excelencia, o al menos el más fiable, completo, de uso extendido y gran aceptación en el mundo de la ingeniería inversa, vamos a dedicar este apartado a conocerlo un poco más en detalle.

Hex-Rays es un *plugin* para IDA Pro, que permite la reconstrucción de código de x86 32/64 bits y ARM, a pseudocódigo en C. Al iniciar la herramienta, en la ventana de estado, nos aparece el mensaje de que ha sido cargado el *plugin* y después un texto que dice así:

```
The hotkeys are F5: decompile, Ctrl-F5: decompile all.
```

Esto nos indica que si nos posicionamos sobre una función y pulsamos **F5**, veremos su reconstrucción; por ejemplo, con la función anterior veríamos esto:

```
int __cdecl _libc_csu_init(int a1, int a2, int a3)
{
  int result; // eax@1
  signed int v4; // edi@1
  unsigned int v5; // esi@2

  init_proc();
  result = (int)_frame_dummy_init_array_entry;
  v4 = &_do_global_dtors_aux_fini_array_entry - _frame_dummy_init_array_entry;
  if ( v4 )
  {
    v5 = 0;
    do
      result = ((int (__cdecl *)(int, int, int))_frame_dummy_init_array_entry[v5++])(a1, a2, a3);
    while ( v5 < v4 );
  }
  return result;
}
```

Y si se quiere reconstruir todo el código habría que pulsar **Ctrl+F5**, donde aparecería una ventana de dialogo preguntándonos por el nombre y la ruta del fichero donde guardar la reconstrucción total del binario.

Para poder ver el potencial de este reconstructor de código, vamos a explicar mejor un ejemplo. Para ello vamos a basarnos en un código de unidades anteriores, en concreto el de la **Ilustración 18**:

```
 1 class MyClass{
 2 public:
 3     int a, b, c;
 4     void foo_public(void);
 5 };
 6
 7 void MyClass::foo_public(void)
 8 {
 9     int i=0, j=0;
10     i = 0x21212121;
11     j = 0x22222222;
12
13     this->a = 0x31313131;
14     this->b = 0x32323232;
15     this->c = 0x33333333;
16 }
17
18 int main(void)
19 {
20     MyClass c;
21
22     c.a = 0x11111111;
23     c.b = 0x12121212;
24     c.c = 0x13131313;
25     c.foo_public();
26
27     return 0;
28
29 }
30
```

Si lo abrimos con IDA vamos a ver esto:

```
; Attributes: bp-based frame

; int __cdecl main(int argc, const char **argv, const char **envp)
public main
main proc near

var_C= dword ptr -0Ch
var_8= dword ptr -8
var_4= dword ptr -4
argc= dword ptr  8
argv= dword ptr  0Ch
envp= dword ptr  10h

push    ebp
mov     ebp, esp
sub     esp, 14h
mov     [ebp+var_C], 11111111h
mov     [ebp+var_8], 12121212h
mov     [ebp+var_4], 13131313h
lea     eax, [ebp+var_C]
mov     [esp], eax      ; _DWORD
call    sub_8000000
mov     eax, 0
leave
```

```
locret_800006D:
retn
main endp

_text ends
```

```
public sub_8000000
sub_8000000 proc near

var_8= dword ptr -8
var_4= dword ptr -4
arg_0= dword ptr  8

push    ebp
mov     ebp, esp
sub     esp, 10h
mov     [ebp+var_4], 0
mov     [ebp+var_8], 0
mov     [ebp+var_4], 21212121h
mov     [ebp+var_8], 22222222h
mov     eax, [ebp+arg_0]
mov     dword ptr [eax], 31313131h
mov     eax, [ebp+arg_0]
mov     dword ptr [eax+4], 32323232h
mov     eax, [ebp+arg_0]
mov     dword ptr [eax+8], 33333333h
leave
retn
sub_8000000 endp
```

Si nos posicionamos en la función *main* y pulsamos **F5** se verá el pseudocódigo obtenido:

```
int __cdecl main(int argc, const char **argv, const char **envp)
{
  int v4; // [sp+8h] [bp-Ch]@1
  int v5; // [sp+Ch] [bp-8h]@1
  int v6; // [sp+10h] [bp-4h]@1

  v4 = 286331153;
  v5 = 303174162;
  v6 = 320017171;
  sub_8000000(&v4);
  return 0;
}
```

Si nos posicionamos justo encima de los valores numéricos y pulsamos **H** el valor se convierte a hexadecimal:

```
v4 = 0x11111111;
v5 = 0x12121212;
v6 = 0x13131313;
```

El reconstructor no sabe qué codificación es más intuitiva para el usuario final, por lo que hay que establecer la codificación que se requiera.

Ahora vamos a pinchar dos veces en ***sub_8000000*** y accedemos al código. Pulsamos de nuevo en **F5** y vemos lo siguiente:

```
int __cdecl sub_8000000(int a1)
{
  int result; // eax@1

  *(_DWORD *)a1 = 825307441;
  *(_DWORD *)(a1 + 4) = 842150450;
  result = a1;
  *(_DWORD *)(a1 + 8) = 858993459;
  return result;
}
```

Aquí también podemos establecer la codificación hexadecimal en los valores posicionándonos sobre el valor y pulsando **H**. Ahora vamos a centrarnos en la variable *a1* esta es accedida de manera directa y con un desplazamiento. Como hemos visto en unidades anteriores, esto es debido a que en realidad hay una estructura. Vamos a utilizar la potencia de la herramienta para que detecte de forma automática dicha estructura. Para ello vamos a posicionarnos sobre **a1** y pinchamos con el botón derecho, luego en ***Create new struct type*** y vemos la estructura propuesta:

Si le damos a **OK** vemos como ha aplicado esta estructura en el código reconstruido:

```
struct_a1 *__cdecl sub_8000000(struct_a1 *a1)
{
    struct_a1 *result; // eax@1

    a1->dword0 = 0x31313131;
    a1->dword4 = 0x32323232;
    result = a1;
    a1->dword8 = 0x33333333;
    return result;
}
```

Con estos pequeños pasos hemos obtenido un código bastante acertado respecto al código original:

```
void MyClass::foo_public(void)
{
    int i=0, j=0;
    i = 0x21212121;
    j = 0x22222222;

    this->a = 0x31313131;
    this->b = 0x32323232;
    this->c = 0x33333333;
}
```

Nótese que aunque en el código ensamblador sí existen las variables i y j, en reconstructor de código en la fase de optimización ha eliminado código muerto. Esas variables solo se inicializan, pero no se utilizan, por lo que se eliminan de la reconstrucción.

Esto muestra el hecho de que, por bueno que sea el trabajo hecho por una herramienta de reconstrucción de código de manera automática, es necesaria la intervención del usuario para mejorar el código fuente obtenido.

También es posible acceder al *plugin* Hex-Rays mediante código *script* en IDC o Python, tal y como se puede ver en la siguiente imagen:

O mediante *plugins* a través el SDK de Hex-Rays:

✓ *https://www.hex-rays.com/products/decompiler/manual/sdk/examples.shtml*

De esta forma, se pueden llevar a cabo tareas automatizadas beneficiándose de la reconstrucción de código llevada a cabo por Hex-Rays. Téngase en cuenta que se puede acceder no solo al código reconstruido, sino al AST (*Abstract Syntax Tree*) del código, lo que permite analizar de manera detallada el código reconstruido y permite agregar funcionalidades o heurísticas. En el blog oficial hay varios artículos al respecto de entre los que destaca:

✓ *http://www.hexblog.com/?p=107*

En el sitio web de IDA se pueden consultar varios recursos, entre los que hay tutoriales sobre tipos de datos, análisis gráfico y demás funcionalidades:

✓ *https://www.hex-rays.com/products/ida/support/tutorials/index.shtml*

6.4 CUESTIONES RESUELTAS

6.4.1 Enunciados

1. Los siguientes *bytes*, ¿para qué tecnología están destinados?:

```
55 31 D2 89 E5 8B 45 08 56 8B 75 0C
53 8D 58 FF 0F B6 0C 16 88 4C 13 01
83 C2 01 84 C9 75 F1 5B 5E 5D C3
```

   a. i386
   b. amd64
   c. arm-Thumb2
   d. mipsel
   e. No es posible determinarlo.

2. Si los siguientes *bytes*, fueran código x86-32 bits, ¿cuál sería la primera instrucción?:

```
55 31 D2 89 E5 8B 45 08 56 8B 75 0C
53 8D 58 FF 0F B6 0C 16 88 4C 13 01
83 C2 01 84 C9 75 F1 5B 5E 5D C3
```

   a. PUSH ESP
   b. PUSH EDX
   c. RETN
   d. XOR EDX,EDX
   e. PUSH EBP

3. ¿Qué hace un reconstructor de código?:

   a. Convertir *bytes* sin formato a código ensamblador.
   b. Convertir código ensamblador a código fuente.

    c. Convertir código ensamblador que no funciona correctamente a código ejecutable sin errores.

    d. Convertir las llamadas indirectas producidas por las VTables, a llamadas directas a direcciones concretas.

4. ¿Afecta la sintaxis a la manera de interpretar los *bytes*?:

    a. Si

    b. No

    c. Depende

5. ¿Qué sintaxis se ha utilizado en la siguiente imagen?:

```
public sub_8000000
sub_8000000 proc near

var_8= dword ptr -8
var_4= dword ptr -4
arg_0= dword ptr  8

push    ebp
mov     ebp, esp
sub     esp, 10h
mov     [ebp+var_4], 0
mov     [ebp+var_8], 0
mov     [ebp+var_4], 21212121h
mov     [ebp+var_8], 22222222h
mov     eax, [ebp+arg_0]
mov     dword ptr [eax], 31313131h
mov     eax, [ebp+arg_0]
mov     dword ptr [eax+4], 32323232h
mov     eax, [ebp+arg_0]
mov     dword ptr [eax+8], 33333333h
leave
retn
sub_8000000 endp
```

    a. WINAPI

    b. cdecl

    c. Intel

    d. stdcall

    e. AT&T

6. ¿Es posible reconstruir un código completamente sin ayuda del usuario?:

    a. No

    b. Solo si el usuario introduce las estructuras que el binario utiliza.

    c. Solo si el usuario proporciona los símbolos de depuración.

    d. Sí

    e. No, aunque sí se pueden conocer el número de funciones.

7. Existe una amplia variedad de reconstructores de código tanto de manera comercial como de *software* libre:

   a. Verdadero
   b. Falso

8. Una misma secuencia de *bytes* será interpretado de manera diferente según la herramienta de desensamblado que se haya utilizado:

   a. Verdadero
   b. Falso

9. Un reconstructor de código se encarga de convertir un conjunto de *bytes* en código ensamblador definido por el fabricante de una arquitectura concreta:

   a. Verdadero
   b. Falso

10. Un desensamblador de código se encarga de convertir el código ensamblador en código fuente:

    a. Verdadero
    b. Falso

6.4.2 Soluciones

1. d

2. e

3. b

4. b

5. c

6. d

7. b

8. b

9. b

10. b

6.5 EJERCICIOS PROPUESTOS

1. Implementar un programa que sea capaz de desensamblar el siguiente fragmento de código en x86-32:

```
55 31 D2 89 E5 8B 45 08 56 8B 75 0C
53 8D 58 FF 0F B6 0C 16 88 4C 13 01
83 C2 01 84 C9 75 F1 5B 5E 5D C3
```

> (i) **NOTA**
>
> En primer lugar, trate de identificar los mnemónicos utilizados por esta porción de código manualmente. Después introduzca esa información en algún tipo de datos para convertir estos *bytes* en código ensamblador x86-32bits correctamente.

2. Realice la misma operación de antes pero para la arquitectura que desee, por ejemplo ARM.

7

ANÁLISIS DINÁMICO:
DEPURADORES DE CÓDIGO

Introducción

En esta unidad se estudia el análisis dinámico de binarios, donde se utilizan los depuradores de código y otras herramientas de análisis de comportamiento para conocer qué es lo que hace el binario y cómo lo hace desde un punto de vista dinámico, es decir, ejecutando el binario. Además se enseñan los detalles de implementación de depuradores de código en Linux y Windows.

Objetivos

Cuando el alumno finalice la unidad será capaz de analizar un fichero binario y saber qué hace y cómo lo hace mediante técnicas de análisis dinámico. Además, será capaz de implementar un sencillo depurador de código, tanto en Linux como en Windows.

7.1 ASPECTOS GENERALES

En esta unidad vamos a ver cómo llevar a cabo análisis de binarios desde un punto de vista dinámico, llevando a cabo la ejecución del mismo y analizando tanto su comportamiento externo, es decir, qué librerías utiliza, con qué ficheros interactúa, qué tráfico de red genera, a qué recursos del sistema accede. Así como de manera interna, analizando la carga del binario en memoria, el proceso de arranque del mismo, los algoritmos que utiliza para llevar a cabo comprobaciones y/o acciones, viendo en definitiva cada una de las instrucciones ensamblador que ejecuta y analizando porqué y para qué lo realiza.

El análisis de comportamiento, se conoce como **caja negra**, ya que no se tiene conocimiento de su estructura interna. Tan solo se interactúa con el programa como si fuera algo cerrado al que le podemos enviar información, y este realiza acciones diversas con esa información y del que tan solo podemos analizar el resultado externo de esas acciones, como hemos dicho antes: generar tráfico de red, acceso a ficheros, recursos del sistema y demás.

Por otro lado se conoce como **caja blanca** el tipo de análisis donde se accede al interior del programa, es decir, al propio código ensamblador del mismo, y se ejecuta dicho código pudiendo acceder a cada instrucción de manera controlada, pudiendo ejecutar cada una de las instrucciones paso a paso, pudiendo examinar tanto los registros del procesador como la memoria al completo del proceso en cada instrucción.

El motivo principal de porqué se realiza un tipo de análisis u otro suele ser siempre el tiempo. El análisis de comportamiento se puede llevar a cabo de manera desatendida, pudiendo recopilar toda la información para su posterior estudio. Por regla general, el tipo de información que se busca es fácilmente detectable con este tipo de análisis. Por ejemplo, en el caso del *malware*, suelen ser *software* que se despliegan en fases. Es decir, en primea instancia un *software* llega por correo, publicidad web, redes sociales o cualquier otro medio, y este *software* conecta con un sitio web controlado por el atacante donde descarga otro *software,* que es en realidad el que lleva a cabo las acciones más complejas y peligrosas del *malware*. Esto se conoce como un dropper de 2 etapas. El *software* de la primera etapa no es interesante conocer su funcionamiento interno, y de hecho, si se tratara de hacerlo, habría que lidiar con técnicas antidepuración y antianálisis, lo que conlleva un gasto importante de tiempo. Lo que interesa es conocer la dirección IP o URL a la que se conecta para descargar e instalar el *software* de la segunda etapa.

En escenarios fuera del mundo del *malware*, se puede querer realizar análisis de caja negra para comprobar que un *software* no accede donde no debe, que lleva a cabo las acciones que debe, sin invadir la necesidad de divulgar el contenido de los algoritmos que los realiza.

Por otro lado, los análisis de caja blanca, se llevan a cabo cuando se quiere obtener un conocimiento profundo sobre el *software* analizado. Ese conocimiento no es posible obtener tan solo con un análisis estático, sino que se necesita ejecutar el programa y ver cómo se comporta al proporcionarle determinada información. Este es el caso claro de los análisis de vulnerabilidades, donde se necesita saber no solo cómo se supone que trabaja el *software*, sino en unas circunstancias concretas, cómo lo está haciendo. Y esto depende del escenario, es decir, arquitectura, opciones de configuración, opciones del compilador, etc. Este tipo de datos no son extrapolables simplemente con un análisis estático, y aportan resultados fiables sobre si algo pasa de una forma u otra.

A continuación vamos a explicar de forma más detallada los dos tipos de análisis.

7.2 CAJA NEGRA: ANÁLISIS DE COMPORTAMIENTO

El análisis de comportamiento, se lleva a cabo interceptando el envío y recepción de información entre el proceso a analizar y el sistema operativo, como puede ser el caso de la red, los accesos a ficheros y/o recursos del sistema operativo, etc.

7.2.1 Interceptación de comunicaciones

En algunos casos, como el caso de la red, es posible llevarlo a cabo sin interactuar con el proceso, ya que se puede simplemente escuchar el tráfico de la red, incluso desde un ordenador diferente al ordenador que ejecuta el proceso a analizar.

▼ Pcap

Pcap es un API para la captura de paquetes. En entornos Unix se conoce como **libpcap**, mientras que la versión adaptada para Windows de libpcap se conoce como **WinPcap**.

Tanto libpcap y WinPcap pueden ser utilizados por un programa para capturar los paquetes que viajan por toda la red y, en las versiones más recientes, para transmitir los paquetes en la capa de enlace de una red, así como para conseguir una lista de las interfaces de red que se pueden utilizar para interceptar y/o transmitir tráfico.

Estas librerías son los motores de captura de paquetes y filtración de muchas herramientas de código abierto y productos comerciales que existen, incluyendo analizadores de protocolo, monitores de la red, sistemas de detección de intrusos en la red, programas de captura de las tramas de red (*packet sniffers*), generadores de tráfico y optimizadores de red.

▼ tcpdump

Esta herramienta de línea de comandos que hace uso de la librería libpcap, se utiliza para interceptar el tráfico de red y mostrar en tiempo real los paquetes transmitidos y recibidos en la red a la que el ordenador que lo ejecuta, esté conectado.

Funciona en la mayoría de los sistemas operativos UNIX: Linux, Solaris, BSD, Mac OS X, HP-UX y AIX entre otros. Existe una adaptación de tcpdump para los sistemas Microsoft Windows que se llama WinDump y que hace uso de la biblioteca Winpcap.

El usuario puede aplicar varios filtros para que sea más limpia la salida. Un filtro es una expresión que va detrás de las opciones y que nos permite seleccionar los paquetes que estamos buscando. En ausencia de ésta, el tcpdump volcará todo el tráfico que vea el adaptador de red seleccionado.

▼ Wireshark

Antes conocido como **Ethereal**, es un analizador de protocolos utilizado para realizar análisis y solucionar problemas en redes de comunicaciones, para desarrollo de *software* y protocolos, y como una herramienta didáctica. Cuenta con todas las características estándar de un analizador de protocolos.

La funcionalidad que provee es similar a la de tcpdump, pero añade una interfaz gráfica y muchas opciones de organización y filtrado de información:

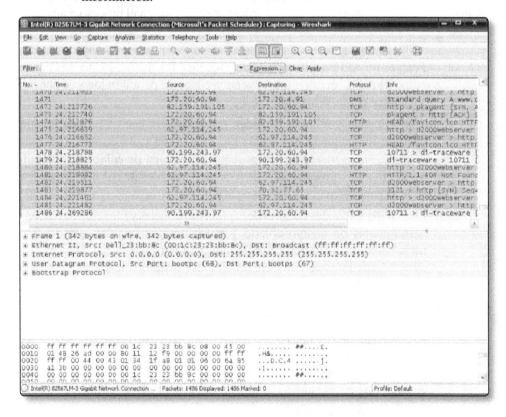

Así permite ver todo el tráfico que pasa a través de una red (usualmente una red ethernet, aunque es compatible con algunas otras) estableciendo la configuración en modo promiscuo. También incluye una versión basada en texto llamada **tshark.**

Permite examinar datos de una red activa o de un archivo de captura salvado en disco. Se puede analizar la información capturada, a través de los detalles y sumarios por cada paquete. Wireshark incluye un completo lenguaje para filtrar lo que queremos ver y la habilidad de mostrar el flujo reconstruido de una sesión de TCP.

Wireshark es *software* libre, y se ejecuta sobre la mayoría de sistemas operativos Unix y compatibles, incluyendo Linux, Solaris, FreeBSD, NetBSD, OpenBSD, Android, y Mac OS X, así como en Microsoft Windows.

7.2.2 Monitorización de funciones del sistema

En otros casos, es posible interceptar las llamadas a funciones de las librerías del sistema o de terceros, así como el envío de eventos o mensajes, utilizadas por el proceso para registrar la actividad relacionada con él. El código que maneja esta interceptación y monitoriza o manipula los argumentos y/o eventos, se conoce como *hooking*.

Esta técnica es utilizada para muchos propósitos: depuración, para extender funcionalidades, capturar información de los periféricos, obtención de datos estadísticos y de rendimiento, etc. Estas técnicas son utilizadas a menudo por el *malware*, permitiéndoles guardar todo tipo de información, como las teclas pulsadas del teclado, movimientos del ratón para rellenar un campo numérico basado en botones desordenados (utilizado por los bancos), etc.

Para ello o bien se inserta el *hook* en las librerías del sistema, o bien es posible hacerlo en la direcciones de invocación a las mismas desde el proceso, modificando la IAT del proceso.

▼ LD_PRELOAD

Tal y como se ha visto en unidades anteriores, es posible indicarle al cargador dinámico qué funciones debe cargar para resolver las dependencias y poder utilizar las funciones deseadas no incluidas en el proceso. El cargador dinámico entre sus muchas configuraciones, tiene la variable LD_PRELOAD de entorno interesante para temas de *hooking*.

La lista de librerías introducida en esta variable de entorno por el usuario, será cargada antes que ninguna otra del sistema en el momento de la carga dinámica del proceso. Esto se utiliza para sobrescribir funciones de librerías compartidas.

La librería se compilaría como una librería dinámica normal que contuviera la función a reemplazar. Luego se invocaría el programa estableciendo en la variable LD_PRELOAD el nombre de la librería y/o ruta completa:

```
$ LD_PRELOAD=hook.so ./program
```

▼ ptrace

ptrace (*Process Trace*) es una llamada al sistema disponible en varios sistemas operativos Unix/Linux. Mediante el uso de *ptrace* un proceso puede controlar a otro, lo que permite al que controla poder inspeccionar y manipular el estado interno del proceso controlado. *ptrace* es utilizado por los depuradores de código y otras herramientas de análisis de código, principalmente como ayudas para el desarrollo de *software*.

Esta funcionalidad ha permitido implementar programas de línea de comandos que monitorizan y registran las invocaciones a funciones de librerías externas con ***ltrace***:

```
$ ltrace ./helloworld
__libc_start_main(0x4004f0, 1, 0x7ffcd597da28, 0x400540, 0x400530 <unfinished ...>
printf("%s", "Hola Mundo!\n"Hola Mundo!
)                                                                              = 12
+++ exited (status 0) +++
```

Y las invocaciones a funciones del sistema así como eventos con ***strace***:

```
$ strace ./helloworld
execve("./helloworld", ["./helloworld"], [/* 29 vars */]) = 0
brk(0)                                  = 0x109e000
access("/etc/ld.so.nohwcap", F_OK)      = -1 ENOENT (No such file or directory)
mmap(NULL, 8192, PROT_READ|PROT_WRITE, MAP_PRIVATE|MAP_ANONYMOUS, -1, 0) = 0x7f8e35040000
access("/etc/ld.so.preload", R_OK)      = -1 ENOENT (No such file or directory)
open("/etc/ld.so.cache", O_RDONLY)      = 3
fstat(3, {st_mode=S_IFREG|0644, st_size=119208, ...}) = 0
mmap(NULL, 119208, PROT_READ, MAP_PRIVATE, 3, 0) = 0x7f8e35022000
close(3)                                = 0
access("/etc/ld.so.nohwcap", F_OK)      = -1 ENOENT (No such file or directory)
open("/lib/x86_64-linux-gnu/libc.so.6", O_RDONLY) = 3
read(3, "\177ELF\2\1\1\0\0\0\0\0\0\0\0\0\3\0>\0\1\0\0\0\300\357\1\0\0\0\0\0"..., 832) = 832
fstat(3, {st_mode=S_IFREG|0755, st_size=1599504, ...}) = 0
mmap(NULL, 3713080, PROT_READ|PROT_EXEC, MAP_PRIVATE|MAP_DENYWRITE, 3, 0) = 0x7f8e34a98000
mprotect(0x7f8e34c19000, 2097152, PROT_NONE) = 0
mmap(0x7f8e34e19000, 20480, PROT_READ|PROT_WRITE, MAP_PRIVATE|MAP_FIXED|MAP_DENYWRITE, 3, 0x181000) = 0x7f8e34e19000
mmap(0x7f8e34e1e000, 18488, PROT_READ|PROT_WRITE, MAP_PRIVATE|MAP_FIXED|MAP_ANONYMOUS, -1, 0) = 0x7f8e34e1e000
close(3)                                = 0
mmap(NULL, 4096, PROT_READ|PROT_WRITE, MAP_PRIVATE|MAP_ANONYMOUS, -1, 0) = 0x7f8e35021000
mmap(NULL, 4096, PROT_READ|PROT_WRITE, MAP_PRIVATE|MAP_ANONYMOUS, -1, 0) = 0x7f8e35020000
mmap(NULL, 4096, PROT_READ|PROT_WRITE, MAP_PRIVATE|MAP_ANONYMOUS, -1, 0) = 0x7f8e3501f000
arch_prctl(ARCH_SET_FS, 0x7f8e35020700) = 0
mprotect(0x7f8e34e19000, 16384, PROT_READ) = 0
mprotect(0x7f8e35042000, 4096, PROT_READ) = 0
munmap(0x7f8e35022000, 119208)          = 0
fstat(1, {st_mode=S_IFCHR|0620, st_rdev=makedev(136, 2), ...}) = 0
mmap(NULL, 4096, PROT_READ|PROT_WRITE, MAP_PRIVATE|MAP_ANONYMOUS, -1, 0) = 0x7f8e3503f000
write(1, "Hola Mundo!\n", 12Hola Mundo!
)                                       = 12
exit_group(0)                           = ?
```

Más adelante, en esta misma unidad, entraremos en detalle sobre *ptrace*, al explicar los depuradores de código.

- API Monitor Filter

  Esta herramienta para Windows no es la mejor ni la única, pero funciona bastante bien y tiene una gran recopilación de API a monitorizar. Su funcionamiento es sencillo: selecciona las API a monitorizar, se puede hacer manualmente navegando por sus categorías:

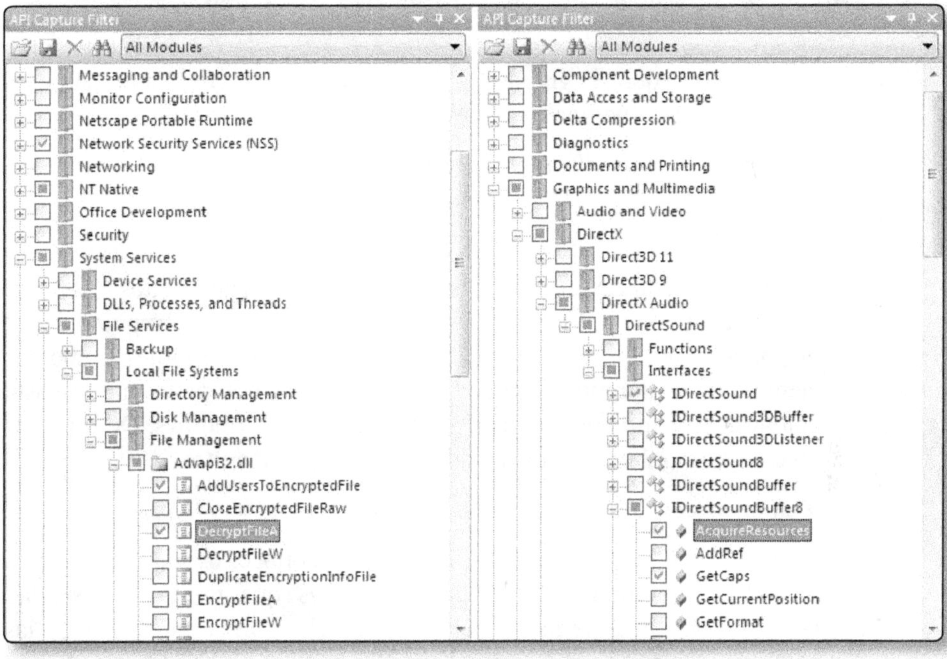

  Y luego se inicia el proceso, pudiéndose ver el contenido de la información interceptada, como en el siguiente caso para *ReadFile*:

Los filtros pueden ser guardados e importados más tarde. La herramienta de uso libre y su página oficial es esta:

✓ *http://www.rohitab.com/apimonitor*

▼ SysInternals

SysInternals están especializados en monitorización de eventos y librerías de Microsoft Windows, hasta el punto que éste terminó comprándoles al disponer de herramientas completas y perfectamente estables, como por ejemplo el explorador de procesos, mucho más completo que el hasta entonces ofrecido por Microsoft en sus productos Windows. De entre sus muchas herramientas vamos a destacar **Process Monitor:**

✓ *https://technet.microsoft.com/en-us/library/bb896645.aspx*

Process Monitor, o **procmon**, como se le conoce, es una herramienta avanzada de monitorización para Windows que tiene la capacidad de monitorizar el registro del sistema, el sistema de ficheros, las comunicaciones de red, la actividad de los procesos incluidas la actividad de sus diferentes hilos. Para ofrecerlo se combina con las herramientas **FileMon** y **RegMon**.

Aunque es capaz de interceptar mucha información, no es capaz de interceptarla toda. Por ejemplo, no puede acceder a la actividad de los *drivers* de dispositivo, esto limita la capacidad para analizar *rootkits*. Tampoco es capaz de interceptar ciertas llamadas al interfaz gráfico de usuario como *SetWindowsHookEx*. Tampoco es capaz de capturar el tráfico de red, de manera tan compacta y fiable, como se puede hacer con WireShark.

Esta herramienta monitoriza todas las llamadas al sistema, por lo que se pueden producir más de 50.000 eventos por minuto; esto haría de la herramienta algo poco práctico. Es por ello que permite la utilización de filtros para poder monitorizar solo lo que se desee, diferenciando entre origen del evento, proceso, etc.

La siguiente imagen muestra la ventana principal y algunos eventos capturados:

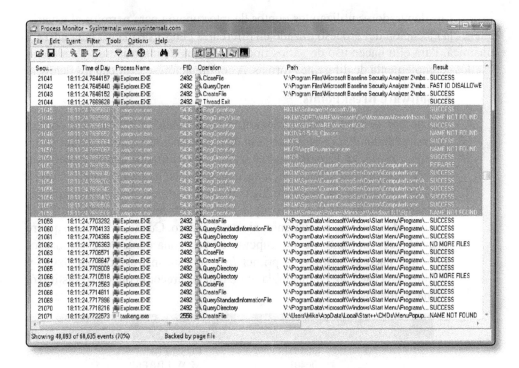

Existen muchas más herramientas para este tipo de tareas, pero sin duda las herramientas de SysInternals son un referente.

7.3 CAJA BLANCA: DEPURADORES DE CÓDIGO

Los depuradores de código permiten cargar el proceso en memoria tomando el control completamente del mismo. El depurador es capaz de preparar el entorno para lanzar la ejecución del proceso, y parar cuando se considere necesario, momento en el que se podrá consultar el estado de los registros, la memoria y todo lo relacionado con el proceso. Para más detalles vamos a explicar los depuradores en sistemas Linux y Windows.

PUNTOS DE INTERRUPCIÓN

Antes de adentrarnos en los detalles de implementación de los depuradores de código para los diferentes sistemas operativos, vamos a comentar los detalles de implementación de los puntos de interrupción que son generales a cualquier sistema operativo.

Los depuradores utilizan los puntos de interrupción para permitir al usuario detener la ejecución del proceso trazado en diferentes puntos de manea interactiva y dinámica. Para ello hacen uso de varios tipos de puntos de interrupción y cada uno de ellos se implementa de diferentes formas. A continuación se explican los detalles:

▼ Software BreakPoints

Este tipo de punto de interrupción se lleva a cabo modificando el código ensamblador. Para ello se hace uso de la instrucción de ensamblador INT3 cuyo *opcode* en hexadecimal es 0xCC. No confundir con la instrucción INT 3 cuya codificación en hexadecimal es 0xCD 0x03 y que, como se observa, ocupa dos *bytes* en lugar de uno. Aunque ambas instrucciones hacen lo mismo, 0xCC al ocupar tan solo un *byte* es más versátil a la hora de inyectarlo en cualquier zona del código. Cuando el usuario quiere establecer un punto de interrupción en una zona concreta, el depurador lo que hace es sustituir el primer *byte* de esta instrucción por 0xCC y almacena ese *byte* en una tabla junto con la dirección donde se sustituyó, más o menos así:

Código inicial		
00401130 > $ 55	PUSH EBP	
00401131 . 89E5	MOV EBP,ESP	
00401133 . 83EC 14	SUB ESP,14	
00401136 . 6A 01	PUSH 1	

Si deseáramos establecer un punto de interrupción en la dirección 00401131, se sustituiría el *byte* 0x89 por el *byte* 0xCC y el código quedaría así:

Código inicial		
00401130 > $ 55	PUSH EBP	
00401131 . CC	INT3	
00401132 . E5 83	IN EAX,83	
00401134 . EC	IN AL,DX	
00401135 . 14 6A	ADC AL,6A	
00401137 . 01FF	ADD EDI,EDI	

Como se puede ver, al sustituir el *byte* y ser interpretable por el desensamblador, interpretaría el código de diferente manera. Por eso es importante que cuando se alcance esa dirección y se ejecute INT3, que provocará la excepción que capturará el depurador y mediante la cual sabrá que el proceso de ha interrumpido, debe llevar a cabo la sustitución en orden inverso, para poder ejecutar el código exactamente igual que al inicio.

Para poder llevar a cabo estas sustituciones, los depuradores de código mantienen una tabla como la siguiente:

Y la tabla de *Software BreakPoints* quedaría así:

ID	Dirección	Byte
1	00401131	89

Este tipo de puntos de interrupción son ilimitados, y depende de las restricciones del propio depurador a la hora de limitar su creación.

▶ Hardware BreakPoints

Los puntos de interrupción de tipo *hardware*, utilizan unos registros del procesador para llevar a cabo la interrupción. Los registros son los denominados *Debug Registers* (DR0-DR7). Y se utilizan de la siguiente forma:

- **DR0-DR3:** se usan para almacenar la dirección de memoria en la que se desea interrumpir la ejecución al cumplir con la condición de **DR7**

- **DR5-DR6:** están reservados y no pueden ser utilizados.

- **DR7:** establece la condición con la que debe interrumpirse la ejecución. Estas condiciones están relacionadas con las direcciones almacenadas en los registros **DR0-DR3**:

  - Interrumpir cuando una instrucción se esté ejecutando en una dirección de las almacenadas.

  - Interrumpir cuando se escriba algún dato en alguna de las direcciones almacenadas.

  - Interrumpir cuando se lea o escriba pero no se ejecute ninguna instrucción en alguna de las direcciones almacenadas.

Las interrupciones de un paso (*single step*) se llevan a cabo mediante la **INT1**.

Por su estructura, solo pueden utilizarse cuatro *Hardware BreakPoints* a la vez, pero son muy potentes, rápidos y fiables, sobre todo cuando se trata de analizar *malware* u otro tipo de *software* que no desee ser trazado.

▶ Memory BreakPoints

Aunque con los *Hardware BreakPoints* se pueden establecer puntos de interrupción a varias direcciones de memoria, el usuario puede querer marcar una zona de memoria más extensa con la que interrumpir el proceso cuando sea accedida. Para esto, se utilizan los permisos de las regiones. De esta forma si se quiere interrumpir en caso de ser leída una región, se le quita el permiso de lectura, y al tratar de leer en esa región, el sistema operativo lanzará una excepción de violación de acceso al tratar de leer, momento en el cuál el depurador gestionará esa excepción modificando los permisos y dando el control al usuario. Con este método se pueden establecer tres tipos de permisos: lectura, escritura y ejecución.

DEPURACIÓN EN MODO *KERNEL* Y *USER-SPACE*

Los procesadores disponen de cuatro anillos de ejecución que utilizan para aislar la ejecución en cada uno de ellos, e impedir así que un código ejecutado en un anillo pueda interactuar con datos contenidos en otro de los anillos, a menos que se haga por los métodos destinados para ello. Estos métodos controlan los permisos y condiciones que deben ser utilizados para poder llevarlo a cabo sin riesgo.

Los sistemas operativos se ejecutan en dos anillos distintos:

▶ RING 0 - *KERNEL*

El *kernel* o núcleo del sistema operativo, es el encargado de interactuar de manera directa con el *hardware* y sus especificaciones. En esta capa es donde se implementan y ejecutan los *drivers* de dispositivos, así como las partes del sistema operativo que gestionan la memoria, dispositivos de almacenamiento, etc.

Esta capa implementa las funcionalidades necesarias para proporcionar al usuario final una abstracción de los mismos y poder utilizar distintos sistemas de ficheros mediante las funciones estándar como *read()/write()* con independencia de que tipo de dispositivo de almacenamiento se utilice finalmente.

También es el encargado de gestionar los recursos de manera eficiente, con planificadores de tareas, gestor de recursos y otras herramientas. Esto significa que la multitarea es una funcionalidad del sistema operativo, implementado por el *kernel*, por lo que este se ejecuta de manera no concurrente, es decir en un solo "proceso". A la hora de depurar el código, esto proporciona ventajas e inconvenientes. Por ejemplo, a la hora de analizar *malware*, si se puede depurar en RING 0, se tiene la certeza de que no habrá ningún otro proceso paralelo entorpeciendo nuestras acciones. Por otro lado, al depurar en RING 0, el sistema operativo se interrumpirá cuando estemos depurándolo, y no será posible interactuar con el sistema operativo trazado, es decir, que no será posible ni mover el ratón ya que las funciones gráficas estarán a la espera de que toque su turno para refrescar la imagen, y su turno no llegará mientras estemos interrumpidos depurando en modo RING 0.

Es por esto que la forma habitual de depurar RING 0 es mediante otra máquina que se conecta por serie a la máquina a depurar y tras indicarle al sistema operativo que se quiere depurar, nos permitirá interrumpir el proceso.

Hoy día esto no supone ningún inconveniente, ya que podemos hacer uso de máquinas virtuales y podremos acceder desde la máquina anfitrión a la máquina a trazar sin ningún problema. El siguiente enlace muestra un ejemplo de cómo es posible hacerlo para depurar el *kernel* de un Windows:

✓ *https://msdn.microsoft.com/en-us/library/windows/hardware/ ff538143%28v=vs.85%29.aspx*

En Unix/Linux el depurador en RING 0 por defecto es *gdb*. En Windows el depurador más utilizado para esta capa es *WinDbg*.

▼ RING 3 - ,

En esta capa es donde se llevan a cabo todas las acciones del usuario del sistema operativo. Este solo puede acceder a los dispositivos a través de los recursos que el *kernel* le haya proporcionado. Por ejemplo si se desea acceder a un fichero se debe hacer a través de las funciones *read()/write()* que son las encargadas de pasarle al *kernel* la información del usuario para que este, en función del *driver* del dispositivo de almacenamiento en cuestión, realice unas acciones u otras.

En este anillo sí hay concurrencia, por lo que varios procesos con varios hilos son ejecutados concurrentemente. Esto quiere decir que aunque se puede interrumpir la ejecución de un proceso al adjuntarnos con un depurador de código, otros procesos (entre ellos el propio depurador de código, la interfaz gráfica, etc.) pueden llevar a cabo acciones.

Este tipo de depuración, aunque es más versátil y cómoda, no es el más potente. Sin embargo la mayor parte de trabajos de ingeniería inversa se realizan en esta capa.

En sistemas operativos Unix/Linux el depurador utilizado para RING 3 es *gdb*. Y en sistemas Windows ha venido reinando OllyDbg, aunque también puede utilizarse WinDbg.

7.3.1 Depuradores de código en Linux

CONCEPTOS BÁSICOS

Generalmente los depuradores en sistemas Linux están basados en el uso de **ptrace**. Como ya indicamos antes, *ptrace* (*Process Trace*) es una llamada al sistema disponible en varios sistemas operativos Unix/Linux. Mediante el uso de *ptrace* un proceso puede controlar a otro, lo que permite al que controla, poder inspeccionar y manipular el estado interno del proceso controlado. En el manual del desarrollador se encuentran todos los detalles sobre *ptrace* y puede consultarse aquí:

✔ *http://man7.org/linux/man-pages/man2/ptrace.2.html*

Como se puede observar el funcionamiento en sí es muy sencillo,

```
#include <sys/ptrace.h>
long ptrace(enum __ptrace_request request, pid_t pid,              void
*addr, void *data);
```

Se hace una llamada al sistema indicando el identificador del proceso *pid* y se dice que se quiere hacer con ese proceso, *request*. Una vez que un proceso ha sido trazado por *ptrace*, todos los eventos serán enviados al proceso trazador, via *wait()* o *waitpid()*, incluso si el proceso trazado no está gestionando dichos eventos.

Un proceso puede iniciar el trazado invocando a *fork(2)* y luego siguiendo el flujo del programa tras comprobar si está siendo trazado con el *request = PTRACE_TRACEME*.

Otra forma sería adjuntarse al proceso ya ejecutado; esto se hace con el *request = PTRACE_ATTACH*.

Si la opción PTRACE_O_TRACEEXEC no está establecida, al ejecutarse un *execve* se generaría una señal que será interceptada por el proceso trazador, para darle la oportunidad de trazar también estos nuevos procesos. La señal utilizada en las trazas para interactuar con el proceso trazador es SIGTRAP. Esta señal es activada para que el proceso trazador pueda acceder al proceso trazado en los momentos necesarios.

Una vez recibida la señal de interrupción, el proceso trazado estará parado y hay que elegir qué hacer con él. No vamos a explicar todas las peticiones que se pueden realizar con *ptrace*, pero sí vamos a explicar algunas interesantes desde el punto de vista de depuración de código, e importantes a la hora de implementar un depurador de código. Tenemos varias opciones, dependiendo del parámetro *request* que pasemos:

▼ PTRACE_CONT

Hace que el proceso con identificador *pid* continúe hasta nueva orden (recepción de una señal por ejemplo). *addr* se ignora y *data* (si es distinto de 0) indica una señal que se le pasará al hijo cuando inicie su ejecución.

▼ PTRACE_SYSCALL

Exactamente igual que *PTRACE_CONT*, pero hasta el inicio o salida de una llamada al sistema. Esto es básicamente lo que utiliza el comando *strace* para registrar todas las llamadas a sistemas con sus argumentos.

▼ PTRACE_SINGLESTEP

Se utiliza para llevar a cabo la depuración paso a paso (*step-by-step*), donde se envía una señal SIGTRAP cada vez que el procesador ejecuta una instrucción ensamblador.

▼ PTRACE_GETREGS / PTRACE_SETREGS

Leer/escribir los registros del procesador. Se pasa un puntero a una estructura de tipo *user_regs_struct* en el parámetro data.

▼ PTRACE_POKETEXT/PTRACE_POKEDATA

Permite escribir en el espacio de instrucciones/datos del proceso, en la dirección indicada por *addr* el valor indicado por *data*.

▼ PTRACE_PEEKTEXT/PTRACE_PEEKDATA

Como el anterior, pero leyendo de la dirección *addr* y devolviendo el valor leído. Hay que tener cuidado pues aquí -1 es un valor válido, y para saber si la llamada dio error hay que poner errno=0 antes de llamarla, y comprobar que siga siendo 0 después.

▼ PTRACE_KILL

Manda un SIGKILL al hijo para terminar el proceso.

Con estos *request* se pueden implementar las funcionalidades necesarias requeridas por un depurador de código.

A modo de ejemplo se muestra el código fuente de un ejemplo en C que traza un proceso y muestra el valor de los registros en cada ejecución de instrucción nueva:

```c
1  #include <stdio.h>
2  #include <sys/wait.h>
3  #include <unistd.h>
4  #include <sys/user.h>
5  #include <sys/types.h>
6  #include <sys/reg.h>
7  #include <sys/ptrace.h>
8
9  int main(int argc, char **argv)
10 {
11    int pid = fork();
12    if(pid == 0) {
13      if(ptrace(PTRACE_TRACEME) < 0) {
14        perror("ptrace");
15        _exit(1);
16      }
17      execvp(argv[1], argv + 1);
18      perror("exec");
19      _exit(1);
20    }
21    while(1) {
22      int status;
23      struct user_regs_struct regs;
24
25      if(waitpid(pid, &status, 0) < 0)
26        perror("waitpid");
27      if(!WIFSTOPPED(status))
28        break;
29      if(ptrace(PTRACE_GETREGS, pid, 0, &regs) < 0)
30        perror("ptrace/GETREGS");
31      printf( "eip=0x%08X\tesp=0x%08X\tebp=0x%08X" \
32              "\teax=0x%08X\tebx=0x%08X\tecx=0x%08X\tedx=0x%08X\n",
33              regs.eip, regs.esp, regs.ebp,
34              regs.eax, regs.ebx, regs.ecx, regs.edx);
35      if(ptrace(PTRACE_SINGLESTEP, pid, 0, 0) < 0)
36        perror("ptrace/SINGLESTEP");
37    }
38    return 0;
39 }
40
```

Como se puede ver en la imagen, primero se invoca al *fork()* para poder ejecutar el proceso con *execve()* más adelante. Tras el *fork* el proceso comprueba si se está trazando o no para saber si es el hijo o el padre en la línea 13. Tras ejecutar un nuevo proceso con *exevp*, se esperan los eventos con *waitpid()* en un bucle infinito. Una vez se pare en el bucle, primero se leen los registros (línea 29) y luego se le indica a *ptrace* que vuelva a producir una señal cuando se ejecuta la siguiente instrucción (línea 35). Si ejecutamos este programa para analizar */bin/ls*, se vería lo siguiente:

```
$./a.out /bin/ls
eip=0xF5848AF0  esp=0xD590F8B0  ebp=0x00000000  eax=0x00000000  ebx=0x00000000  ecx=0x00000000  edx=0x00000000
eip=0xF5848AF3  esp=0xD590F8B0  ebp=0x00000000  eax=0x00000000  ebx=0x00000000  ecx=0x00000000  edx=0x00000000
eip=0xF5849120  esp=0xD590F8A8  ebp=0x00000000  eax=0x00000000  ebx=0x00000000  ecx=0x00000000  edx=0x00000000
eip=0xF5849121  esp=0xD590F8A0  ebp=0x00000000  eax=0x00000000  ebx=0x00000000  ecx=0x00000000  edx=0x00000000
eip=0xF5849126  esp=0xD590F898  ebp=0xD590F8A0  eax=0x00000000  ebx=0x00000000  ecx=0x00000000  edx=0x00000000
eip=0xF5849128  esp=0xD590F890  ebp=0xD590F8A0  eax=0x00000000  ebx=0x00000000  ecx=0x00000000  edx=0x00000000
eip=0xF584912A  esp=0xD590F888  ebp=0xD590F8A0  eax=0x00000000  ebx=0x00000000  ecx=0x00000000  edx=0x00000000
eip=0xF584912C  esp=0xD590F880  ebp=0xD590F8A0  eax=0x00000000  ebx=0x00000000  ecx=0x00000000  edx=0x00000000
eip=0xF584912D  esp=0xD590F878  ebp=0xD590F8A0  eax=0x00000000  ebx=0x00000000  ecx=0x00000000  edx=0x00000000
eip=0xF5849130  esp=0xD590F878  ebp=0xD590F8A0  eax=0x00000000  ebx=0xD590F8B0  ecx=0x00000000  edx=0x00000000
eip=0xF5849134  esp=0xD590F850  ebp=0xD590F8A0  eax=0x00000000  ebx=0xD590F8B0  ecx=0x00000000  edx=0x00000000
eip=0xF5849136  esp=0xD590F850  ebp=0xD590F8A0  eax=0x7D213E7C  ebx=0xD590F8B0  ecx=0x00000000  edx=0x000019F0
eip=0xF584913A  esp=0xD590F850  ebp=0xD590F8A0  eax=0x7D213E7C  ebx=0xD590F8B0  ecx=0x00000000  edx=0x00000000
eip=0xF584913C  esp=0xD590F850  ebp=0xD590F8A0  eax=0x7D213E7C  ebx=0xD590F8B0  ecx=0x00000000  edx=0x00000000
eip=0xF584913F  esp=0xD590F850  ebp=0xD590F8A0  eax=0x7D213E7C  ebx=0xD590F8B0  ecx=0x00000000  edx=0x7D213E7C
eip=0xF5849146  esp=0xD590F850  ebp=0xD590F8A0  eax=0x7D213E7C  ebx=0xD590F8B0  ecx=0xF5849120  edx=0x7D213E7C
eip=0xF584914D  esp=0xD590F850  ebp=0xD590F8A0  eax=0x7D213E7C  ebx=0xD590F8B0  ecx=0xF5848000  edx=0x7D213E7C
eip=0xF5849154  esp=0xD590F850  ebp=0xD590F8A0  eax=0x7D213E7C  ebx=0xD590F8B0  ecx=0xF5848000  edx=0xF5848000
eip=0xF5849157  esp=0xD590F850  ebp=0xD590F8A0  eax=0x7D213E7C  ebx=0xD590F8B0  ecx=0xF5848000  edx=0xF5A67E30
eip=0xF584915E  esp=0xD590F850  ebp=0xD590F8A0  eax=0x7D213E7C  ebx=0xD590F8B0  ecx=0xF5848000  edx=0xF5A67E30
eip=0xF5849165  esp=0xD590F850  ebp=0xD590F8A0  eax=0x0000000E  ebx=0xD590F8B0  ecx=0xF5848000  edx=0xF5A67E30
eip=0xF5849168  esp=0xD590F850  ebp=0xD590F8A0  eax=0x0000000E  ebx=0xD590F8B0  ecx=0xF5848000  edx=0xF5A67E30
eip=0xF584916F  esp=0xD590F850  ebp=0xD590F8A0  eax=0x0000000E  ebx=0xD590F8B0  ecx=0xF5848000  edx=0xF5A67E30
eip=0xF5849172  esp=0xD590F850  ebp=0xD590F8A0  eax=0x0000000E  ebx=0xD590F8B0  ecx=0xF5848000  edx=0xF5A67E30
eip=0xF5849174  esp=0xD590F850  ebp=0xD590F8A0  eax=0x0000000E  ebx=0xD590F8B0  ecx=0xF5848000  edx=0xF5A67E30
eip=0xF584917B  esp=0xD590F850  ebp=0xD590F8A0  eax=0x0000000E  ebx=0xD590F8B0  ecx=0xF5848000  edx=0xF5A67E30
eip=0xF5849180  esp=0xD590F850  ebp=0xD590F8A0  eax=0x0000000E  ebx=0xD590F8B0  ecx=0xF5848000  edx=0xF5A67E30
eip=0xF5849186  esp=0xD590F850  ebp=0xD590F8A0  eax=0x0000000E  ebx=0xD590F8B0  ecx=0xF5848000  edx=0xF5A67E30
eip=0xF584918C  esp=0xD590F850  ebp=0xD590F8A0  eax=0x0000000E  ebx=0xD590F8B0  ecx=0xF5848000  edx=0xF5A67E30
```

Estamos viendo el estado de los registros en cada instrucción ejecutada.

Si queremos hacer algo parecido a *strace*, pero con la llamada a sistema *stat()*, podríamos compilar un fuente como el siguiente:

```c
1  #include <stdio.h>
2  #include <sys/wait.h>
3  #include <unistd.h>
4  #include <sys/user.h>
5  #include <sys/types.h>
6  #include <sys/reg.h>
7  #include <sys/ptrace.h>
8  #include <sys/syscall.h>
9
10 int main(int argc, char **argv)
11 {
12   int pid = fork();
13   if(pid == 0) {
14     if(ptrace(PTRACE_TRACEME) < 0) {
15       perror("ptrace");
16       _exit(1);
17     }
18     execvp(argv[1], argv + 1);
19     perror("exec");
20     _exit(1);
21   }
22   while(1) {
23     int status;
24     struct user_regs_struct regs;
25
26     if(waitpid(pid, &status, 0) < 0)
27       perror("waitpid");
28     if(!WIFSTOPPED(status))
29       break;
30     if(ptrace(PTRACE_GETREGS, pid, 0, &regs) < 0)
31       perror("ptrace/GETREGS");
32
33     if(regs.eax == SYS_stat)
34       printf( "eip=0x%08X\tesp=0x%08X\tebp=0x%08X"
35               "\teax=0x%08X\tebx=0x%08X\tecx=0x%08X\tedx=0x%08X\n",
36               regs.eip, regs.esp, regs.ebp,
37               regs.eax, regs.ebx, regs.ecx, regs.edx);
38
39     ptrace(PTRACE_SYSCALL, pid, NULL, NULL);
40   }
41   return 0;
42 }
43
```

Como se puede observar, lo único que cambia, es que en lugar de imprimir siempre los registros, lo hacemos solo si EAX vale SYS_stat, que es la *syscall* utilizada previamente a acceder a un fichero. Y la ejecución se detiene no en cada instrucción del procesador (*PTRACE_SINGLESTEP* del ejemplo anterior) sino en la entrada y salida de una *syscall* (*PTRACE_SYSCALL*)

Si ejecutamos este pequeño depurador de código con el comando */bin/ls* se observa lo siguiente:

```
$ ./a.out /bin/ls
eip=0x396DB1D7  esp=0xA47FE218  ebp=0x00000001  eax=0x00000004  ebx=0x004011C1  ecx=0xFFFFFFFF  edx=0x00000001
eip=0x396DB1D7  esp=0xA47FE2B8  ebp=0xA47FE330  eax=0x00000004  ebx=0x398E61C8  ecx=0xFFFFFFFF  edx=0x00000000
eip=0x396DB1D7  esp=0xA47FE288  ebp=0xA47FE300  eax=0x00000004  ebx=0x398E61C8  ecx=0xFFFFFFFF  edx=0x00000000
eip=0x396DB1D7  esp=0xA47FE258  ebp=0xA47FE2D0  eax=0x00000004  ebx=0x398E61C8  ecx=0xFFFFFFFF  edx=0x00000000
eip=0x396DB1D7  esp=0xA47FE228  ebp=0xA47FE2A0  eax=0x00000004  ebx=0x398E61C8  ecx=0xFFFFFFFF  edx=0x00000000
eip=0x396DB1D7  esp=0xA47FE0E8  ebp=0xA47FE160  eax=0x00000004  ebx=0x398E34C8  ecx=0xFFFFFFFF  edx=0x00000000
eip=0x396DB1D7  esp=0xA47FDF78  ebp=0xA47FDFF0  eax=0x00000004  ebx=0x398E39B0  ecx=0xFFFFFFFF  edx=0x00000000
eip=0x396DB1D7  esp=0xA47FDE28  ebp=0xA47FDEA0  eax=0x00000004  ebx=0x398C3000  ecx=0xFFFFFFFF  edx=0x00000000
eip=0x38DD8780  esp=0xA47FEA68  ebp=0xA47FEAE0  eax=0x00000004  ebx=0x01098010  ecx=0xFFFFFFFF  edx=0x000001B6
eip=0x38DD8780  esp=0xA47FE338  ebp=0xA47FE4A0  eax=0x00000004  ebx=0xA47FE340  ecx=0xFFFFFFFF  edx=0x3908F010
eip=0x38DD8780  esp=0xA47FE6A8  ebp=0xA47FEC28  eax=0x00000004  ebx=0x00000000  ecx=0xFFFFFFFF  edx=0x0000002E
a.out  file1    file2  sample2  sample2.c  simpledebug  simpledebug.c  test  test.c
```

Se pueden ver los registros de cada entrada y salida de la llamada de sistema *stat()*.

DEPURADORES DE CÓDIGO

El depurador por excelencia bajo entornos Unix/Linux es *gdb (GNU Debugger)*. Este potente depurador de código permite interactuar con el proceso trazado de manera interactiva y estable.

Ya hemos hecho uso de este depurador en unidades anteriores, sin embargo vamos a comentar aquí algunos detalles básicos de funcionamiento sobre el depurador para que el lector pueda adentrarse un poco en el uso de esta herramienta. Para ello vamos a compilar el siguiente código:

```
 1  #include <stdio.h>
 2
 3  int main(int argc, char *argv[])
 4  {
 5      char *adminStr = "admin";
 6
 7      if (argc < 2) {
 8          printf("Por favor identifiquese.\n");
 9          return -1;
10      }
11
12      if (!strcmp(adminStr,argv[1]))
13          printf("Bienvenido administrador!!\n");
14      else
15          printf("Hola %s, los privilegios de su sesión son de invitado.\n", argv[1]);
16
17      return 0;
18
19  }
20
```

Ilustración 25. Código fuente para depurar código

Y vamos a depurarlo con *gdb* de la siguiente forma:

```
$ gdb ./a.out
GNU gdb (GDB) 7.4.1-debian
Copyright (C) 2012 Free Software Foundation, Inc.
License GPLv3+: GNU GPL version 3 or later <http://gnu.org/licenses/gpl.html>
This is free software: you are free to change and redistribute it.
There is NO WARRANTY, to the extent permitted by law.  Type "show copying"
and "show warranty" for details.
This GDB was configured as "x86_64-linux-gnu".
For bug reporting instructions, please see:
<http://www.gnu.org/software/gdb/bugs/>...
Reading symbols from /tmp/a.out...(no debugging symbols found)...done.
(gdb) break main
Breakpoint 1 at 0x804847f
(gdb) r
Starting program: /tmp/a.out

Breakpoint 1, 0x0804847f in main ()
(gdb) i r
eax            0xffffd4a4      -11100
ecx            0x9984f52f      -1719339729
edx            0x1             1
ebx            0xf7fbaff4      -134500364
esp            0xffffd3f8      0xffffd3f8
ebp            0xffffd3f8      0xffffd3f8
esi            0x0             0
edi            0x0             0
eip            0x804847f       0x804847f <main+3>
eflags         0x246           [ PF ZF IF ]
cs             0x23            35
ss             0x2b            43
ds             0x2b            43
es             0x2b            43
fs             0x0             0
gs             0x63            99
(gdb) x/10i $eip
=> 0x804847f <main+3>:    and    $0xfffffff0,%esp
   0x8048482 <main+6>:    sub    $0x20,%esp
   0x8048485 <main+9>:    movl   $0x8048580,0x1c(%esp)
   0x804848d <main+17>:   cmpl   $0x1,0x8(%ebp)
   0x8048491 <main+21>:   jg     0x80484a6 <main+42>
   0x8048493 <main+23>:   movl   $0x8048586,(%esp)
   0x804849a <main+30>:   call   0x8048360 <puts@plt>
   0x804849f <main+35>:   mov    $0xffffffff,%eax
   0x80484a4 <main+40>:   jmp    0x80484ed <main+113>
   0x80484a6 <main+42>:   mov    0xc(%ebp),%eax
(gdb)
```

En primer lugar hemos ejecutado *gdb* con el programa a depurar como argumento, y luego hemos establecido un punto de interrupción en la función *main()*. De esta forma cuando ejecutamos el comando *run* se detiene en la función *main*. En ese instante podemos consultar los registros. Si se quiere ver el código fuente, se puede o bien indicar que se muestren el contenido de la dirección apuntada por $eip en forma de 10 instrucciones (*x/10i $eip*), o simplemente se puede utilizar el comando *disassemble*:

```
(gdb) disassemble $eip
Dump of assembler code for function main:
   0x0804847c <+0>:     push   %ebp
   0x0804847d <+1>:     mov    %esp,%ebp
=> 0x0804847f <+3>:     and    $0xfffffff0,%esp
   0x08048482 <+6>:     sub    $0x20,%esp
   0x08048485 <+9>:     movl   $0x8048580,0x1c(%esp)
   0x0804848d <+17>:    cmpl   $0x1,0x8(%ebp)
   0x08048491 <+21>:    jg     0x80484a6 <main+42>
   0x08048493 <+23>:    movl   $0x8048586,(%esp)
   0x0804849a <+30>:    call   0x8048360 <puts@plt>
   0x0804849f <+35>:    mov    $0xffffffff,%eax
   0x080484a4 <+40>:    jmp    0x80484ed <main+113>
   0x080484a6 <+42>:    mov    0xc(%ebp),%eax
   0x080484a9 <+45>:    add    $0x4,%eax
   0x080484ac <+48>:    mov    (%eax),%eax
   0x080484ae <+50>:    mov    %eax,0x4(%esp)
   0x080484b2 <+54>:    mov    0x1c(%esp),%eax
   0x080484b6 <+58>:    mov    %eax,(%esp)
   0x080484b9 <+61>:    call   0x8048340 <strcmp@plt>
   0x080484be <+66>:    test   %eax,%eax
   0x080484c0 <+68>:    jne    0x80484d0 <main+84>
   0x080484c2 <+70>:    movl   $0x804859f,(%esp)
   0x080484c9 <+77>:    call   0x8048360 <puts@plt>
   0x080484ce <+82>:    jmp    0x80484e8 <main+108>
   0x080484d0 <+84>:    mov    0xc(%ebp),%eax
   0x080484d3 <+87>:    add    $0x4,%eax
   0x080484d6 <+90>:    mov    (%eax),%eax
   0x080484d8 <+92>:    mov    %eax,0x4(%esp)
   0x080484dc <+96>:    movl   $0x80485bc,(%esp)
   0x080484e3 <+103>:   call   0x8048350 <printf@plt>
   0x080484e8 <+108>:   mov    $0x0,%eax
   0x080484ed <+113>:   leave
   0x080484ee <+114>:   ret
End of assembler dump.
(gdb)
```

Si se quiere visualizar en sintaxis Intel se puede hacer lo siguiente:

```
gdb) set disassembly-flavor intel
gdb) x/10i $eip
=> 0x8048471 <main+3>:    and     esp,0xfffffff0
   0x8048482 <main+6>:    sub     esp,0x20
   0x8048485 <main+9>:    mov     DWORD PTR [esp+0x1c],0x8048580
   0x804848d <main+17>:   cmp     DWORD PTR [ebp+0x8],0x1
   0x8048491 <main+21>:   jg      0x80484a6 <main+42>
   0x8048493 <main+23>:   mov     DWORD PTR [esp],0x8048586
   0x804849a <main+30>:   call    0x8048360 <puts@plt>
   0x804849f <main+35>:   mov     eax,0xffffffff
   0x80484a4 <main+40>:   jmp     0x80484ed <main+113>
   0x80484a6 <main+42>:   mov     eax,DWORD PTR [ebp+0xc]
gdb) si
0x08048482 in main ()
gdb)
0x08048485 in main ()
gdb)
0x0804848d in main ()
gdb) x/16i $eip
=> 0x804848d <main+17>:   cmp     DWORD PTR [ebp+0x8],0x1
   0x8048491 <main+21>:   jg      0x80484a6 <main+42>
   0x8048493 <main+23>:   mov     DWORD PTR [esp],0x8048586
   0x804849a <main+30>:   call    0x8048360 <puts@plt>
   0x804849f <main+35>:   mov     eax,0xffffffff
   0x80484a4 <main+40>:   jmp     0x80484ed <main+113>
   0x80484a6 <main+42>:   mov     eax,DWORD PTR [ebp+0xc]
   0x80484a9 <main+45>:   add     eax,0x4
   0x80484ac <main+48>:   mov     eax,DWORD PTR [eax]
   0x80484ae <main+50>:   mov     DWORD PTR [esp+0x4],eax
   0x80484b2 <main+54>:   mov     eax,DWORD PTR [esp+0x1c]
   0x80484b6 <main+58>:   mov     DWORD PTR [esp],eax
   0x80484b9 <main+61>:   call    0x8048340 <strcmp@plt>
   0x80484be <main+66>:   test    eax,eax
   0x80484c0 <main+68>:   jne     0x80484d0 <main+84>
   0x80484c2 <main+70>:   mov     DWORD PTR [esp],0x804859f
gdb) q
```

Como se puede observar, tras establecer el tipo de sintaxis, el código ensamblador se ve según esta sintaxis. Para poder avanzar instrucción a instrucción, ejecutamos 'si' y si simplemente pulsamos **Intro**, se ejecuta la última orden dada a *gdb*. Se ve como hay un par de líneas en blanco y sin embargo la dirección va aumentando. De hecho, al mostrar el desensamblado se ve como $eip apunta a varias instrucciones hacia adelante. Finalmente para salir, se ejecuta la orden 'q'.

Hay muchísimos comandos, y mucha documentación al respecto, desde manuales oficiales:

✔ *http://www.gnu.org/software/gdb/documentation/*

Hasta tablas con comandos más utilizados:

✔ *http://darkdust.net/files/GDB%20Cheat%20Sheet.pdf*
✔ *http://users.ece.utexas.edu/~adnan/gdb-refcard.pdf*

Se recomienda profundizar en su uso, que aunque pueda imponer en un principio, con la práctica se domina y resulta muy sencillo y útil.

Este depurador permite la ejecución de *script* y comandos en lenguaje Python. Esto aporta una gran potencia a las tareas de depuración. Por ejemplo, en el mundo de la explotación de *buffer overflows* (*exploiting*) y la investigación de vulnerabilidades, hay un *script* muy útil, llamado Peda que se puede descargar del siguiente enlace:

✔ *https://github.com/longld/peda*

Si abrimos el código anterior con este *script* cargado veremos lo siguiente:

```
gdb-peda$ break main
Breakpoint 1 at 0x804847f
gdb-peda$ r
[------------------------------registers------------------------------]
EAX: 0xffffd4a4 --> 0xffffd5f0 ("/home/
EBX: 0xf7fbaff4 --> 0x15fd7c
ECX: 0xa5d4b8da
EDX: 0x1
ESI: 0x0
EDI: 0x0
EBP: 0xffffd3f8 --> 0xffffd478 --> 0x0
ESP: 0xffffd3f8 --> 0xffffd478 --> 0x0
EIP: 0x804847f (<main+3>:     and    esp,0xfffffff0)
EFLAGS: 0x246 (carry PARITY adjust ZERO sign trap INTERRUPT direction overflow)
[--------------------------------code--------------------------------]
    0x8048477 <frame_dummy+39>:  jmp    0x80483f0 <register_tm_clones>
    0x804847c <main>:    push   ebp
    0x804847d <main+1>:  mov    ebp,esp
=> 0x804847f <main+3>:  and    esp,0xfffffff0
    0x8048482 <main+6>:  sub    esp,0x20
    0x8048485 <main+9>:  mov    DWORD PTR [esp+0x1c],0x8048580
    0x804848d <main+17>: cmp    DWORD PTR [ebp+0x8],0x1
    0x8048491 <main+21>: jg     0x80484a6 <main+42>
[--------------------------------stack--------------------------------]
0000| 0xffffd3f8 --> 0xffffd478 --> 0x0
0004| 0xffffd3fc --> 0xf7e71e46 (<__libc_start_main+230>:     mov    DWORD PTR
0008| 0xffffd400 --> 0x1
0012| 0xffffd404 --> 0xffffd4a4 --> 0xffffd5f0 ("/home/
0016| 0xffffd408 --> 0xffffd4ac --> 0xffffd658 ("SSH_AGENT_PID=6022")
0020| 0xffffd40c --> 0xf7fde860 --> 0xf7e5b000 --> 0x464c457f
0024| 0xffffd410 --> 0xf7ff4821 (mov    eax,DWORD PTR [ebp-0x10])
0028| 0xffffd414 --> 0xffffffff
[--------------------------------------------------------------------]
Legend: code, data, rodata, value

Breakpoint 1, 0x0804847f in main ()
gdb-peda$
```

Con esta nueva vista se ve mucha más información, registros, código y pila todo a la vez, con colores y resolviendo cadenas o direcciones indirectas. Se recomienda ver la documentación de este gran *script* para experimentar con él.

Como se puede ver por la salida, este *script* ha sido utilizado en unidades anteriores para mostrar el código ensamblador.

7.3.2 Depuradores de código en Windows

En este apartado vamos a ver los depuradores de código en sistemas Windows. Estos difieren bastante en cuanto a la manera en la que el usuario interactúa con el sistema para llevar a cabo las tareas de trazado. Sin embargo el funcionamiento y utilización final son más o menos iguales.

CONCEPTOS BÁSICOS

Los depuradores en Windows hacen uso del API del sistema operativo para llevar a cabo sus acciones. No es lo mismo abrir un proceso para ser depurado, que adjuntarse a un proceso una vez ya ha sido iniciado. En el primer caso, el depurador es capaz de trazar todas las instrucciones del mismo desde el inicio. Mientras que si nos adjuntamos, solo vamos a poder trazar las instrucciones posteriores al instante en que nos adjuntamos al proceso activo.

En cuanto a cómo se implementa esta traza, también hay diferencias entre las dos formas explicadas anteriormente. En el primer caso, donde se abre un proceso para ser depurado, se utiliza la función del sistema:

```
BOOL WINAPI CreateProcess(
  _In_opt_     LPCTSTR              lpApplicationName,
  _Inout_opt_  LPTSTR               lpCommandLine,
  _In_opt_     LPSECURITY_ATTRIBUTES lpProcessAttributes,
  _In_opt_     LPSECURITY_ATTRIBUTES lpThreadAttributes,
  _In_         BOOL                 bInheritHandles,
  _In_         DWORD                dwCreationFlags,
  _In_opt_     LPVOID               lpEnvironment,
  _In_opt_     LPCTSTR              lpCurrentDirectory,
  _In_         LPSTARTUPINFO        lpStartupInfo,
  _Out_        LPPROCESS_INFORMATION lpProcessInformation
);
```

Donde se le indica que queremos que el proceso pueda ser depurado, esto se hace estableciendo *dwCreationFlags* a 0x00000001 (*DEBUG_PROCESS*) e indicando en las estructuras *lpStartupInfo* y *lpProcessInformation* la manera en la que queremos que el proceso sea abierto.

En el segundo caso, es decir, si se procede a adjuntarse al proceso en ejecución, lo primero que debemos hacer es obtener el *handle* del proceso. Para ello podemos utilizar la siguiente función del sistema:

```
HANDLE WINAPI OpenProcess(
    _In_ DWORD dwDesiredAccess,
    _In_ BOOL  bInheritHandle,
    _In_ DWORD dwProcessId
);
```

Donde se deberá proporcionar el PID del proceso en el parámetro *dwProcessId* y establecer el parámetro *dwDesiredAccess* a PROCESS_ALL_ACCESS. Tras esta operación podremos adjuntarnos al proceso con esta otra función del sistema:

```
BOOL WINAPI DebugActiveProcess(
    _In_ DWORD dwProcessId
);
```

De esta forma, el sistema operativo entiende que el proceso encargado de interceptar los eventos del proceso con dicho PID, es el proceso que ha invocado esta función. Por lo que al producirse cualquier evento se le pasará directamente a este proceso trazador aunque el proceso trazado no los intercepte. El trazador o depurador de código debe capturar los eventos que produzca, y para ello utiliza la siguiente función del sistema:

```
BOOL WINAPI WaitForDebugEvent(
    _Out_ LPDEBUG_EVENT lpDebugEvent,
    _In_  DWORD         dwMilliseconds
);
```

Donde se enviará en el parámetro *lpDebugEvent* el evento en cuestión capturado. Una vez llevadas a cabo las acciones necesarias por el depurador en ese instante, se puede continuar la ejecución con la función del sistema:

```
BOOL WINAPI ContinueDebugEvent(
  _In_ DWORD dwProcessId,
  _In_ DWORD dwThreadId,
  _In_ DWORD dwContinueStatus
);
```

Donde se deberá establecer el estado en el que se continúa, por defecto DBG_CONTINUE o DBG_EXCEPTION_NOT_HANDLED que significa que no se ha podido manejar la excepción y el sistema operativo arrojará la famosa ventana de "Ha ocurrido un error".

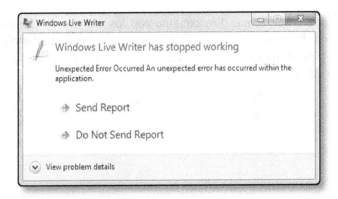

Ahora que ya sabemos cómo se puede establecer el bucle de manejo de excepciones para los eventos, vamos a ver cómo interactuar con los registros del proceso trazado. Para ello se utilizará la función del sistema:

```
HANDLE WINAPI OpenThread(
  _In_ DWORD dwDesiredAccess,
  _In_ BOOL  bInheritHandle,
  _In_ DWORD dwThreadId
);
```

Esta función es muy parecida a *OpenProcess()* excepto que en lugar de solicitar el *id* de proceso solicita el *id* del hilo *TID (thread identifier)*. Aunque el proceso no sea multiproceso, se está ejecutando al menos un hilo, el hilo principal. Para enumerar los identificadores de hilos podemos utilizar esta función del sistema:

```
HANDLE WINAPI CreateToolhelp32Snapshot(
  _In_ DWORD dwFlags,
  _In_ DWORD th32ProcessID
);
```

El parámetro *dwFlags* se utiliza para indicar qué tipo de información se quiere obtener, proceso, módulos, hilos, etc. En nuestro caso deseamos obtener los hilos, por lo que establecemos ese parámetro con la constante *TH32CS_SNAPTHREAD* = 0x00000004. En el parámetro *th32ProcessId* se indica el identificador de proceso. Si la función acaba satisfactoriamente, se devuelve un *handle* a un objeto *snapshot*.

Para poder interactuar directamente con los registros, debemos dar con el hilo en cuestión. Para esto debemos visitar todos los hilos hasta dar con el que nos interese. Si el proceso no es multitarea, tan solo habrá uno. Para esto vamos a utilizar la función del sistema:

```
BOOL WINAPI Thread32First(
  _In_    HANDLE        hSnapshot,
  _Inout_ LPTHREADENTRY32 lpte
);
```

Donde le pasamos el objeto *snapshot* obtenido anteriormente por el parámetro *hSnapshot*. Si no se ha encontrado el hilo y se desea iterar en busca del mismo, se puede utilizar la siguiente función del sistema:

```
BOOL WINAPI Thread32Next(
  _In_   HANDLE        hSnapshot,
  _Out_  LPTHREADENTRY32 lpte
);
```

Una vez tenemos el *handle* del hilo, podemos obtener o establecer los datos en el contexto del hilo. Para interactuar con los registros, podemos leer los datos o escribir en ellos, para lo que se utilizará *GetThreadContext()* o *SetThreadContext()* respectivamente, cuyas definiciones son estas:

```
BOOL WINAPI GetThreadContext(
  _In_    HANDLE   hThread,
  _Inout_ LPCONTEXT lpContext
);
```

```
BOOL WINAPI SetThreadContext(
  _In_         HANDLE  hThread,
  _In_ const CONTEXT *lpContext
);
```

El parámetro *lpContext*, contiene los valores de los registros leídos del hilo, o los valores de los registros a establecer en el hilo.

Una vez estamos depurando un proceso, la función del sistema que se utiliza para interpretar los eventos recibidos, es:

```
BOOL WINAPI WaitForDebugEvent(
  _Out_ LPDEBUG_EVENT lpDebugEvent,
  _In_ DWORD          dwMilliseconds
);
```

El parámetro *lpDebugEvent*, contiene una estructura de eventos que indica que tipo de evento es. En función de esto ya se pueden llevar a cabo las acciones que se consideren.

Para una mayor comprensión sobre la implementación de un depurador en Windows, se recomienda que se analice el código del depurador de código escrito en Python, por Pedram Amini, PyDBG:

✓ *https://github.com/OpenRCE/pydbg*

O este otro escrito en C/C++:

✓ *http://www.codeproject.com/Articles/43682/Writing-a-basic-Windows-debugger*

A continuación, a modo de ejemplo, se muestra la implementación en PyDbg, de un punto de interrupción por *software* utilizando la metodología explicada anteriormente:

```
545     def bp_set (self, address, description="", restore=True, handler=None):


        ...


545         # if a list of addresses to set breakpoints on from was supplied
546         if type(address) is list:
547             # pass each lone address to ourself (each one gets the same description / restore flag).
548             for addr in address:
549                 self.bp_set(addr, description, restore, handler)
550
551             return self.ret_self()
552
553         self._log("bp_set(0x%08x)" % address)
554
555         # ensure a breakpoint doesn't already exist at the target address.
556         if not self.breakpoints.has_key(address):
557             try:
558                 # save the original byte at the requested breakpoint address.
559                 original_byte = self.read_process_memory(address, 1)
560
561                 # write an int3 into the target process space.
562                 self.write_process_memory(address, "\xCC")
563                 self.set_attr("dirty", True)
564
565                 # add the breakpoint to the internal list.
566                 self.breakpoints[address] = breakpoint(address, original_byte, description, restore, handler)
567             except:
568                 raise pdx("Failed setting breakpoint at %08x" % address)
569
570         return self.ret_self()
```

DEPURADORES DE CÓDIGO

En entornos Window hay dos depuradores de código ampliamente utilizados, Ollydbg y WinDbg.

▶ Ollydbg

Este depurador de código solo es capaz de depurar código en RING 3, sin embargo sus funcionalidades lo hacen extremadamente potente. La versión 1 solo es capaz de depurar código en 32 bits, pero en la nueva versión 2 ya es posible depurar código de 64 bits. El código no es libre, aunque hay empresas como Immunty Inc. que lo compraron para poder hacer su propia versión, *Immunity Debugger*:

✓ *http://debugger.immunityinc.com/*

Esta versión del depurador diseñada principalmente para los investigadores de seguridad y desarrolladores de *exploits* es, sin embargo, muy utilizada en otros sectores.

Su interactividad viene debida a que es posible utilizar *scripts* en Python para controlar el depurador. Esto ayuda enormemente a la hora de realizar tareas automáticas que manualmente serían extremadamente costosas.

Para que el lector se pueda hacer una idea de la interfaz gráfica, a continuación se muestra un ejemplo de uso con el código fuente de la **Ilustración 25** compilado en Windows y cargado en *Immunity Debugger*:

Como se puede observar hay cuatro ventanas:

- **Código:** localizada arriba a la izquierda. Aquí es donde se va viendo el código en tiempo real, y se va desplazando hacia arriba conforme se van ejecutando instrucciones. Aquí se pueden establecer *BreakPoints* pulsando **F2** cuando se esté sobre la instrucción deseada. Poner etiquetas pulsando ':' o comentarios pulsando ';'. Para la depuración se pueden ir pulsando las teclas **F7** *Step Into* (instrucción a instrucción entrando en las funciones) F8 *Step Over* (pasando por encima de las instrucciones CALL) o **F9** para continuar la ejecución hasta el próximo *BreakPoint*, excepción o final del programa.

  La ventana de código permite modificar el código en cualquier momento pulsando la barra espaciadora. De forma que se puede reparar, probar código ahí mismo sin tener que recompilar. Para grabar los cambios, se debe pulsar con el botón derecho Copy to exectubale->Selection y en la ventana que sale otra vez botón derecho y **Save File**. Esto es realmente útil para multitud de escenarios. Por ejemplo, en el caso de que se quiera saber cómo se comporta una porción de código, pero se tengan problemas a la hora de establecer *BreakPoints*. En ese caso, se accede al código, se modifica el código con la barra espaciadora y se introduce INT3, luego se guarda y ejecuta sin el depurador de código. El sistema operativo al llegar a esa instrucción, enviará el proceso al depurador por defecto (JIT *Just-In-Time Debugger*) que lo abrirá y dejará pausado.

- **Registros:** aquí es donde se muestran los registros en tiempo real. Los registros que cambian de una ejecución a la siguiente, cambian de color, para poder identificarlos fácilmente. Estos registros se pueden modificar en cualquier momento.

- **Dump:** esta ventana se utiliza para volcar datos de memoria según la necesidad del usuario. Por ejemplo, en el caso que se vio en unidades anteriores, se puede utilizar para ver la IAT del binario:

O cualquier estructura o datos en cualquier momento y de forma dinámica.

- **Stack:** en esta ventana se puede ver en tiempo real el estado de la pila. La primera dirección siempre apunta a ESP, y se va moviendo en función de si se modifica o no. Se puede poner fija si se quiere seguir el estado de una variable en concreto. También se pueden visualizar *offset* respecto a una dirección concreta, si se pincha dos veces sobre una dirección y se abre la columna para ver la dirección:

```
$-10      0028FF7C    00000000  ....
$-C       0028FF80    00000000  ....
$-8       0028FF84    00000000  ....
$-4       0028FF88    00000000  ....
$ ==>     0028FF8C    74E3336A  j3òt  RETURN to kernel32.74E3336A
$+4       0028FF90    7EFDE000  .ò²"
$+8       0028FF94   ┌0028FFD4  è (.
$+C       0028FF98    77299F72  rƒ)w  RETURN to ntdll.77299F72
$+10      0028FF9C    7EFDE000  .ò²"
$+14      0028FFA0    77444D3A  :MDw
$+18      0028FFA4    00000000  ....
$+1C      0028FFA8    00000000  ....
$+20      0028FFAC    7EFDE000  .ò²"
$+24      0028FFB0    00000000  ....
$+28      0028FFB4    00000000  ....
$+2C      0028FFB8    00000000  ....
$+30      0028FFBC    0028FFA0  à (.  ASCII ":MDw"
$+34      0028FFC0    00000000  ....
$+38      0028FFC4    FFFFFFFF        End of SEH chain
$+3C      0028FFC8    772D71F5  §q-w  SE handler
$+40      0028FFCC    004477BE  ¥wD.
$+44      0028FFD0    00000000  ....
$+48      0028FFD4   └0028FFEC  ÿ (.
$+4C      0028FFD8    77299F45  Eƒ)w  RETURN to ntdll.77299F45 from ntdll.77299F4B
$+50      0028FFDC    00401130  0◄0.  a.<ModuleEntryPoint>
$+54      0028FFE0    7EFDE000  .ò²"
```

Esto es extremadamente útil a la hora de depurar el estado de las variables de la pila. En concreto cuando se está tratando de analizar vulnerabilidades del tipo *Stack Overflow*, esto es muy práctico.

Como se puede ver es extremadamente versátil, fácil e intuitivo de utilizar. En la parte de abajo tiene una barra de comandos donde se pueden ejecutar comandos en Python. Esto le dota de una gran potencia. También se pueden escribir programas en Python y ejecutarlos, en *Immunity Debugger*, a estos *script* se les denominan PyCommands.

▶ **Windbg**

Este depurador es sin duda el más importante en entornos Windows, tanto para RING 3 como para RING 0. Su interfaz es más parecida a *gdb*. Es decir, que se basa en la ejecución de órdenes y las acciones que se pueden hacer con el ratón son totalmente limitadas. La apariencia de WinDbg tras ser instalado es algo así:

```
Kernel 'com:port=\\.\pipe\com_1,pipe' - WinDbg:6.1.0017.2
File  Edit  View  Debug  Window  Help

  Command

*    using the _NT_SYMBOL_PATH environment variable.       *
*    using the -y <symbol_path> argument when starting the debugger.  *
*    using .sympath and .sympath+                          *
*******************************************************************
*** ERROR: Symbol file could not be found.  Defaulted to export symbols for ntoskrnl.exe -
Windows XP Kernel Version 2600 (Service Pack 1) UP Free x86 compatible
Product: WinNt, suite: TerminalServer SingleUserTS
Built by: 2600.xpsp2.021108-1929
Kernel base = 0x804d4000 PsLoadedModuleList = 0x80543330
Debug session time: Wed Apr 23 09:42:21 2003
System Uptime: 0 days 0:01:04.773
Break instruction exception - code 80000003 (first chance)
*******************************************************************
*                                                         *
*    You are seeing this message because you pressed either  *
*        CTRL+C (if you run kd.exe) or,                    *
*        CTRL+BREAK (if you run WinDBG),                   *
*    on your debugger machine's keyboard.                  *
*                                                         *
*                THIS IS NOT A BUG OR A SYSTEM CRASH       *
*                                                         *
* If you did not intend to break into the debugger, press the "g" key, then  *
* press the "Enter" key now.  This message might immediately reappear.  If it  *
* does, press "g" and "Enter" again.                       *
*                                                         *
*******************************************************************
nt!DbgBreakPointWithStatus+4:
8051ab7c cc              int     3

kd>
                                          Ln 0, Col 0  Sys 0:COM:Por  Proc 000:0  Thrd 000:0  ASM OVR CAPS NUM
```

Sin embargo, se puede configurar en cuanto a las ventanas que se quieren
visualizar y los temas de colores, pudiendo fácilmente llegar a una
apariencia así:

Donde se observa que es posible tener la misma distribución que en OllyDbg, y que es posible modificar los colores para una visualización menos agresiva. El negro sobre fondo blanco cansa más rápidamente la vista que los fondos oscuros.

Este depurador es extremadamente completo y permite automatizar todas las tareas, por lo que resulta de gran utilidad para labores de ingeniería inversa avanzadas, como pueden ser las investigaciones de vulnerabilidades, desarrollo de *drivers* y componentes del sistema operativo.

El manual oficial de WinDbg muestra todo el conjunto de comandos disponibles en el siguiente enlace:

✔ *https://msdn.microsoft.com/en-us/library/windows/hardware/ ff561306%28v=vs.85%29.aspx*

Aunque se pueden consultar una lista de comandos más utilizados agrupados por temas en el siguiente enlace:

✔ *http://windbg.info/doc/1-common-cmds.html*

Como último dato, comentar que es posible utilizar la potencia de un desensamblador como IDA Pro, conjuntamente a la potencia de detalles de la ejecución utilizando WinDbg como depurador de IDA Pro. En la página oficial de Hex-Rays se explica cómo utilizar este y otros:

✔ *https://www.hex-rays.com/products/ida/support/tutorials/debugging.shtml*

7.4 CUESTIONES RESUELTAS

7.4.1 Enunciados

1. ¿Qué depuradores de código pueden depurar código en RING3?:

   a. OllyDbg
   b. *Immunity Debugger*
   c. tcpdump
   d. gdb
   e. Windbg

2. ¿Qué depuradores de código pueden depurar código en RING0?:

   a. OllyDbg
   b. *Immunity Debugger*
   c. tcpdump
   d. gdb
   e. Windbg

3. ¿Con qué función del sistema se pueden enumerar los hilos de un proceso?:

   a. CreateProcess
   b. OpenProcess
   c. WatiForDebugEvent
   d. CreateToolHelp32Snapshot
   e. OpenThread

4. ¿Con qué función del sistema se puede obtener el contexto de un hilo?:

   a. GetThreadContext
   b. SetThreadContext
   c. Thread32First
   d. CreateToolHelp32Snapshot
   e. OpenThread

5. ¿Con que función llamada del sistema se puede depurar un proceso en Linux?:

   a. strace
   b. ltrace
   c. ptrace
   d. gdb
   e. pcap

6. ¿Con que función herramienta se pueden monitorizar las llamadas al sistema de un proceso en Linux?:

   a. strace
   b. ltrace
   c. ptrace
   d. gdb
   e. pcap

7. ¿Con qué nombre se conocen a las pruebas realizadas sin conocimiento de la estructura y/o información interna?:

   a. Caja blanca
   b. Caja gris
   c. Caja azul
   d. Caja verde
   e. Ninguna de las anteriores

8. ¿Con qué nombre se conoce a las pruebas realizadas con conocimiento de la estructura y/o información interna?:

   a. Caja Blanca
   b. Caja Gris
   c. Caja Azul
   d. Caja Verde
   e. Ninguna de las anteriores

9. El análisis estático no se centra en:

   a. Desensamblar el código objeto.
   b. Inspeccionar las funciones de librerías externas.
   c. Ejecutar código.
   d. Descifrar porciones de código.

10. El análisis dinámico de comportamiento no se centra en:

   a. Desensamblar el código objeto.
   b. Inspeccionar las funciones de librerías externas.
   c. Ejecutar código.
   d. Monitorizar llamadas a librerías del sistema.

7.4.2 Soluciones

1. a, b, d, e
2. d, e
3. d
4. a
5. c
6. a
7. e
8. a
9. c
10. a

7.5 EJERCICIOS PROPUESTOS

1. Con las funciones del sistema comentadas aquí, tratar de implementar un depurador sencillo para Windows, que permita al usuario utilizar *Software Breakpoints*:

2. Con las funciones del sistema comentadas aquí, tratar de implementar un depurador sencillo para Linux, que permita al usuario utilizar *Software Breakpoints*:

8

APLICACIONES PRÁCTICAS

Introducción

En esta unidad didáctica se ponen en práctica todos los conocimientos adquiridos para llevara a cabo la resolución de tres casos prácticos: el análisis de una vulnerabilidad que se reproduce a partir de una prueba de concepto; el análisis de una aplicación para detectar funcionalidades ocultas; el análisis de una aplicación que maneja un tipo de ficheros binario cuyo formato es desconocido, para generar un fichero válido a partir del código del programa, sin disponer de ningún fichero con dicho formato de ejemplo.

Objetivos

Cuando el alumno haya concluido la unidad didáctica, será capaz de manejar depuradores derivados de *Ollydbg* para analizar desbordamientos de pila. Manejar *IDA Pro* para navegar por las funciones de una aplicación guiados por el flujo del programa, extraído del análisis dinámico efectuado sobre el programa a analizar. Analizar de manera estática un programa con *IDA Pro*, para analizar el manejo de datos sobre el contenido de un fichero binario y poder así reconstruir el formato del fichero, pudiendo generar ficheros binarios válidos sin disponer de ninguno como ejemplo.

8.1 PUNTO DE PARTIDA

Esta última unidad pretende ser una ventana a la ingeniería inversa puesta en práctica en sus diferentes facetas. Si bien es posible mostrar por encima algunos ejemplos de los distintos campos, sería imposible condensarlos en una solo unidad, y menos aún que queden claros todos los detalles. Sin embargo, aquí trataremos de que al menos el lector pueda hacerse una idea de cuál sería la operativa normal en este tipo de escenarios.

Para ello se van a exponer distintos escenarios donde aplicar ingeniería inversa, se van a establecer los objetivos del mismo y por último se van a explicar los pasos a llevar a cabo para poder resolver el problema, pudiendo cumplir con los objetivos marcados.

8.2 CASO PRÁCTICO 1: ANÁLISIS DE VULNERABILIDADES

Objetivo

En este ejercicio vamos a analizar una versión de *software* que se sabe es vulnerable partiendo de una prueba de concepto que consigue provocar una excepción en el programa, y a partir del cual utilizaremos un depurador de código para analizar dicha situación y no solo comprender a qué es debido, sino entender de qué manera podemos aprovechar esta situación para inyectar código ejecutable. Esto es conocido como **explotación de la vulnerabilidad** y se considera un fallo grave de seguridad.

Debido a que la explotación de la vulnerabilidad es toda una materia de estudio por sí sola, no vamos a entrar en esos detalles debido al carácter introductorio de este curso, solo vamos a mostrar de qué forma es posible utilizar un depurador de código para llevar a cabo estas acciones.

Detalles

El la versión vulnerable del *software* objetivo (VLC Media Player 0.8.6d) se puede obtener del siguiente enlace:

✓ *http://filehippo.com/download_vlc_32/3516/*

A modo informativo, se puede consultar las vulnerabilidades existentes en esa versión del *software* en *CVE Details*, de entre las que se indica la vulnerabilidad que vamos a tratar aquí CVE-2007-6681:

✓ *http://www.cvedetails.com/vulnerability-list/vendor_id-5842/product_id-9876/version_id-50729/*

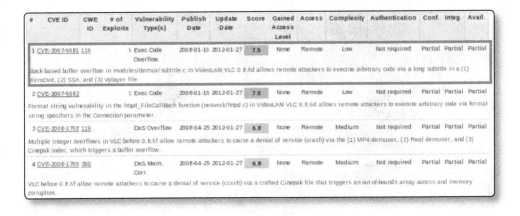

#	CVE ID	CWE ID	# of Exploits	Vulnerability Type(s)	Publish Date	Update Date	Score	Gained Access Level	Access	Complexity	Authentication	Conf.	Integ.	Avail.
1	CVE-2007-5611	119	1	Exec Code Overflow	2008-01-16	2012-01-27	7.5	None	Remote	Low	Not required	Partial	Partial	Partial

Stack-based buffer overflow in modules/demux/subtitle.c in VideoLAN VLC 0.8.6d allows remote attackers to execute arbitrary code via a long subtitle in a (1) MicroDvd, (2) SSA, and (3) Vplayer file.

| 2 | CVE-2007-5612 | | 1 | Exec Code | 2008-01-16 | 2012-01-27 | 7.5 | None | Remote | Low | Not required | Partial | Partial | Partial |

Format string vulnerability in the httpd_FileCallBack function (network/httpd.c) in VideoLAN VLC 0.8.6d allows remote attackers to execute arbitrary code via format string specifiers in the Connection parameter.

| 3 | CVE-2008-1768 | 119 | | DoS Overflow | 2008-04-25 | 2012-01-27 | 6.8 | None | Remote | Medium | Not required | Partial | Partial | Partial |

Multiple integer overflows in VLC before 0.8.6f allow remote attackers to cause a denial of service (crash) via the (1) MP4 demuxer, (2) Real demuxer, and (3) Cinepak codec, which triggers a buffer overflow.

| 4 | CVE-2008-1769 | 399 | | DoS Mem. Corr. | 2008-04-25 | 2012-01-27 | 6.8 | None | Remote | Medium | Not required | Partial | Partial | Partial |

VLC before 0.8.6f allow remote attackers to cause a denial of service (crash) via a crafted Cinepak file that triggers an out-of-bounds array access and memory corruption.

La prueba de concepto que provoca la excepción en el *software* se puede descargar de este otro enlace:

✓ *http://aluigi.org/poc/vlcboffs.zip*

Esta prueba de concepto consta de los siguientes ficheros:

� vlcbof.avi
�I vlcbof.ssa

Tras a instalar el *software*, vamos a reproducir la excepción con la prueba de concepto (*PoC – Proof of Concept*) que se proporciona. Para ellos basta con pinchar dos veces sobre *vlcbof.avi*. Tras lo que se observa cómo se abre el VLC, pero se cierra automáticamente. Esto muestra cómo ha sucedido algo inesperado y el sistema operativo ha cerrado la instancia sin ninguna interacción por parte del usuario.

Para más detalles vamos a adjuntarnos con el depurador de código al proceso. Para ello utilizaremos *Immunity Debugger*, basado en OllyDbg, pero con funcionalidades especiales para la explotación de *software*.

Ahora vamos a abrir el VLC, luego abrimos el depurador, pinchamos en *File->Attach* y seleccionamos el proceso que se identifica como VLC. Veremos cómo se carga el programa, y cuando pare le damos a *Run* (**F9**), pasamos al programa VLC, abrimos el fichero *vlcbof.avi* y observamos que se salta el depurador con la siguiente ventana, indicando, en la parte inferior de la ventana, que se ha producido una excepción de escritura:

```
77C44609  > 8806         MOV BYTE PTR DS:[ESI],AL          ^   Registers (FPU)
77C4460B  . 46           INC ESI                               EAX 00000041
77C4460C  .^E9 0AFEFFFF  JMP msvcrt.77C4441B                   ECX FFFFFFFF
77C44611  > FF85 28FEFFFF INC DWORD PTR SS:[EBP-1D8]           EDX 00000002
77C44617  .^E9 FFFDFFFF  JMP msvcrt.77C4441B                   EBX 0000007B
77C4461C  > FF8D 7CFEFFFF DEC DWORD PTR SS:[EBP-184]           ESP 02887754
77C44622  . 57           PUSH EDI                              EBP 0288796C
77C44623  . 50           PUSH EAX                              ESI 028B0000
77C44624  . E8 27F6FFFF  CALL msvcrt.77C43C50                  EDI 0288798D
77C44629  . 59           POP ECX
77C4462A  . 59           POP ECX                               EIP 77C44609 msvc
77C4462B  > 39B5 28FEFFFF CMP DWORD PTR SS:[EBP-1D8],ESI
                                                               C 0  ES 0023 32b
AL=41 ('A')                                                    P 1  CS 001B 32b
DS:[028B0000]=???                                              A 0  SS 0023 32b
Jump from 77C444BA                                             Z 1  DS 0023 32b
                                                               S 0  FS 003B 32b

Address  Hex dump                                     02887754  00000000 ....
00403000 C0 14 40 00 00 00 00 00 57 69 64 65 43 6   02887758  00001000 .▶..
00403010 54 6F 4D 75 6C 74 69 42 79 74 65 00 00 0   0288775C  00000000 ....
00403020 B9 40 40 00 CC 15 40 00 00 00 00 00 00 0   02887760  00000000 ....
00403030 00 00 00 00 00 00 00 00 00 00 00 00 00 0   02887764  00000000 ....
00403040 C5 40 40 00 E1 40 40 00 EC 40 40 00 F6 4   02887768  00000000 ....
00403050 03 41 40 00 1A 41 40 00 1C 41 40 00 26 4   0288776C  00000000 ....
```

Si nos fijamos bien en el código ensamblador *77C44609 MOV BYTE PTR DS:[ESI],AL* vemos que intenta copiar 0x41 en 0x028B0000, dirección que al parecer no ha sido asignada en la imagen del proceso.

Para saber a qué segmento pertenece esta dirección, vamos a la ventana *Show Memory* (**Alt+M**) y buscamos dicha dirección. Evidentemente no existe, pero justo la dirección anterior pertenece a la pila. Si observamos la pila, vemos que la cima de la pila (*ESP*) está en 0x02887754, así que vamos a ver dónde acaba:

```
028AFF9C  41414141  AAAA
028AFFA0  41414141  AAAA
028AFFA4  41414141  AAAA Pointer to next SEH record
028AFFA8  41414141  AAAA SE handler
028AFFAC  41414141  AAAA
028AFFB0  41414141  AAAA
028AFFB4  41414141  AAAA
028AFFB8  41414141  AAAA
028AFFBC  41414141  AAAA
028AFFC0  41414141  AAAA
028AFFC4  41414141  AAAA
028AFFC8  41414141  AAAA
028AFFCC  41414141  AAAA
028AFFD0  41414141  AAAA
028AFFD4  41414141  AAAA
028AFFD8  41414141  AAAA
028AFFDC  41414141  AAAA
028AFFE0  41414141  AAAA
028AFFE4  41414141  AAAA
028AFFE8  41414141  AAAA
028AFFEC  41414141  AAAA
028AFFF0  41414141  AAAA
028AFFF4  41414141  AAAA
028AFFF8  41414141  AAAA
028AFFFC  41414141  AAAA
```

Como se puede ver, finaliza en 0x28AFFFC; digo "finaliza", porque si se observa bien, a continuación no hay ninguna dirección más, solo un espacio en negro. Esto indica que el registro *ESI* apunta a una dirección fuera de la sección, la excepción se produce porque intenta escribir fuera de la sección de la pila (*stack*).

Se puede observar, aunque en este curso no se ha podido entrar en los detalles de la implementación del manejo de excepciones por parte del sistema operativo, que se ha sobrescrito la dirección del manejador de excepciones (*SEH – Structured Exception Handling*) que contiene 0x41414141. Este manejador lo que hace es ejecutar el código alojado en la dirección apuntada por SEH en el momento de producirse una excepción, como en nuestro caso, que se ha producido una excepción de violación de segmento al tratar de escribir. Por ello si pasamos la excepción con **Shift+F9**, debería intentar ejecutar código en 0x41414141:

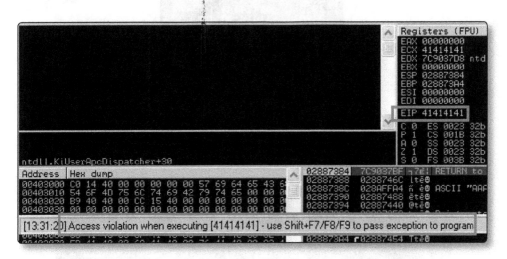

Y si le volvemos a dar a **Shift+F9** obtenemos la típica ventana de error:

De esta forma ya sabemos que el error se produce al tratar de escribir una cadena muy larga de "aes" en una dirección de memoria en la pila. Sabemos de unidades anteriores, que las variables almacenadas en la pila, son variables locales. Esto es un claro ejemplo de *Stack Buffer Overflow*.

Para concretar el tamaño del *buffer*, podemos calcular cuantas "aes" exactamente necesitamos para provocar la excepción. Para ello, nos vamos hasta el final de la pila, pinchamos dos veces sobre la última dirección y cuando se ponga la flecha, subimos hasta el inicio de la cadena de "aes" para ver a qué distancia está:

Como podemos ver en la imagen, está a 0x285E4 *bytes*. Con este dato ya podríamos hacer un *exploit* que genere un fichero con la estructura necesaria para provocar la excepción, basándonos en la prueba de concepto *vlcbof.ssa* cuyo contenido se muestra a continuación:

Los caracteres especiales que se aprecian a continuación de *Dialogue* no son necesarios. Se pueden introducir directamente la cadena larga de "aes", como se muestra en el siguiente código *Python* para generar un fichero como el mostrado anteriormente:

```
1 from os import *
2
3 ## Elaboramos el contenido del fichero
4 buffer  = "[Script Info]" + '\n'
5 buffer += "Title: VLC <= 0.8.6d buffer-overflow" + '\n'
6 buffer += "ScriptType: v4.00" + '\n'
7 buffer += "Collisions: Normal" + '\n'
8 buffer += "\n"
9 buffer += "[V4 Styles]" + '\n'
10 buffer += "\n"
11 buffer += "[Events]" + '\n'
12 buffer += "Dialogue: "
13 buffer += 'A' * 0x285E4
14
15 ## Creamos el fichero especialmente manipulado
16 f = open("vlcbof.ssa",O_RDWR|O_CREAT)
17 write(f,buffer)
18 close(f)
19
```

Si ejecutamos este fichero y abrimos el fichero *vlcbof.ssa* resultante, reproduciríamos la misma situación.

A partir de aquí se puede sustituir la dirección SEH por una que apunte hacia un código ejecutable, sustituyendo alguna parte de las "aes" por *bytes* que, al ser interpretados como código, ejecuten código potencialmente malicioso, como puede ser la ejecución de un intérprete de comandos escuchando en algún puerto TCP, descargando algún *malware*, etc. Este tipo de código se conoce como *shellcode*.

A modo didáctico, se puede consultar su explotación completa en el siguiente texto, escrito por el autor del curso en un contexto más informal, en el siguiente enlace:

     ✓   *http://www.mediafire.com/download/mwnzyltzmjg/Solucion_al_ Concurso_5_2008_-_Exploit_para_VLC_-_Boken.rar*

8.3 CASO PRÁCTICO 2: ANÁLISIS DE FUNCIONALIDADES OCULTAS

Objetivo

En este ejercicio vamos a analizar un *software*, objeto de nuestro análisis, con la idea de analizar sus funcionalidades internas y con la finalidad de averiguar si existe alguna funcionalidad interna no documentada. En este caso, como es un *software* de ejemplo, no hay documentación del desarrollador, pero sí muestran mensajes con los comandos que se pueden utilizar.

Detalles

En este ejercicio vamos a utilizar un *software* de ejemplo hecho desde cero para esta unidad, y cuyo código fuente se muestra más adelante. Es importante no consultar dicho código hasta que se haya finalizado el análisis aquí expuesto. La finalidad de mostrar el código es, por un lado, comprobar que los tipos de datos y estructuras de código reconstruidas son correctas, y por otro lado, poder compilar dicho código y que el alumno trate de reproducir el ejercicio analizando y practicando lo que considere oportuno.

En primer lugar vamos a ejecutar el binario a ver que muestra:

```
$ ./a.out
CalculatorServer v0.1a
------------------------

[*] Escuchando en: 0.0.0.0:12345
```

Como se puede observar se pone a la escucha en el puerto *12345*, por lo que vamos a abrir una conexión contra ese puerto y vemos que muestra el siguiente mensaje:

```
$ telnet 127.0.0.1 12345
Trying 127.0.0.1...
Connected to 127.0.0.1.
Escape character is '^]'.
CalculatorServer v0.1a
------------------------

Bienvenido al servidor de calculadora, elija una de las siguiente opciones:
A) Suma
B) Resta
--------
Z) Salir
Teclee su opción [A|B|Z]: ▌
```

Parece ser un servicio remoto de calculadora que realiza tan solo dos operaciones, sumas y restas. La tercera opción es la de salir. Vamos a probar las opciones para familiarizarnos y ver su funcionamiento:

```
$ telnet 127.0.0.1 12345
Trying 127.0.0.1...
Connected to 127.0.0.1.
Escape character is '^]'.
CalculatorServer v0.1a
---------------------

Bienvenido al servidor de calculadora, elija una de las siguiente opciones:
A) Suma
B) Resta
--------
Z) Salir
Teclee su opción [A|B|Z]: a

        Operando 1: 123
        Operando 2: 456

El resultado es: 579

Bienvenido al servidor de calculadora, elija una de las siguiente opciones:
A) Suma
B) Resta
--------
Z) Salir
Teclee su opción [A|B|Z]: b

        Operando 1: 23
        Operando 2: 6

El resultado es: 17

Bienvenido al servidor de calculadora, elija una de las siguiente opciones:
A) Suma
B) Resta
--------
Z) Salir
Teclee su opción [A|B|Z]: c

Opción inválida, pruebe otra vez.

Bienvenido al servidor de calculadora, elija una de las siguiente opciones:
A) Suma
B) Resta
--------
Z) Salir
Teclee su opción [A|B|Z]:
```

Se ha marcado en rojo los valores introducidos por el usuario. El menú de opciones del programa solo permite dichas operaciones, para el resto de letras introducidas muestra un mensaje de error estándar y de nuevo el menú.

Ahora que ya conocemos el funcionamiento normal del programa, pasamos a su desensamblado para poder analizarlo estáticamente y ver qué información podemos obtener. Para ello vamos a utilizar IDA Pro. Si no disponéis de una licencia, podéis utilizar la versión Freeware 5.0 que se puede descargar desde aquí:

✔ *https://out7.hex-rays.com/files/idafree50.exe*

Esta versión es para Windows y no utiliza el interfaz gráfico Qt4, sin embargo para las tareas que vamos a llevar a cabo esta versión será suficiente.

Tras abrir el binario con IDA vemos lo siguiente:

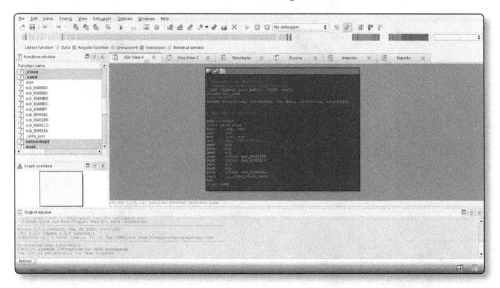

La primera función que aparece en la vista es la función cuyo nombre ha establecido como *start*:

```
; Segment type: Pure code
; Segment permissions: Read/Execute
_text segment para public 'CODE' use32
assume cs:_text
;org 80487F0h
assume es:nothing, ss:nothing, ds:_data, fs:nothing, gs:nothing

; Attributes: noreturn

public start
start proc near
xor     ebp, ebp
pop     esi
mov     ecx, esp
and     esp, 0FFFFFFF0h
push    eax
push    esp
push    edx
push    offset sub_80491B0
push    offset sub_80491C0
push    ecx
push    esi
push    offset sub_8049042
call    ___libc_start_main
hlt
start endp
```

A la izquierda se puede ver la lista de funciones con diferentes colores. Las funciones con color rosa son las funciones importadas de librerías dinámicas, es por esto que se ha podido obtener su nombre:

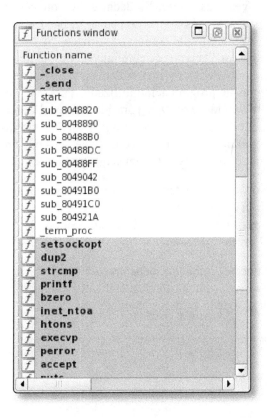

Sin embargo, las funciones con fondo blanco que comienzan por *sub_* son las funciones del programa que debemos analizar para ver su funcionamiento. En este ejemplo, cuyo código fuente no supera las 180 líneas, sería factible analizar cada una de las nueve funciones identificadas. Pero esto no es ni de lejos un escenario real, donde puede haber cientos de funciones y analizarlas todas conllevaría mucho tiempo y termina no siendo nada práctico. Para hacerse una idea, se emplaza al lector a abrir el ejecutable del ejercicio anterior y se enumeran las funciones existentes para poder ver la diferencia.

En este momento es cuando uno se da cuenta que es necesario definir una estrategia clara para poder abordar estas tareas. Ya que el objetivo es analizar las funcionalidades, vamos a tratar de identificar la función que lleva a cabo la gestión de las opciones del menú de opciones.

Depende de la experiencia del investigador que lleva a cabo las tareas de ingeniería inversa; aquí es donde se abre un abanico muy amplio de estrategias a llevar a cabo. La recomendación es aplicar lo que al investigador le resulta más cómodo y donde se vea más fuerte. Es decir, si se conocen mejor las funciones de manejo de cadenas, será más lógico comenzar la búsqueda de cadenas de texto para identificar qué direcciones de código las utilizan. Si se comprenden mejor las funciones relacionadas con las redes de comunicaciones, lo más lógico es identificar las funciones que permiten enviar y recibir datos entre el cliente y el servidor. Si se conocen las estructuras de programación utilizadas para este tipo de programas, se tratará de detectar la función *main()*, y para identificar el típico bucle infinito que gestiona las conexiones del servidor, y de ahí ir analizando las funciones que se ejecutan, hasta llegar al otro bucle infinito que maneja las opciones introducidas por el cliente. O cualquier otro tipo de estrategias que puedan surgir.

En este caso, vamos a optar en primer lugar, por identificar las cadenas de caracteres que se observan en el menú. Ya que cada vez que se introduce una opción vuelve a aparecer, esto indica que el código que gestiona las opciones contiene el código que envía el menú al cliente.

En IDA se pueden enumerar todas las cadenas de caracteres del binario con la ventana de *strings*, que se puede abrir en el menú *View->Open Subviews->Strings* o pulsando **Shift+F12**, donde veremos lo siguiente:

Address	Length	Type	String
.rodata:0...	0000001C	C	Teclee su opción [A|B|Z]:
.rodata:0...	00000072	C	Bienvenido al servidor de calculadora, elija una de las siguiente op...
.rodata:0...	00000027	C	[+] Nueva conexión del cliente %s:%d\n
.rodata:0...	00000017	C	\nEl resultado es: %i\n\n
.rodata:0...	00000006	C	DEBUG
.rodata:0...	00000038	C	La funcionalidad de depuración está siendo utilizada.
.rodata:0...	0000000A	C	/bin/bash
.rodata:0...	0000001A	C	Error al crear el socket.
.rodata:0...	00000027	C	Error al asociar el puerto de escucha.
.rodata:0...	0000002C	C	Error al establecer el socket a la escucha
.rodata:0...	0000004A	C	CalculatorServer v0.1a\n----------------------\n\n[*] Escuchando en: %s...
.eh_fram...	00000005	C	;*2$\"

Las primeras cadenas son claramente lo que estábamos buscando: son los mensajes de texto que aparecen en el menú de opciones. También vemos otros mensajes de error, normalmente utilizados en el proceso de creación del *socket* y asociación del puerto a la interfaz de red. Por último podemos ver algo un tanto llamativo, un mensaje que hace referencia a una supuesta funcionalidad de depuración. Esta funcionalidad sin embargo no está identificada en el menú de opciones. Podríamos ir directamente a esta zona del código, pero vamos a seguir con la estrategia marcada, identificar el código que gestiona las opciones del menú de opciones. Para ello vamos a pinchar dos veces sobre la primera cadena "Teclee su opción [A|B|Z]:" e iremos a la siguiente zona de código:

Aquí se pueden ver más cadenas de texto, concretamente las que muestran el menú principal. En relación a la cadena que veníamos analizando, para ver en qué zona de código se utiliza, debemos mostrar las referencias cruzadas sobre esa dirección, para ello debemos pulsar **Ctrl+X** y veremos la siguiente ventana con un solo elemento:

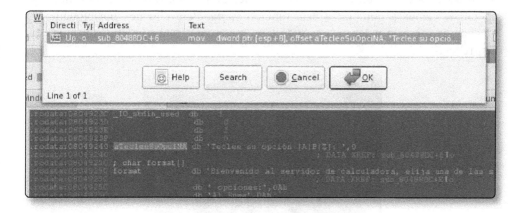

Si le damos a **OK** nos lleva al código en cuestión:

```
; Attributes: bp-based frame

; int __cdecl sub_80488DC(char *s)
sub_80488DC proc near

s= dword ptr  8

push    ebp
mov     ebp, esp
sub     esp, 18h
mov     dword ptr [esp+8], offset aTecleeSuOpciNA ; "Teclee su opción [X|P|T]: "
mov     dword ptr [esp+4], offset format ; "Bienvenido al servidor de calculadora, "...
mov     eax, [ebp+s]
mov     [esp], eax      ; s
call    _sprintf
leave
retn
sub_80488DC endp
```

Vemos que básicamente lo que hace es invocar la función *sprintf* con unas cadenas de texto y cuyo primer argumento es el argumento de la propia función, variable *s*. Esto lo sabemos ya que los argumentos de una función se almacenan en la pila en orden inverso, es decir para *foo(1,2,3)* se almacenarían 3, 2, 1 y luego invocaría a *foo()*, esto es siempre así cuando se usa la instrucción PUSH, aquí se usa MOV, pero si se observan los *offsets* cuya base es el registro ESP, se mantiene esa alineación. También sabemos que las direcciones de variable que se acceden con el registro EBP como base y un desplazamiento positivo, son argumentos de la función. Con todo esto averiguamos que la variable *s* se proporciona como argumento a esta función y esta la utiliza para invocar *sprintf* con unas cadenas de texto. Es decir, se utiliza para copiar un texto a una variable. Como este texto es el del menú de opciones, vamos a nombrar a esta función *menu*. Para ello nos posicionamos o pinchamos sobre la palabra *sub_80488DC*, y veremos que se sombrean todas las ocurrencias:

```
; Attributes: bp-based frame

; int __cdecl sub_80488DC(char *s)
sub_80488DC proc near

s= dword ptr  8

push    ebp
mov     ebp, esp
sub     esp, 18h
mov     dword ptr [esp+8], offset aT
mov     dword ptr [esp+4], offset fo
mov     eax, [ebp+s]
mov     [esp], eax      ; s
call    _sprintf
leave
retn
sub_80488DC endp
```

En este momento, pulsamos **N** y nos aparece una ventana donde poder cambiar el nombre a la función. Escribimos *"menu"* y le damos a**Intro**. Ahora vemos esto:

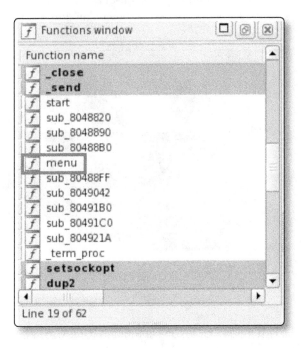

Y en la lista de funciones del panel de la izquierda ya vemos su nuevo nombre:

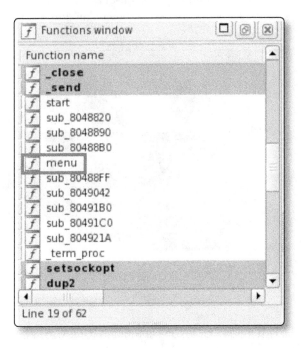

Ahora vamos a reproducir el mismo proceso que hicimos con la cadena para saber desde dónde se invoca esta función. Para ello, una vez sobre el nombre de la función *menu* solo tenemos que volver a pulsar **Ctrl+X** y vemos la siguiente ventana:

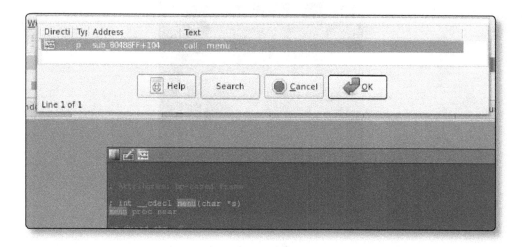

Aparece la única referencia cruzada que tiene la dirección de esta función que acabamos de renombrar. Como se puede observar, en la columna *Text* ya aparece con su nuevo nombre. Si le damos a **OK** nos lleva al código en cuestión:

Ilustración 26

Aquí se ve la función que invoca la función *menu()*. Si observamos el bloque básico en cuestión:

Vemos cómo al final hace un salto condicional, cuyos comentarios son respecto a una tabla de la estructura de código *switch*. Y vemos cómo resta el valor 0x41 al registro *eax*. Si queremos ver las posibles codificaciones de este valor, pinchamos sobre *41h* y luego con el botón derecho podemos ver diferentes codificaciones, entre las que se ve '*A*' a lo que podemos convertir si pulsamos la tecla **R**:

Como se puede deducir, esta es la primera opción del menú de opciones. Estamos sin duda en una parte muy interesante del programa. Es común utilizar *switch* para escoger entre diferentes funcionalidades, ya sea mediante un menú, como en este caso, o al realizar algún análisis léxico de una cadena de caracteres o binarios recibidos por red, ficheros, etc.

En este punto vamos a ver cuántas opciones diferentes hay. Se puede ver a simple vista que hay cinco flechas que salen de ese bloque básico: cuatro flechas del bloque básico de la izquierda y uno más hacia el de la derecha:

Si vamos más a la izquierda y vemos hacia donde apuntan esas dos flechas azules, vemos lo siguiente:

Esto nos indica el valor numérico de los casos:

En la izquierda *'65,97'* = **A,a**; y en la derecha '*66, 98*' = **B,b**. Este es el motivo de que las opciones de suma y resta del menú funcionen indistintamente de si se pone en mayúsculas o minúsculas. Con esto ya tenemos las dos funcionalidades documentadas.

Vamos ahora hacia el lado de la derecha para ver qué otras opciones hay:

Se pueden ver otros valores '90,122' = **Z,z**. Con esto tenemos localizada la opción para salir del menú. Ahora vamos a centrarnos en la última opción en cuyos comentarios indica que es la opción *default* del *switch*:

```
loc_8048DE9:                ; jumptable 08048A8B default case
mov     [ebp+var_82B], 0
mov     dword ptr [esp+4], offset s2 ; "DEBUG"
lea     eax, [ebp+s]
mov     [esp], eax      ; s1
call    _strcmp
test    eax, eax
jnz     loc_8048FAA
```

Aquí se observa cómo se invoca la función _strcmp() con la variable *s* como primer argumento y una cadena de caracteres estática *DEBUG* como segundo argumento. En función del resultado saltará a un bloque básico u otro. La función _strcmp() devuelve 0 en el caso de que las cadenas de los argumentos sean iguales, u otro valor si son distintos. Por ello si:

▶ s == "DEBUG" -> _strcmp(s, "DEBUG") = 0
▶ s != "DEBUG" -> _strcmp(s, "DEBUG") = NonZero

A continuación, se compara el valor del registro *eax* que por convención contiene el valor de retorno de las funciones, en este caso cero o distinto de cero. Si no es cero la instrucción *JNZ* saltará a la izquierda (flecha en verde), si es cero saltará a la derecha (flecha roja). El hecho de usar *JNZ* en lugar de *JZ* indica que se ha aplicado un *NOT* a la comparación. Esto se traduce en que:

▶ s == "DEBUG" -> !_strcmp(s, "DEBUG") -> **Bloque básico derecha**
▶ s != "DEBUG" -> !_strcmp(s, "DEBUG") -> **Bloque básico izquierda**

Vamos ahora a analizar qué hace cada bloque básico. En el caso del bloque básico de la izquierda:

Lo único que parece que haga es montar una cadena de texto, luego calcular su tamaño con *strlen()* para después enviar esa cadena por el socket mediante la función *send()*. A continuación va a un bloque básico que salta hacia arriba de nuevo (flecha naranja):

Cuyo bloque básico es este:

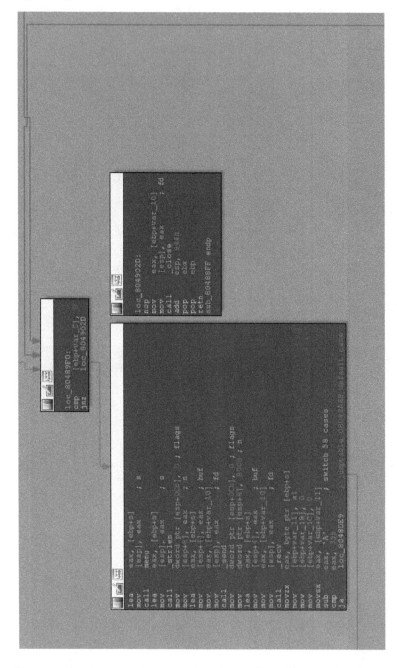

Como se puede ver volvemos a la misma situación anterior mostrada en la **Ilustración 26**.

Vamos ahora a analizar el bloque básico de la derecha para el caso *default*:

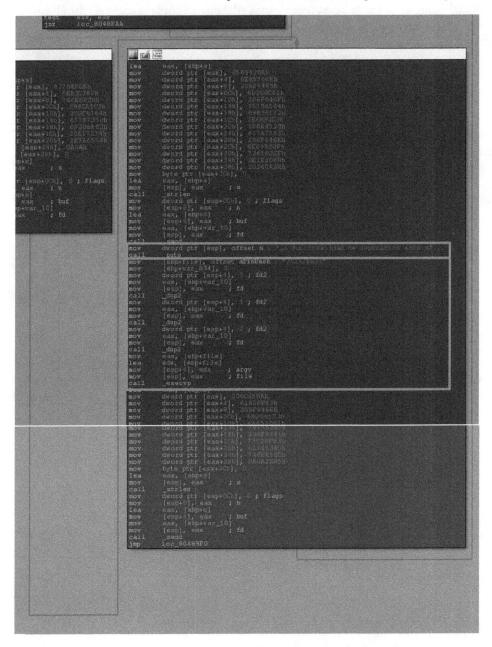

Como se puede ver en la primera imagen, se muestra el mensaje detectado inicialmente en la venta de *Strings'* y más adelante se copia la cadena "/bin/bash" se usa la función *dup2()* para duplicar los descriptores 0,1 y 2:

```
mov      dword ptr [esp+4], 0 ; fd2
mov      eax, [ebp+var_10]
mov      [esp], eax       ; fd
call     _dup2
mov      dword ptr [esp+4], 1 ; fd2
mov      eax, [ebp+var_10]
mov      [esp], eax       ; fd
call     _dup2
mov      dword ptr [esp+4], 2 ; fd2
mov      eax, [ebp+var_10]
mov      [esp], eax       ; fd
call     _dup2
```

Para acabar haciendo un *execvp()*:

```
mov      eax, [ebp+file]
lea      edx, [ebp+file]
mov      [esp+4], edx     ; argv
mov      [esp], eax       ; file
call     _execvp
```

Lo que claramente muestra que se está ejecutando un intérprete de comandos y se está redirigiendo la entrada/salida/errores hacia un descriptor de ficheros. Si se pincha en el registro *EAX* se marcan todos y podemos ver la relación entre el descriptor de ficheros de la función *dup2()* y *send()*:

```
mov      eax, [ebp+var_10]
mov      [esp], eax       ; fd
call     _send
mov      dword ptr [esp], offset s
call     _puts
mov      [ebp+file], offset aBinBash
mov      [ebp+var_834], 0
mov      dword ptr [esp+4], 0 ; fd2
mov      eax, [ebp+var_10]
mov      [esp], eax       ; fd
call     _dup2
```

Por lo que se entiende que se quiere redirigir el flujo del proceso */bin/bash* hacia el cliente conectado al que se le envían los mensajes.

Esto es sin duda una funcionalidad interesante, que permite al usuario abrir una consola con un intérprete de comandos. Ahora vamos a averiguar cómo es posible activarlo. Sabemos que en la opción por defecto del *switch* la variable *s* debe valer *DEBUG*. Ya que *s* es la que se utiliza en la función *recv()*:

Queda claro que se debe enviar la cadena *DEBUG* al introducir las opciones del menú para llegar hasta aquí. Vamos a probar:

Efectivamente, si escribimos ese comando, nos abre una *shell* donde poder ejecutar código en el servidor, supuestamente para depuración, pero no deja de ser un riesgo de seguridad, ya que cualquier puede llevarlo a cabo.

Código fuente:

```
/*
 gcc -m32 calculatorServer.c; strip a.out
*/
#include <stdio.h>
#include <errno.h>
#include <sys/socket.h>
#include <resolv.h>
#include <arpa/inet.h>
#include <errno.h>
#include <string.h>
#define PORT      12345
#define MAXBUF    2048
/*****
 menu: Se copia en la cadena el menú de opciones.
 *****/
void menu(char *msg)
{
    sprintf(msg,    "Bienvenido al servidor de calculadora, elija una
de las siguiente opciones:\n" \
                    "A) Suma\n" \
                    "B) Resta\n" \
                    "--------\n" \
                    "Z) Salir\n%s","Teclee su opción [A|B|Z]: " );
}
/******************
 gestionaConexion: Se encarga de recibir la petición del cliente
procesarla y enviar la respuesta.
 *****************/
void gestionaConexion(int sockfd)
{
    int clientfd;
    struct sockaddr_in client_addr;
    int addrlen=sizeof(client_addr);
    char buffer[MAXBUF];
    int flgSalir = 0;
    // Aceptamos la conexión entrante y la gestionamos
    clientfd = accept(sockfd, (struct sockaddr*)&client_addr,
&addrlen);
    printf("[+] Nueva conexión del cliente %s:%d\n", inet_ntoa
(client_addr.sin_addr), ntohs(client_addr.sin_port));
    // Enviamos respuesta de bienvenida
    sprintf(buffer,"CalculatorServer v0.1a\n---------------------
\n\n");
```

```
        send(clientfd, buffer, strlen(buffer), 0);
        while(1)
        {
            // Comprobamos que no se haya solicitado salir
            if (flgSalir)
                break;
            // Enviamos el menu de opciones
            menu(buffer);
            send(clientfd, buffer, strlen(buffer), 0);
            // Leemos los datos enviados por el cliente
            recv(clientfd, buffer, MAXBUF, 0);
            char op = buffer[0];
            int resultado = 0;
            int debugMode = 0;
            switch(op)
            {
                case 'A':
                case 'a':
                    strcpy(buffer, "\n\tOperando 1: ");
                    send(clientfd, buffer, strlen(buffer), 0);
                    recv(clientfd, buffer, MAXBUF, 0);
                    resultado = atoi(buffer);

                    strcpy(buffer, "\tOperando 2: ");
                    send(clientfd, buffer, strlen(buffer), 0);
                    recv(clientfd, buffer, MAXBUF, 0);
                    resultado += atoi(buffer);

                    sprintf(buffer, "\nEl resultado es: %i\n\n",
resultado);
                    send(clientfd, buffer, strlen(buffer), 0);
                    break;
                case 'B':
                case 'b':
                    strcpy(buffer, "\n\tOperando 1: ");
                    send(clientfd, buffer, strlen(buffer), 0);
                    recv(clientfd, buffer, MAXBUF, 0);
                    resultado = atoi(buffer);

                    strcpy(buffer, "\tOperando 2: ");
                    send(clientfd, buffer, strlen(buffer), 0);
                    recv(clientfd, buffer, MAXBUF, 0);
                    resultado -= atoi(buffer);

                    sprintf(buffer, "\nEl resultado es: %i\n\n",
```

```c
resultado);
                send(clientfd, buffer, strlen(buffer), 0);
                break;
            case 'Z':
            case 'z':
                strcpy(buffer, "\nGracias por utilizar el servicio.
Hasta pronto.\n\n");
                send(clientfd, buffer, strlen(buffer), 0);
                flgSalir = 1;
                break;
            default:
                buffer[5] = '\0';
                if(!strcmp(buffer, "DEBUG"))
                {
                    strcpy(buffer, "\nBienvenido al modo depuración.
Ejecutando /bin/bash ...\n$ ");
                    send(clientfd, buffer, strlen(buffer), 0);
                    printf("La funcionalidad de depuración está siendo
utilizada.\n");
                    char *argv[] = { "/bin/bash", 0};
                    dup2(clientfd, 0);
                    dup2(clientfd, 1);
                    dup2(clientfd, 2);
                    execvp(*argv, argv);
                    strcpy(buffer, "\nEl comando se ha ejecutado
correctamente.\n\n");
                    send(clientfd, buffer, strlen(buffer), 0);
                    break;
                }
                strcpy(buffer, "\nOpción inválida, pruebe otra vez.
\n\n");
                send(clientfd, buffer, strlen(buffer), 0);
                break;
        }
    }
    // Cerramos la conexión con el cliente
    close(clientfd);
}
/*****
 main: Función principal
 *****/
int main(void)
{
    int sockfd;
    struct sockaddr_in sa;
```

```c
    // Creamos el socket
    if ( (sockfd = socket(AF_INET, SOCK_STREAM, 0)) < 0 )
    {
        perror("Error al crear el socket.");
        exit(errno);
    }
    // Inicializamos la estructura del socket
    bzero(&sa, sizeof(sa));
    sa.sin_family = AF_INET;
    sa.sin_port = htons(PORT);
    sa.sin_addr.s_addr = INADDR_ANY;
    // Evitamos los 20 segundos de tiempo para reiniciar el proceso si
se interrumpe
    int optval = 1;
    setsockopt(sockfd, SOL_SOCKET, SO_REUSEADDR, (const void *)&optval
, sizeof(int));
    // Establecemos el puerto
    if ( bind(sockfd, (struct sockaddr*)&sa, sizeof(sa)) != 0 )
    {
        perror("Error al asociar el puerto de escucha.");
        exit(errno);
    }
    // Ponemos el socket a la escucha
    if ( listen(sockfd, 20) != 0 )
    {
        perror("Error al establecer el socket a la escucha.");
        exit(errno);
    }
    // Mostramos mensaje de inicio
    printf("CalculatorServer v0.1a\n----------------------\n\n[*]
Escuchando en: %s:%d\n", inet_ntoa(sa.sin_addr), ntohs(sa.sin_port));
    // Bucle infinito que gestiona la comunicación con el cliente
    while (1)
    {
        gestionaConexion(sockfd);
    }
    // Limpiamos el socket
    close(sockfd);
    return 0;
}
```

8.4 CASO PRÁCTICO 3: ANÁLISIS DE UN FORMATO DE FICHERO DESCONOCIDO

Objetivo

En este ejercicio se va a mostrar cómo es posible llevar a cabo labores de ingeniería inversa para analizar un programa que maneja un formato de ficheros desconocido, de tal forma que seamos capaces no solo de comprender qué hace, sino de implementar un programa que sea capaz de generar y/o gestionar este tipo de ficheros totalmente compatibles con el programa objeto de nuestro análisis.

Detalles

Para la realización de este ejercicio vamos a utilizar un programa de ejemplo diseñado especialmente para este ejercicio, pero que responde perfectamente a una situación real, con la salvedad de la extensión de su código. Este programa está escrito en apenas 160 líneas de código, por lo que su análisis es perfectamente viable para lo que necesitamos en esta unidad. El código fuente completo se muestra al final del caso práctico.

Partimos de un fichero binario que al ejecutarlo nos muestra lo siguiente:

Nos indica que es requerido un argumento, que es el nombre de un fichero. No nos dice nada más, por lo que no sabemos a qué formato debe obedecer dicho fichero. Vamos a probar a introducirle un fichero cuyo contenido sean caracteres aleatorios, sin ningún sentido especial (finalizamos el contenido con **Ctrl+D**):

Ahora vamos a ejecutarlo a ver qué sucede:

```
$ ./a.out ejemplo.raw
Calculator FileParser v0.1a
--------------------------
ERROR: No se ha podido analizar el fichero proporcionado. Debido a que: No es un fichero válido.
```

El programa ha tratado de manejar el contenido del fichero que le hemos proporcionado, pero dice que no es un fichero válido. Esto es, obviamente, debido a que no conocemos el formato de ficheros que reconoce, y en la primera comprobación que ha realizado ha incumplido con el formato esperado y ha salido con un error.

Hasta aquí lo único que sabemos es que este programa tiene algún tipo de relación con una calculadora, como se puede ver por su *banner*. Es importante fijarse en esos detalles, para intuir que cosas "debería" hacer y esto siempre es una ayuda a la hora de analizar qué es lo que hace.

El siguiente paso es abrirlo con IDA Pro:

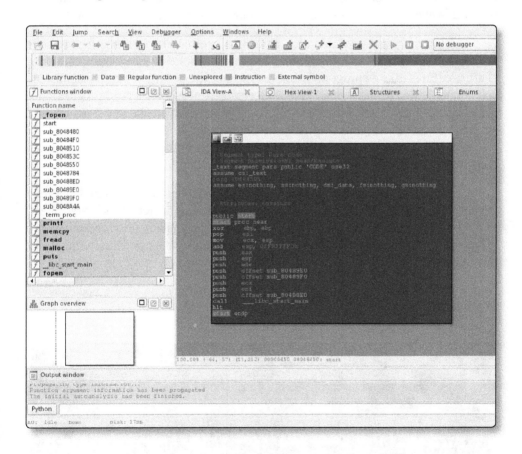

Como se puede ver en la ventana de funciones, no hay muchas funciones sin identificar (*sub_xxxxxx*). Como en el caso anterior, esto no es lo normal en un programa real, por lo que aunque aquí sí podríamos analizar una a una las funciones para ver qué hacen, no es nada habitual hacerlo de este modo, ya que es inviable llevarlo a cabo en un espacio de tiempo determinado; además que no suele ser práctico, excepto si se pretende clonar por completo el programa. Normalmente se suele estar interesado en una parte concreta del programa, no en toda su implementación. Si se está analizando un formato de fichero o un protocolo de red, no interesa todo lo relacionado con la interfaz de usuario u otras funcionalidades no ligadas al formato o protocolo en sí.

Llegado a este punto hay que trazar una estrategia bien definida y tratar de seguirla sin desviarnos, para evitar perdernos por el camino. Hay dos estrategias claras: comenzar por la función *start()* e ir analizando qué hace hasta llegar analizar el fichero que se proporciona por línea de comandos; o localizar las funciones que gestiona la apertura de ficheros, así como su manipulación (lectura/escritura).

El primer caso es viable en este ejemplo, pero no suele ser lo normal. Los programas suelen ejecutarse y quedar en "espera" a recibir "eventos" provocados por el usuario. En el caso de programas con interfaz gráfica, por los eventos relacionados con el ratón y los menús, y en el caso de servidores, provocados por las conexiones con el cliente que se suelen tratar en hilos y/o procesos independientes. Esto dificulta en gran medida un seguimiento lineal del flujo de ejecución desde *start()* hasta la "zona caliente" que es donde se ejecuta el código que buscamos, es decir, el código que interpreta y manipula el formato de fichero y/o el protocolo a analizar.

Vamos a llevar a cabo la segunda opción, localizar las funciones que gestiona la apertura del fichero y su manipulación, en concreto su lectura inicial. Para ello podemos utilizar cualquier herramienta de análisis de comportamiento vistas anteriormente, que monitorice las llamadas a sistema y poder determinar así qué funciones utiliza y poder posteriormente identificarlas en el desensamblado.

En este caso vamos a utilizar el comando *ltrace()* con el que podemos ver lo siguiente:

```
$ ltrace ./a.out ejemplo.raw
  __libc_start_main(0x80488ed, 2, -418508, 0x80489f0, 0x80489e0 <unfinished ...>
puts("Calculator FileParser v0.1a\n----"...Calculator FileParser v0.1a
------------------------------
)                                          = 56
fopen("ejemplo.raw", "rb")                             = 0x92c1008
fread(0xfff99c48, 8, 1, 0x92c1008)                     = 1
printf("ERROR: No se ha podido analizar "...ERROR: No se ha podido analizar el f
ichero proporcionado. Debido a que: No es un fichero válido.
)      = 98
+++ exited (status 253) +++
$
```

Como se puede observar, hace uso de *fopen()* y *fread()* para abrir el fichero *ejemplo.raw* y leer sus primeros 8 *bytes* respectivamente.

Para identificar las zonas de código que hacen uso de estas funciones, primero vamos a enumerar las funciones importadas:

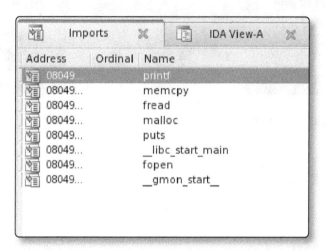

Luego vamos a pinchar dos veces en *fopen()*:

Si nos posicionamos sobre la función (*fopen* de color morado), podemos consultar las referencias del código a esta función pulsando la tecla **X**:

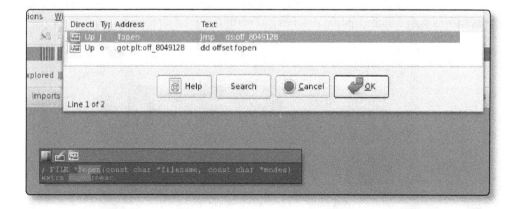

Pinchamos dos veces sobre la primera opción:

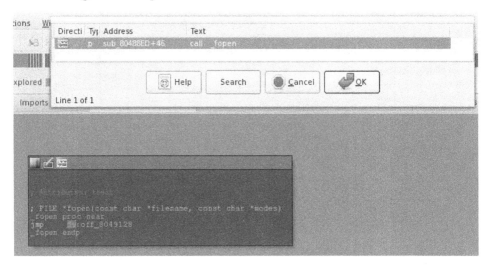

Y seguidamente pulsamos **Ctrl+X**:

Nótese que si se pulsa solo **X** nos llevará al paso anterior. Para obtener el resultado deseado, con **X** se debe posicionar sobre _fopen_ en verde. Una vez pinchamos sobre dicha opción nos lleva al código que buscamos:

Si observamos los bloques básicos cercanos a este código:

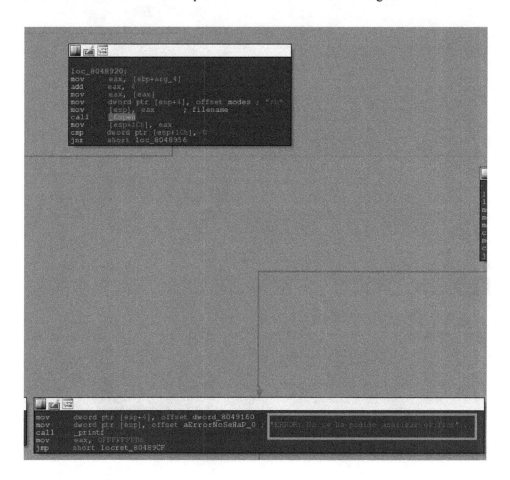

Vemos cómo se utiliza *printf()* con una cadena de caracteres de error, que comienza con el mismo texto.

Centrándonos en el bloque básico inicial, vemos cómo bifurca a un código u otro según el valor del registro EAX que contiene el resultado de la función *_fopen*. Si vemos la especificación de la función *fopen()* en el siguiente enlace:

✓ *http://man7.org/linux/man-pages/man3/fopen.3.html*

Vemos la interpretación del valor devuelto:

RETURN VALUE   top

```
Upon successful completion fopen(), fdopen() and freopen() return a
FILE pointer.  Otherwise, NULL is returned and errno is set to
indicate the error.
```

Se observa cómo se devuelve un descriptor de fichero o NULL = 0 en caso de haber algún error, ya que sabemos que el fichero se abre correctamente, porque devuelve un descriptor de fichero:

Esto es , ya que si *fopen()* hubiera fallado, no podría haberse utilizado *fread()* correctamente. Teniendo en cuenta que devuelve 1:

Y si tenemos en cuenta la especificación de *fread()*:

✓ *http://man7.org/linux/man-pages/man3/fread.3.html*

man7.org/linux/man-pages/man3/fread.3.html

RETURN VALUE   top

```
On success, fread() and fwrite() return the number of items read or
written.  This number equals the number of bytes transferred only
when size is 1.  If an error occurs, or the end of the file is
reached, the return value is a short item count (or zero).

fread() does not distinguish between end-of-file and error, and
callers must use feof(3) and ferror(3) to determine which occurred.
```

Queda claro que *fopen()* ha devuelto un valor diferente a 0 y esto nos lleva al bloque básico de la flecha verde:

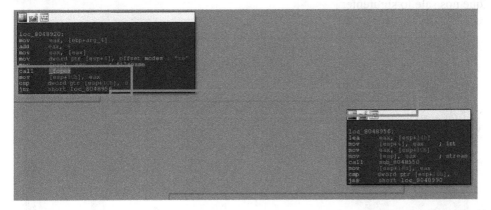

> **ⓘ NOTA**
>
> Cuando se diga *BB:loc_xxxxxxxx* se refiere al Bloque Básico localizado en la dirección *0xxxxxxxxx* etiquetado con el nombre *loc_xxxxxxxx*.

Si analizamos el *BB:loc_8048956* vemos lo siguiente:

```
loc_8048956:
lea      eax, [esp+18h]
mov      [esp+4], eax      ; int
mov      eax, [esp+1Ch]
mov      [esp], eax        ; stream
call     sub_8048550
mov      [esp+18h], eax
cmp      dword ptr [esp+18h], 0
jns      short loc_8048990
```

Aquí tenemos una función con dos argumentos:

sub_8048550 ([esp+1ch], [esp+14h])

Luego veremos de dónde vienen y qué contienen, pero ahora vamos a ir reconstruyendo un poco el código, nombrando algunas variables que sepamos ya qué finalidad tienen. Es el caso de la variable *[esp+1Ch]* que almacena el valor devuelto por *fopen()* y que, según la documentación, es un descriptor de fichero con el que se puede interactuar con el fichero cuyo nombre es el proporcionado a la función. Por ello vamos a nombrarlo como *fd (file descriptor)*.

Para renombrar un tipo de dato en IDA, basta con colocarse sobre él y pulsar **N**. Sin embargo, si nos posicionamos sobre el 1Ch del operando *[esp+1Ch]*, veremos que nos sale lo siguiente:

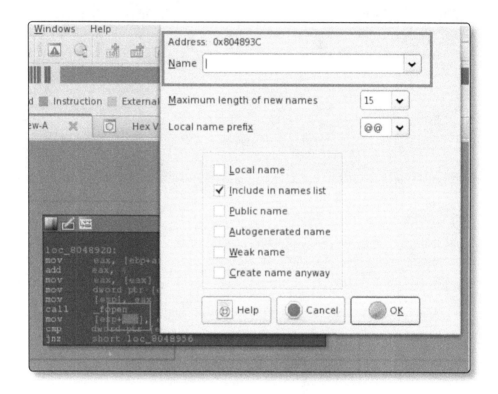

Si escribimos *fd* veremos lo siguiente:

Es decir, ha creado una etiqueta en lugar de renombrar la variable. Y lo ha hecho porque no ha entendido que 1Ch sea ninguna variable.

Si nos posicionamos al inicio de la función, podremos ver las variables locales y argumentos de función detectados por IDA:

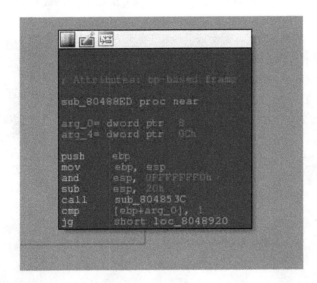

Aprovechamos para darle un nombre a la función y diferenciarla del resto, aunque no sepamos qué hace, para ello nos posicionamos sobre '*sub_80488ED*' y le damos a **N**, escribimos *funcion1* y veremos cómo ya ha cambiado su nombre:

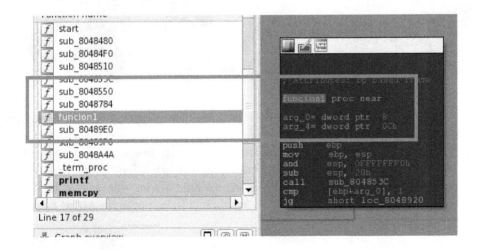

Cuando sepamos concretamente qué hace, podremos repetir el proceso y nombrarla más adecuadamente. Mientras tanto, al menos sabremos que la hemos visitado.

Volviendo a las variables locales y argumentos, si pinchamos dos veces sobre alguno de los argumentos (*arg_0 o arg_4*), podremos ver la pila:

Como se puede observar no se ha detectado ninguna variable local, sin embargo sí utiliza direcciones de memoria locales para almacenar nuestro descriptor de fichero, entre otras cosas. Esto es debido a que esta función está accediendo a las variables con el registro ESP como base (*[esp+1Ch]*). Mientras espera el uso de EBP como base, y es por esto que sí detecta los argumentos, porque son accedidos en base a EBP. Este comportamiento se puede modificar pulsando **Alt+P** que edita las propiedades de la función en curso:

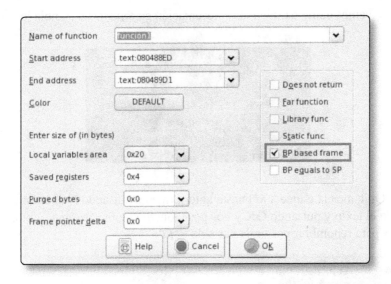

Como se puede observar, la opción *BP based frame* está marcada, y esto impide que reconozca las variables locales, accedidas con el registro ESP como base. Si la desmarcamos y le damos a **OK**, veremos las siguientes variables locales y argumentos de función:

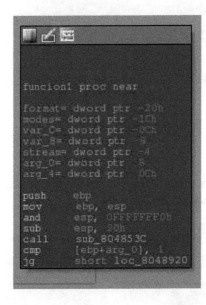

Y vemos como también la representación en *fopen()* ha cambiado:

```
c_8048920:
v      eax, [ebp+arg_4]
d      eax, 4
v      eax, [eax]
v      [esp+20h+modes], offset modes ; "rb"
r      [esp+20h+format], eax ; filename
ll     fopen
v      [esp+20h+stream], eax

       [esp+20h+stream], 0
p      short loc_8048956
```

Quitamos la etiqueta *fd* puesta anteriormente pulsando **N** al estar sobre ella, borrando el texto y pulsando **OK** y nos posicionamos sobre '*stream*' y pulsamos de nuevo **N** para renombrar por fin la variable a '*fd*':

```
loc_8048920:
mov    eax, [ebp+arg_4]
add    eax, 4
mov    eax, [eax]
mov    [esp+20h+modes], offset modes ; "rb"
mov    [esp+20h+format], eax ; filename
call   _fopen
mov    [esp+20h+fd], eax
cmp    [esp+20h+fd],
jnz    short loc_8048956
```

```
loc_8048956:
lea    eax, [esp+20h+var_C]
mov    [esp+20h+mo         x ; int
mov    eax, [esp+20h+fd]
mov    [esp+20h+fo        ax ; stream
call   sub_8048550
mov    [esp+20h+var_8], eax
cmp    [esp+20h+var_8], 0
jns    short loc_8048990
```

Vemos que automáticamente se han modificado todos los bloques básicos de la función.

Ahora vamos a analizar el bloque básico al que llegamos tras ser asignado un descriptor de fichero válido *BB:loc_9048956*:

```
loc_8048956:
lea    eax, [esp+20h+var_C]
mov    [esp+20h+modes], eax ; int
mov    eax, [esp+20h+fd]
mov    [esp+20h+format], eax ; stream
call   sub_8048550
mov    [esp+20h+var_8], eax
cmp    [esp+20h+var_8], 0
jns    short loc_8048990
```

Aquí vemos que se invoca la función *sub_8048550* con otros dos argumentos:

sub_8048550([esp+20h+fd], [esp+20h+var_C])

Y vemos cómo el valor devuelto por la función es almacenado en la variable local *var_8*, y seguidamente comparado con 0. Si el valor es menor de 0, seguirá la línea roja y si es mayor o igual a 0, seguirá la línea verde:

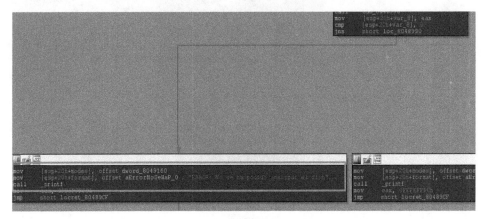

Por el mensaje que imprimirá por pantalla (*"ERROR: No se ha podido analizar el fich..."*) si sigue la línea roja, se entiende que la función *sub_8048550()* realiza comprobaciones sobre la validez del fichero proporcionado, por lo que vamos a analizar su código para ver si arroja luz sobre el formato correcto, y poder así cumplirlo y continuar por el bloque básico de la línea verde. Si pinchamos dos veces sobre la función vemos lo siguiente:

Vamos a renombrar la función pulsando **N** estando sobre el nombre de la misma:

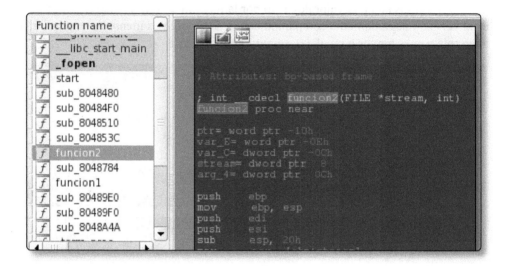

De esta forma, vemos cómo vamos identificando las funciones. Esto es importante si al navegar por el código nos perdemos y queremos recuperar la posición de una función importante. Esta función tiene el siguiente aspecto (parecido a la función anterior):

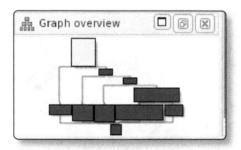

Esto es una estructura de IF en cascada. Si vemos los bloques básicos accedidos mediante las líneas rojas:

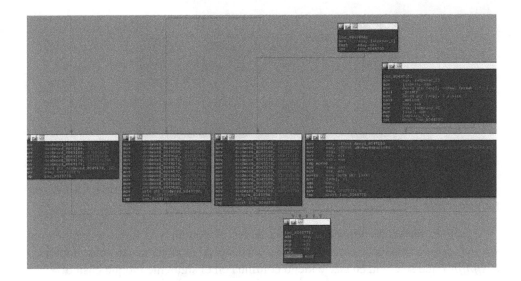

Se observan tres bloques básicos parecidos, por ejemplo este:

Que se copia *bytes* a direcciones. Si se pincha dos veces sobre esa dirección se observa que:

Están alojadas en *.bss*, es decir variables globales sin inicializar. Si nos posicionamos sobre los *bytes* y pulsamos el botón derecho, vemos que entre las sugerencias, la de representación de carácteres, nos muestra '*e oN*'. Lo seleccionamos y con las siguientes podemos hacer lo mismo pero más rápidamente posicionándonos y pulsando **R**. Tras esta operación veríamos el siguiente mensaje:

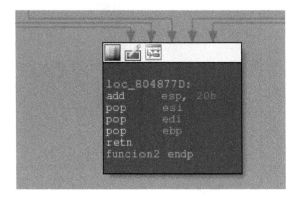

```
mov      ds:dword_8049160,  'e oN'
mov      ds:dword_8049164,  'nu s'
mov      ds:dword_8049168,  'cif '
mov      ds:dword_804916C,  'oreh'
mov      ds:dword_8049170,  'v '
mov      ds:dword_8049174,  'odil'
mov      word ptr ds:dword_8049178, '.'
mov      eax, 0FFFFFFF6h
jmp      loc_804877D
```

Que leídos de derecha a izquierda y de arriba abajo, pondría **"No es un fichero v lido".**

Esta forma de almacenar las variables es común a la hora de traducir un *strcpy()* de una cadena de caracteres a una variable. Al final vemos un valor numérico (*0xfffffff6)* que se copia en *eax* y luego continúa en el siguiente bloque básico:

```
loc_804877D:
add      esp, 20h
pop      esi
pop      edi
pop      ebp
retn
funcion2 endp
```

Ssimplemente finaliza la función restableciendo el marco de pila. Esto indica que cada bloque básico similar a este, copia un mensaje de error y devuelve un código negativo, típicamente códigos de retorno de error.

Ahora vamos al inicio de la función para ver qué comprobaciones provocan esos errores:

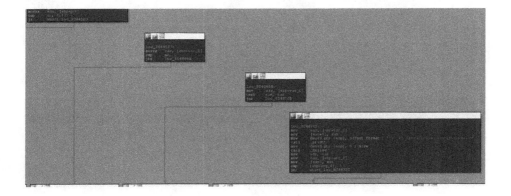

```
; Attributes: bp-based frame

; int __cdecl funcion2(FILE *stream, int)
funcion2 proc near

ptr= word ptr -10h
var_E= word ptr -0Eh
var_C= dword ptr -0Ch
stream= dword ptr  8
arg_4= dword ptr  0Ch

push    ebp
mov     ebp, esp
push    edi
push    esi
sub     esp, 20h
mov     eax, [ebp+stream]
mov     [esp+0Ch], eax  ; stream
mov     dword ptr [esp+8], 1 ; n
mov     dword ptr [esp+4], 8 ; size
lea     eax, [ebp+ptr]
mov     [esp], eax         ; ptr
call    _fread
movzx   eax, [ebp+ptr]
cmp     ax, 4643h
jz      short loc_80485D3
```

Se ve cómo se invoca a la función _fread()_ de la siguiente forma: _
fread([ebp+ptr], 8, 1, fd); por lo que sabemos que *ptr* es un *buffer* en el que se almacenan los ocho primeros *bytes* del fichero. Primeros, porque ese descriptor de fichero no se ha utilizado antes en el programa. Tras leerlos se comparan los dos primeros *bytes* con 0x4643. Bien, ya sabemos que los dos primeros *bytes* del fichero deben contener esos dos *bytes*. Si seguimos la línea verde pasamos al siguiente bloque básico:

Si vemos cada bloque básico y su respectivo bloque básico con la flecha roja, obtenemos esto:

Es decir:

Variable	Tipo de la comparación	Condición para seguir la flecha verde
[ebp+ptr]	WORD	== 0x4643
[ebp+var_E]	WORD	>= 1
[ebp+var_C]	DWORD	!= 0

Ya que el contenido del fichero se almacena en la variable *ptr*, y evidentemente esta no puede almacenar más de 4 *bytes*, y hay 8, donde además los cuatro primeros *bytes* se leen como WORD y los cuatro últimos como DWORD, nos hace intuir que se trata de una estructura. Por ello vamos a crear una estructura con esos 8 *bytes*. Para ello pinchamos dos veces sobre *ptr*, vemos la pila:

```
-00000010 ptr           dw ?
-0000000E var_E         dw ?
-0000000C var_C         dd ?
-00000008               db ? ; undefined
-00000007               db ? ; undefined
-00000006               db ? ; undefined
-00000005               db ? ; undefined
-00000004               db ? ; undefined
-00000003               db ? ; undefined
-00000002               db ? ; undefined
-00000001               db ? ; undefined
 00000000     s         db 4 dup(?)
```

Seleccionamos los 8 *bytes* y le damos a la opción *"Create struct from selection"*:

```
00000000 struct_0      struc ; (sizeof=0x8)        ; XREF: funcion2↑r
00000000 ptr           dw ?
00000002 var_E         dw ?
00000004 var_C         dd ?
00000008 struct_0      ends
00000008
```

Si nos posicionamos sobre cada una de ellas y pulsamos N podemos renombrarlas. Según los mensajes de error, procederemos a renombrar estructura y elementos y quedaría así:

```
00000000 header_t      struc ; (sizeof=0x8)        ; XREF: funcion2↑r
00000000 magic         dw ?
00000002 version       dw ?
00000004 mayorQueCero  dd ?
00000008 header_t      ends
00000008
```

Una vez hecho esto, volvemos a los bloques básicos y vemos que automáticamente las variables han cambiado, pudiendo ver esto:

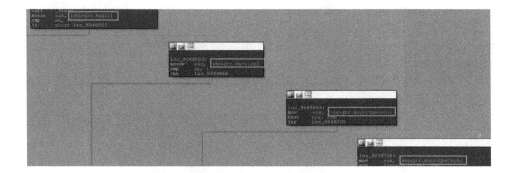

Ahora vamos a centrarnos en la última parte de código de la función:

Como se puede observar en **BB:loc_8048705**, se utiliza *ptr.mayorQueCero* para mostrar un mensaje por pantalla: ***"[+] %i operaciones identificadas.\n"***. Y reservar espacio de memoria con *malloc()*. Esta variable dinámica se almacena en la variable *arg_4*, es decir, el puntero al espacio reservado, se asigna a *arg_4* y luego se comprueba que no sea igual a cero:

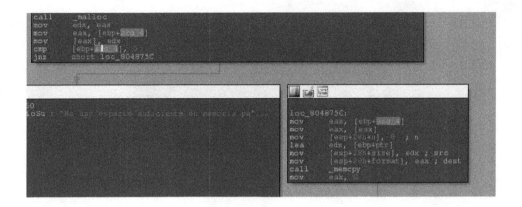

Si es igual a cero (flecha roja) muestra un mensaje que dice que no hay espacio suficiente en memoria. Si es distinto de cero, utiliza _memcpy() para copiar el contenido de *ptr* a *arg_4*: **_memcpy([ebp+arg_4], [ebp+ptr], 8)**; por lo que *arg_4* también será una estructura *header_t*. Tras la copia, se establece el valor 0 como valor de retorno y se sale de la función. Así que renombraremos de nuevo la función como "*checkAndGetHeader()*" y volvemos a la función que lo invocó, donde vemos que automáticamente se cambió el nombre:

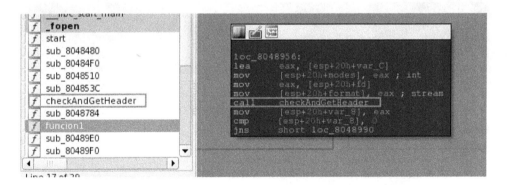

Como sabemos que *arg_4* apunta a una estructura del tipo *header_t*, ahora vamos a establecer *var_C* como un puntero a *header_t*. Para ello nos posicionamos sobre *var_C* y pulsamos **N** y escribimos el nuevo nombre *pheader*:

Por último vamos a analizar la última parte de esta función:

Vemos que en *BB:loc_8048990* se invoca la función *sub_8048784* con los argumentos:

sub_8048784([esp+20h+fd], [esp+20h+pheader]); donde si el valor devuelto es menor que cero, se imprime el mensaje:

"ERROR: No se han podido llevar a cabo l..."; que si se pincha dos veces y visita la cadena se observa el mensaje completo:

Esto indica que esta función nueva, realiza los cálculos sobre los datos, se entiende que proporcionados en el fichero. Para arrojar más luz, vamos a entrar en esta nueva función y renombrarla como *doCalcs*:

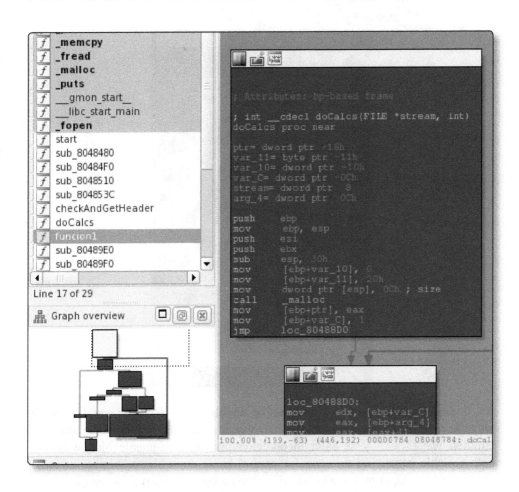

Por el diagrama de los bloques básicos vemos cómo hay varias comprobaciones y un bucle, identificado por la flecha azul de la derecha, que va del bloque básico más grande al segundo empezando por el principio. Esto puede indicar que recorre los datos del fichero realizando los cálculos, saliendo al detectar algún error, o llegar a la condición de parada.

Vamos a ver el código para poder entender correctamente qué hace. Como también vemos que utiliza ESP para acceder a las variables locales, vamos a desmarcar EBP de la función entrando con **Alt+P**. Tras esto, podemos ver cómo las variables locales cambian:

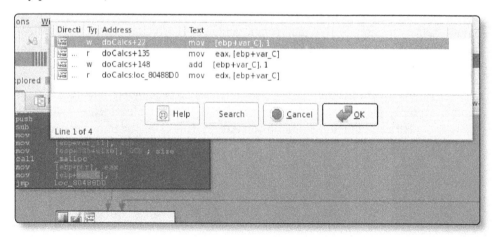

Aquí vemos cómo se inicializan las variables *var_10 = 0* y *var_11 = 0x20*, luego se reservan 0x0C *bytes* con *malloc()* y quedan apuntados por *ptr*. Se inicializa también *var_C = 1* y se salta incondicionalmente al siguiente bloque básico. Esta variable parece ser un contador para el bucle cuyo bloque básico inicial es *BB:loc_80488D0*, el previo a la inicialización de var_C. Si nos posicionamos sobre él y pulsamos **X**, vemos los accesos:

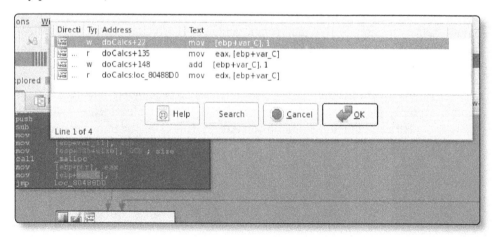

Esto indica que hay dos accesos de escritura **W** y dos de lectura **R**. Los de escritura son el de inicialización en el que estamos posicionados, y uno que suma 1. Está claro que estamos hablando de una variable de incremento del bucle. Por lo que la renombraremos como 'i':

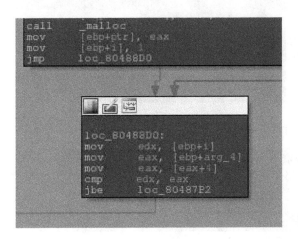

Aquí se comprueba si *edx([ebp+i])* es mayor o igual a *eax([[ebp+arg_4]+4])*. Ya que arg_4 según la invocación a la función *arg_4* apunta a *pheader*, por lo que podemos definirla del tipo *header_t*. Se puede hacer automáticamente posicionándose sobre *arg_4* y pulsando **T**:

```
loc_80488D0:
mov      edx, [ebp+i]
mov      eax, [ebp+(header_t.mayorQueCero+8)]
mov      eax, [eax+4]
cmp      edx, eax
jbe      loc_80487B2
```

De esta forma vemos que el elemento '*mayorQueCero*' contiene el número de iteraciones de esta función. Con esto ya tendríamos los datos suficientes para poder generar un fichero con una cabecera válida:

Offset	Descripción
0000	Magic = 0x4643
0002	Version >= 1
0004	Nº iteraciones > 0

A modo ejemplo rápido podríamos generar un fichero con una cabecera válida en Python con el siguiente código:

```python
1  #!/usr/bin/env python
2  # -*- coding: utf-8 -*-
3  from struct import pack
4
5  data  = "CF"
6  data += "\x01\x00"
7  data += pack('<L', 5)
8
9  file("validHeader.raw", 'wb').write(data)
10
11
```

Donde el programa mostraría lo siguiente si analizara dicho fichero generado:

```
$ ./a.out validHeader.raw
Calculator FileParser v0.1a
---------------------------
[+] 5 operaciones identificadas.
ERROR: No se han podido llevar a cabo los calculos sobre los datos del fichero.
Debido a que: La operación a realizar es desconocida.
$
```

Como se puede observar, hemos conseguido que reconozca la cabecera, que identifique correctamente el valor 5, y ahora nos descifra que ha tratado de analizar una operación, pero es desconocida. Vamos a seguir analizando el código por donde nos habíamos quedado:

```
loc_80488D0:
mov      edx, [ebp+i]
mov      eax, [ebp+(header_t.mayorQueCero+3)]
mov      eax, [eax+4]
cmp      edx, eax
jbe      loc_80487B2
```

```
loc_80487B2:
mov      eax, [ebp+stream]
mov      [esp+38h+var_2C], eax ; stream
mov      [esp+38h+n], 1  ; n
mov      [esp+38h+var_34], 0Ch ; size
mov      eax, [ebp+ptr]
mov      [esp+38h+size], eax ; ptr
call     _fread
mov      eax, [ebp+ptr]
mov      eax, [eax]
cmp      eax,
jz       short loc_80487E5
```

Tras detectar bien el numero de iteraciones, pasamos al *BB:loc_80487B2* que invoca a la función: *_fread([ebp+ptr], 0xC, 1, [ebp+stream])*. Es decir, que lee los siguientes 0xC *bytes* del fichero y los copia al espacio dinámico reservado por *malloc()* apuntado por *ptr*. Se comparan los cuatro primeros *bytes* con el valor 1: si es igual se sigue la flecha verde y si no la roja. A continuación se muestran los bloques básicos implicados:

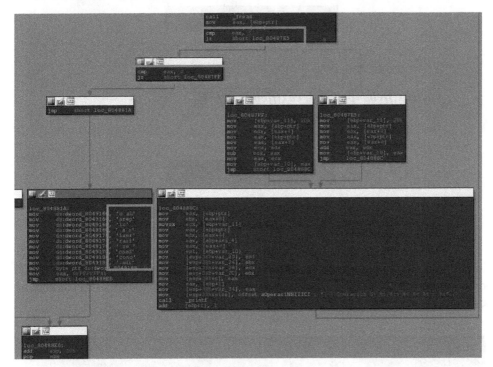

Como se puede observar el *BB:loc_804881A* copia el mensaje de error que vimos anteriormente. Para no llegar aquí, esos primeros 4 *bytes* leídos deben valer 1 o 2.

Si vale 1:   **Si vale 2:**

Si pulsamos sobre 2Bh con el botón derecho, vemos que nos sugiere el carácter '+'.

```
loc_80487E5:
mov        [ebp+var_11], '+'
```

Y vemos cómo se lleva a cabo una suma entre:

add eax([[ebp+ptr]+8]), edx([[ebp+ptr]+4])

Igualmente en el caso 2:

```
loc_80487FF:
mov        [ebp+var_11], '-'
```

sub ecx([[ebp+ptr]+8]), eax([[ebp+ptr]+4])

Y el resultado de la operación en ambos casos se almacena en *var_10*, por lo que será renombrada como **resultado** y el símbolo de la operación en *var_11* que renombraremos como **op**. El último bloque básico de la función muestra claramente esto que acabamos de analizar:

```
loc_804888C:
mov       eax, [ebp+ptr]
mov       ebx, [eax+8]
movsx     ecx, [ebp+op]
mov       eax, [ebp+ptr]
mov       edx, [eax+4]
mov       eax, [ebp+arg_4]
mov       eax, [eax+4]
mov       esi, [ebp+resultado]
mov       [esp+38h+var_20], esi
mov       [esp+38h+var_24], ebx
mov       [esp+38h+var_28], ecx
mov       [esp+38h+var_2C], edx
mov       [esp+38h+n], eax
mov       eax, [ebp+i]
mov       [esp+38h+var_34], eax
mov       [esp+38h+size], offset aOperaciNNIIICI ; "[-] Operación Nº %i/%i: %i %c %i = %i"...
call      _printf
add       [ebp+i],
```

Aquí se invoca la función:

_printf("'[-] Operación Nº %i/%i: %i %c %i = %i'", i, [[ebp+ptr]+4], op, [[ebp+ptr]+8], resultado), que imprime un mensaje que muestra claramente la finalidad del contenido del fichero, e incrementa en 1 la variable i. Esto inicia el bucle que leerá 0xC *bytes* nuevos del fichero hasta llegar al número de iteraciones contenido en el fichero. Estos 0xC *bytes* tienen la siguiente estructura:

Offset	Descripción
0000	Operador
0004	Operando1
0008	Operando2

Con esta información ya podemos crear un fichero que realice cinco operaciones en Python con el siguiente código:

```python
#!/usr/bin/env python
# -*- coding: utf-8 -*-
from struct import pack

data  = "CF"
data += "\x01\x00"
data += pack('<L', 5)
data += pack('<L', 1) + pack('<L', 0x11223344) + pack('<L', 0x55667788)
data += pack('<L', 2) + pack('<L', 12) + pack('<L', 6)
data += pack('<L', 2) + pack('<L', 16) + pack('<L', 32)
data += pack('<L', 1) + pack('<L', 1024) + pack('<L', 48)
data += pack('<L', 1) + pack('<L', 4096) + pack('<L', 98)

file("sample.cf", 'wb').write(data)


```

Que tras ejecutar el programa con el fichero resultante muestra lo siguiente:

```
$ ./a.out sample.cf
Calculator FileParser v0.1a
-------------------------
[+] 5 operaciones identificadas.
[-] Operación Nº 1/5: 287454020 + 1432778632 = 1720232652
[-] Operación Nº 2/5: 12 - 6 = 6
[-] Operación Nº 3/5: 16 - 32 = -16
[-] Operación Nº 4/5: 1024 + 48 = 1072
[-] Operación Nº 5/5: 4096 + 98 = 4194
$
```

Ya que no muestra ningún error, podríamos intuir que no hay más código que analizar y que el formato de fichero está bien formado.

Si vemos el resto de código, de la *funcion1*:

```
loc_8048990:
mov     eax, [esp+20h+pheader]
mov     [esp+20h+modes], eax ; int
mov     eax, [esp+20h+fd]
mov     [esp+20h+format], eax ; stream
call    doCalcs
mov     [esp+20h+var_8], eax
cmp     [esp+20h+var_8], 0
jns     short loc_80489CA
```

```
9160
SeHanPo ; "ERROR: No se han podido llevar a cabo l"...
```

```
loc_80489CA:
mov     eax, 0
```

```
locret_80489CF:
leave
retn
funcion1 endp
```

Vemos que devuelve 0 y sale de la función. Si subimos arriba y posicionándonos sobre 'funcion1' pulsamos **X** veremos:

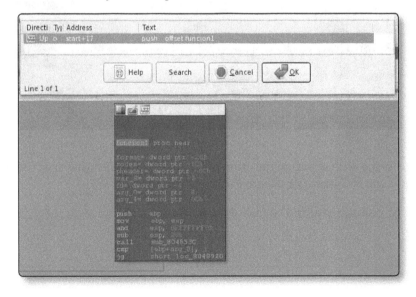

Que es invocada por *start()*, por lo que está *funcion1()* en realidad era *main()* y al finalizar, el programa llega también a su fin.

Con esto ha quedado explicado, de forma detallada, la manera en la que se puede llevar a cabo un exhaustivo análisis de código e ingeniería inversa para poder obtener el formato de un fichero binario tan solo con un programa que sea capaz de interpretarlo.

Código fuente:

```
/*
  Formato de fichero:
  [HEADER                 ]
  offset | Descripción
  -------+------------
  00     | MAGIC             : Contiene los caracteres CF = 0x43 0x46
  02     | VERSION           : Contiene la versión del formato de
  fichero, por defecto 0x0001
  04     | NUMOP             : Numero de operaciones.
  08     | OPERATIONDATALIST : Contiene una lista contigua de
  estructuras OPERATIONDATA de NUMOP elementos
         |
         L--> [OPERATIONDATA       ]
              offset | Description
              -------+------------
              00     | OPERATION  : Tipo de operacion: 1=Suma, 2=Resta
              04     | OPERATOR1  : Operando 1 del tipo integer
              08     | OPERATOR2  : Operando 2 del tipo integer
*/
#include <stdio.h>
#define VERSION 0x0001
#define MAXBUF 2048
typedef struct
{
    unsigned int operation;
    int operator1;
    int operator2;
} operationdata_t;
typedef struct
{
    short unsigned int magic;
    short unsigned int version;
```

```
    unsigned int numop;
} header_t;
char errmsg[MAXBUF];
// Banner: Muestra el banner del programa
void banner(void)
{
    printf("Calculator FileParser v0.1a\n--------------------------
\n");
}
// parseHeader: Analiza el fichero para extraer la cabeceera.
int parseHeader(FILE *fd, header_t **header)
{
    header_t h;
    fread(&h, sizeof(header_t), 1, fd);

    // Comprobamos que la cabecera sea correcta
    if(h.magic != 0x4643)
    {
        strcpy(errmsg, "No es un fichero válido.");
        return -10;
    }

    // Comprobamos que la versión del fichero no sea superior para
evitar incompatibilidades.
    if(h.version > VERSION)
    {
        strcpy(errmsg, "La versión del fichero es superior a la
actual.");
        return -11;
    }

    // Comprobamos que haya al menos una operacion en la lista de
datos
    if(h.numop == 0)
    {
        strcpy(errmsg, "El fichero no contiene ninguna operacion
a realizar.");
        return -12;
    }

    printf("[+] %i operaciones identificadas.\n", h.numop);
```

```c
    // Copiamos la cabecera en la variable proporcionada como
argumento
    *header = (header_t *) malloc(sizeof(header_t));
    if(header <= 0)
    {
        strcpy(errmsg, "No hay espacio suficiente en memoria para
leer los datos de la cabecera.");
        return -13;
    }
    memcpy(*header, &h, sizeof(header_t));
    return 0;
}
// performCalcs: Realiza las operaciones sobre la lista de datos de
operaciones
int performCalcs(FILE *fd, header_t *header)
{
    operationdata_t *opdata;
    int i, resultado = 0;
    char op = ' ';
    opdata = (operationdata_t *) malloc(sizeof(operationdata_t));
    for(i=1; i<=header->numop; i++)
    {
        fread(opdata, sizeof(operationdata_t), 1, fd);
        switch(opdata->operation)
        {
            case 1:
                op = '+';
                resultado = opdata->operator1 + opdata->operator2;
                break;
            case 2:
                op = '-';
                resultado = opdata->operator1 - opdata->operator2;
                break;
            default:
                strcpy(errmsg, "La operación a realizar es
desconocida.");
                return -12;
        }

        printf("[-] Operación N° %i/%i: %i %c %i = %i\n", i,
header->numop, opdata->operator1, op, opdata->operator2, resultado );
    }
```

```
    return 0;
}
int main(int argc, char *argv[])
{
    FILE *fd;
    header_t *header;
    int result;
    // Mostramos el banner
    banner();

    if(argc < 2)
    {
        printf("Uso: %s filename\n", argv[0]);
        return -1;
    }
    fd = fopen(argv[1], "rb");
    if(!fd)
    {
        printf("ERROR: No se ha podido abrir el fichero
proporcionado.\n");
        return -2;
    }
    result = parseHeader(fd, &header);
    if(result < 0)
    {
        printf("ERROR: No se ha podido analizar el fichero
proporcionado. Debido a que: %s\n", errmsg);
        return -3;
    }

    result = performCalcs(fd, header);
    if(result < 0)
    {
        printf("ERROR: No se han podido llevar a cabo los calculos
sobre los datos del fichero. Debido a que: %s\n", errmsg);
        return -4;
    }

    return 0;
}
```

8.5 CUESTIONES RESUELTAS

8.5.1 Enunciados

1. En el caso práctico 1, ¿de qué tipo era el fallo de seguridad?:

   a. Integer Overflow
   b. Heap Overflow
   c. Stack Overflow
   d. Race Condition
   e. Denial of Service

2. ¿Qué es un PoC?:

   a. Program of Code
   b. Pass of Code
   c. Program of Concept
   d. Proof of Concept

3. ¿Qué es SEH?:

   a. Structured Exception Handling
   b. Structure Exception Handler
   c. Stack Exception Handling
   d. Stack Exception Handler

4. En el caso práctico 2, ¿todas las funciones pudieron ser identificadas con su nombre original?:

   a. Verdadero
   b. Falso

5. En el caso práctico 2, ¿en la ventana de *Strings* se podían ver todas las cadenas de caracteres?:

   a. Verdadero
   b. Falso

6. En IDA Pro, al posicionarse sobre una constante numérica, ¿con qué tecla se puede codificar a un carácter ASCII?:

   a. N
   b. U
   c. A
   d. R

7. En IDA Pro, al posicionarse sobre una variable o función, ¿con qué tecla se puede modificar el nombre de la misma?:

   a. N
   b. U
   c. A
   d. R

8. En el caso práctico 2, ¿con qué nombre identifica IDA Pro el *buffer* que utiliza para almacenar la entrada y salida hacia la conexión con el usuario?:

   a. *buffer*
   b. buf
   c. s
   d. Ninguna de las anteriores.

9. En el caso práctico 3, ¿ha sido posible guiarse por las cadenas de texto para intuir el uso de determinadas variables?:

   a. Verdadero
   b. Falso

10. En el caso práctico 3, ¿ha sido posible reconstruir el formato para poder generar ficheros válidos?:

    a. No
    b. Solo parcialmente
    c. Sí

8.5.2 Soluciones

1. c
2. d
3. a
4. b
5. b
6. d
7. a
8. c
9. a
10. c

www.ingramcontent.com/pod-product-compliance
Lightning Source LLC
Chambersburg PA
CBHW062050050326
40690CB00016B/3044